城市空间转型与再生丛书 | 张京祥主编

国家自然科学基金课题(项目批准号:52078245)

面向创新型经济需求的空间供给与规划治理
Spatial Supply and Planning Governance Oriented at Innovative Economic Needs

张京祥 唐 爽 何鹤鸣 王 雨 等著

东南大学出版社
SOUTHEAST UNIVERSITY PRESS
南京·2023

内容提要

创新既是推动经济高质量发展的关键动力,也是一个城市乃至国家的核心竞争力。创新型经济与传统经济增长模式有着巨大不同,其快速迭代、混合弹性等发展特征不可避免地对城市空间产生了新的需求,因而极大地改变了城市空间生长、利用的基本逻辑,也必将带来空间规划思维、方法和工作重点的系统嬗变。本书在解析知识经济时代城市创新发展背景的基础上,聚焦创新型经济导向下的城市空间转型,深刻探知创新型经济构成要素的空间特性与生长规律,并尝试建构超越传统增长导向的空间规划思维创新,进而提出面向创新型经济需求的空间供给与规划治理策略。

本书适合从事城乡规划、城市经济、城市地理、城市发展与管理等领域研究和实践工作的各界人士阅读,也可以作为上述相关学科研究生的参考读物。

图书在版编目(CIP)数据

面向创新型经济需求的空间供给与规划治理 / 张京祥等著. — 南京:东南大学出版社,2023.2
(城市空间转型与再生丛书 / 张京祥主编)
ISBN 978-7-5766-0501-3

Ⅰ.①面… Ⅱ.①张… Ⅲ.①城市经济—需求管理—研究—中国 Ⅳ.①F299.2

中国版本图书馆 CIP 数据核字(2022)第 241141 号

责任编辑:孙惠玉　　　　　　责任校对:子雪莲
封面设计:瀚清堂　　　　　　责任印制:周荣虎

面向创新型经济需求的空间供给与规划治理
Mianxiang Chuangxinxing Jingji Xuqiu De Kongjian Gongji Yu Guihua Zhili

著　　者:张京祥　唐　爽　何鹤鸣　王　雨　等
出版发行:东南大学出版社
社　　址:南京市四牌楼 2 号　邮编:210096　电话:025-83793330
网　　址:http://www.seupress.com
经　　销:全国各地新华书店
排　　版:南京布克文化发展有限公司
印　　刷:南京凯德印刷有限公司
开　　本:787 mm×1092 mm　1/16
印　　张:16
字　　数:390 千
版　　次:2023 年 2 月第 1 版
印　　次:2023 年 2 月第 1 次印刷
书　　号:ISBN 978-7-5766-0501-3
定　　价:59.00 元

本社图书若有印装质量问题,请直接与营销部调换。电话(传真):025-83791830

总序

几乎是伴随着1980年代以来日益显著的全球化进程,以及西方国家在经济、社会、治理模式等领域展开的巨大变革,中国拉开了改革开放的帷幕。在经济发展取得令全球艳羡的巨大成就的同时,中国的社会经济环境、制度环境与治理环境等也发生了深刻的变化,这就是所谓的"转型"。从本质上讲,转型是一种由于根本发展环境变化所导致的发展目标、发展模式的巨大变迁过程,国际主流观点是将转型视为一个发生根本性变化的过程——从过于强调国家控制的传统社会经济环境,转向新自由主义的市场经济与社会治理环境,这是一个新制度代替旧制度的过程。

毫无疑问,在过去的30余年中国是最受世界关注、最重要的转型国家。相比于西方国家缓慢、渐进式的"改良性"转型过程,以中国为代表的传统计划经济体制国家,则几乎是在全球化、市场化、城市化、信息化多维同步交织的时空过程中发生着复杂的转型,因而往往导致各种问题凸显、矛盾尖锐,这也使得难以将西方有关发展、转型的理论、范式简单地套用到中国。因此,中国的城市化、城市发展也就深深地打上了中国独特环境的烙印,正开辟着自己独特的城市发展道路和范式。也正是基于这样的原因,中国的城市发展与城市规划研究本身就是世界的,就是最前沿的。

改革开放以来,中国在经济、政治、社会等方面的剧烈变迁,从根本程度上改变着城市发展的动力基础,各种政治、经济、社会力量和转型期复杂的正式与非正式制度安排,共同而强烈地作用于中国城市空间的发展过程,使得其表现出的现象、机制是任何既有的经典的西方城市发展、城市规划理论所不能完全容纳和完美解释的。由于利益、资源控制的分化,城市中有多种政治和社会力量在进行博弈,它们共同决定、影响着城市事务的过程。城市与空间的发展正处于剧烈的转型、解体、冲突与重构的过程之中,正是对这一巨大转型环境的深刻写照。

1980年代以后,空间的社会属性被卡斯特尔、苏贾、列斐伏尔等人深刻地揭示出来。卡斯特尔宣称"空间不是社会的反映""空间就是社会"。苏贾也认为,空间既不是具有自主性建构与转变法则的独立结构,也不是社会生产关系延伸出来的阶级结构的表现,而是一般生产关系的一部分。列斐伏尔指出,空间不是社会关系演变的容器,而是社会的产物,空间还反映和反作用于社会。空间不是一种中性的背景或物质存在,而是资本生产模式和社会控制中的一种基本要素,城市空间演化、开发本身就被整合进了市场发育、资本积累的再生产过程之中。总之,按照社会空间辩证法的理解,政治经济的重构以及由此带来的社会生活的转型、治理方式的变迁,必然会生产一种与之相适应的新空间环境——这就是所谓完整意义上的"空间再生"。

空间再生理论本身就是强调将空间置于特定的经济与社会环境中进行考察,因而也给我们提供了一个更加深刻理解城市发展、城市空间演化、城市规划的新的重要视角和工具。在社会利益格局日益多元化的背景下,城市社会中各利益集团之间的竞争、合作、冲突和妥协同时在城市空间中生动地展开，城市空间的再生过程同时承载了转型冲突与各种社会惯性的复杂碰撞。因而，中国改革开放以来广泛进行的城市空间再生运动远不是当年西方城市更新、城市美化、城市结构优化等表象性或技术性话语所能概括的，其在根本意义上是一部以空间为载体进行资源与利益再分配的政治、经济、社会博弈的历史。只有对这一过程进行深入分析，才能充分揭示转型语境下中国城市空间再生的生动图景。

  这套丛书是充满了前沿挑战的选题，它们在很大程度上跳出了我们传统习惯的城市研究视角，是用一种全新的理念和方法去分析转型期的中国城市空间再生现象和机制——作为一种制度、经济、社会、物质等多维度作用下的复杂过程。这套丛书的作者也都是当前国内城市研究、城市规划界学术思维非常活跃的青年学者，他们具有敏锐的洞察力、思辨力和创新意识。将西方学说与中国的实际进行有机融通，进而推动中国本土城市研究理论的发展，是我们所有当代中国城市研究学人共同的责任。作为前沿性的探索，我们设想这套丛书的选题是开放的、延续的，也认识到这套丛书中的许多观点都是值得再讨论的。沐浴着早春明媚和煦的阳光，我们期待通过包括这套丛书作者在内的所有人的共同努力，迎来中国城市研究那"春暖花开"的胜境。

  是为丛书总序。

张京祥
南京大学建筑与城市规划学院教授、博士生导师
2011 年早春于南京大学

前言

"创新",如今已经并非城市与产业发展研究中的新词汇了,早在1960年代,美国管理学家彼得·德鲁克(2020)即对当时的经济发展状态做出判断,认为社会的经济形态已经从基于物质的模式(Material-goods-based Model)转换到了基于知识的模式(Knowledge-based Model),即人类已经进入"知识经济时代"(经济合作与发展组织,1997)。此后,随着科学技术的发展,世界经济结构发生根本性变革,一种以数字技术与高技能知识型劳动力为基础的新资本主义体系逐步形成(艾伦·J.斯科特,2017),成为全球经济发展与城市竞争的关键促动力量。进入21世纪,新一轮的科技革命和产业变革进一步催生全球经济的转型发展,创新变得越来越重要。显而易见的是,自2008年全球金融危机的爆发,以及后来中美间日益激烈的博弈、全球新型冠状病毒肺炎[①]疫情的大流行,世界政治、经济格局随之发生巨大重组,全球产业链与供应链也正在发生深刻重构:一方面,欧美发达国家努力促使制造业回流,以充实其在全球化过程中不断流失的实体经济;另一方面,无论是发达国家还是像中国这样的发展中国家都加大了科技创新投入,试图保持持续竞争优势,确保居于未来价值链的高端位置。如今,创新已经成为知识经济时代的"宠儿",甚至会直接影响到国家的经济发展与安全,无论是在发达国家,还是在像中国这样快速发展的发展中国家,政府和企业都意识到创新在实现经济可持续发展中的重要作用(詹·法格博格等,2018)。

作为全球第二大经济体,中国已经步入了由要素、投资驱动向创新驱动转变的历史性阶段,在这个关键的转型时刻,以新产业、新业态、新模式为核心的新动能,逐渐成为中国经济平稳增长和经济结构转型升级的重要力量。自2006年提出建设创新型国家以来,中国持续推动创新引领发展,在党的十八大报告、十九大报告中均进一步强调了创新对于引领发展和建设现代化经济体系的战略支撑作用,明确"创新驱动"是国家发展的最重要战略之一。近年来,国际政治环境多变,再加上全球新冠疫情的冲击,1990年代全球化以来所形成的世界经贸网络正在加速解构,全球价值链、产业链、供应链也由于人才、资本、货物等要素流动的阻隔而迎来新一轮的收缩重组。在上述的总体背景下,以劳动密集型产业为代表的传统工业、制造业的市场迅速缩减,给中国原有粗放的外向型经济发展模式带来了巨大的挑战,传统发展模式优势不再,传统发展路径难以为继。为应对百年未有之大变局,根据中国发展阶段、环境、条件的变化,中央做出了加快形成以国内大循环为主体、国内国际双循环相互促进的新发展格局的重大战略部署。在当前危机并存、危中有机、危可转机的新发展阶段,要加快形成新发展格局,关键是要以科技创新催生新发展动能,要实现高质量发展,就必须实现依靠创新驱动的内涵型增长。党的十九届五中全会进一步提出,坚持创新在中国现代化建设全局中的核心地位,深入实施创新驱动发展战略,以创新驱动、高质量供给引领和创造新需求。"十四五"时期中国进入新发展阶段,作为制造业规模位居全球首位的制造大国,要想继续在全球产业体系中攀登,就必须靠创新驱动来实现转型升级(贺灿飞等,2021)。也正因为如此,在国家、各省市"国民经济和社会发展第十四个五年规划和二〇三五年远景目标"的制定中,"创新"都成了核心关键词,科技创新被置于极为重要的地位[②]。

从发达国家和中国一些创新先锋城市的实际情况来看,创新型经济的快速发展极大地改变了城市空间生长与利用的基本逻辑,掀起了一场不同于传统工业化时代空间供给与治理体系的深刻"空间革命"。显而易见的是,现代信息和通信技术(Information and Communication Technology,ICT)的发展(特别是移动互联网的普及)使得人类获取知识的方式发生了重大变革,知识的壁垒被逐渐突破。随着技术复杂度不断提高、时间与成本竞争日益激烈、人才要素活跃流动,创新活动的产生形式开始更加多元,甚至随机地发生在社交和用户反馈的过程之中(周立群等,2012)。与此同时,进入知识经济时代后,许多工业产品开始以多品种、小批量、定制化的形式出现,企业的生产经营越来越多地服务于用户的差异化需求和个性化消费。这种新的供需关系要求市场必须更迅速地对用户需求做出回应,而多主体、网络化的组织模式比单一企业内部化、等级制的组织模式更加灵活,更能够针对实际的需求和资源条件变换相应的具体形式,进而高效地推动创新(盖文启等,1999)。在这种趋势下,创新不再只是以国企、高校、科研机构等为主体,而更多地体现为在市场力量作用下由创新企业、创新人才主导的多样化创新发展。创新范式的转型和创新主体的转变意味着新的空间使用诉求,创新活动也伴随着人与人、企业与企业、技术与技术交流方式的改变而表现出全新的特征,并开始出现了新的区位选择逻辑和空间利用方式。传统类型的产业空间(如工业园区、开发区等)在创新型经济发展背景下,已经无法满足创新企业、创新人才等创新主体与创新要素对生产和生活的新要求,工业化时代的生产与生活空间组织模式既不符合城市发展的客观规律,也不符合创新发展的未来趋势。

城市是创新要素集聚与经济增长的主要平台(Evans,2009),"创新"与"城市"这两个词语联系在一起是当下最新的城市发展概念之一。随着"创新"在国家战略中的地位不断提升,人们越来越体会到引领中国经济增长的城市化地区必须着力发展创新能力较强的新兴产业,努力实现城市发展新旧动能的成功转换。因此,许多城市相继提出建设创新型城市的愿景目标,塑造以创新为驱动力的新经济形态(即"创新型经济")成为中国城市实现高质量发展的必然选择。在此背景下,国家推出了创新型试点城市、国家自主创新示范区、国家级高新区等高等级创新载体空间,各个城市近年来以推动技术创新和创业为主要目的的各类创新空间的规划建设也在蓬勃开展。例如,上海市以张江科学城建设为重点,探索以"研发+转化"功能为主的科学城模式;结合重点产业园区打造创新功能型平台和共性技术研发支撑平台,探索以"生产+研发"功能为主的产业社区模式;结合中心城区城市更新、高校与科研机构等嵌入式创新空间的建设,探索以"研发+设计"功能为主的创新城区模式。杭州市启动了城西科创大走廊的建设,吸引并建设了之江实验室、达摩院、湖畔大学等一批创新载体;为了推动基础创新、原研创新的发展,正在规划建设"生态+文化+科技"的三江汇未来城市实践区。南京市提出发展"硅巷"经济,围绕老城区的诸多大学,利用老写字楼、老厂房、棚户区改造释放出来的空间,打造"无边界的园区"。合肥市利用中国科学技术大学等科技创新资源,正在加紧建设滨湖科技城、半岛未来科技湾,积极承载大科学装置,努力建设国家科学中心城市……

在众多城市积极参与全球创新竞争的大环境下,作为创新主体、创新要素、创新活动核心载体的创新空间的规划建设,是城市全面融入全球创新网络并成长为关键节点城市、实现价值链升级与国际赶超的重要组成部分与主要抓手(黄亮等,2018)。在此背景下,"城市创新空间"成为城乡规划学、经济地理学、城市地理学、城市社会学等学科关注的焦点。近年来,随着城市发展的创新转型,政府也逐渐意识到创新空间建设对城市创新发展的重要作用,开始大力推动城市创新空间的规划实践,以此来吸引、集聚创新要素,进而促进城市经济和社会发展。针对城市创新空间的理论研究、相关实践探索正在呈现火热之势。然而需要注意的是,在新一轮"创新锦标赛"的驱动下,当前国内许多城市的创新空间建设仍停留在传统工业园区的规划建设思路,或仅仅沦为地方政府的"面子工程"。由于缺乏对创新型经济发展、创新活动空间需求等客观规律的认识,一些城市规划建设的大量"创新空间"不仅存在着过量建设的隐忧,而且常常与市场的实际需求、选择相背离。以国家级高新区的建设为例,近10年来,国家级高新区的数量由2009年的56个飙升至2018年的169个。这其中固然有一些高新区(如上海张江高科技园区、深圳高新技术产业开发区、武汉东湖新技术开发区等)逐渐成为容纳高新技术产业的重要载体,但也有相当多的高新区存在着"重制造轻研发,重招商轻成果转化,重规模轻创新"等问题,并不完全符合其定位(孙娟等,2016)。此外,以培育创业企业为主要功能的孵化载体的建设扩张也十分明显,2000年以后我国孵化器的建设就曾经历了一波小高潮,而金融危机以后增速更是逐年上升,尽管在孵企业数量也在增长,但单个企业孵化面积的增长却十分明显,峰值时期甚至超过870 m^2/个,远超初创期企业的空间规模需求[③]。在理论研究层面,面向当前创新发展的需求,国内学者的研究视角"向外看"多于"向内看",偏重于对国际先进建设经验的关注、借鉴,却缺乏对国内城市创新空间规划与治理经验的系统研究与总结。然而,创新空间的发展不仅是一个客观规律性的问题,而且与一个国家和城市的产业结构、社会结构、文化背景、土地制度、规划体制、政策机制、治理模式等密切相关,是一个既"国际化"又高度"在地化"的研究。西方在城市创新空间方面的研究与实践可以给我们提供有益的参考,但并不能全面、深刻地回答中国城市创新空间的有关问题。在认真借鉴国际经验的同时,我们更要紧密结合中国的具体国情,对面向创新发展的城市空间规划理论与方法进行有益探索,探寻"中国模式""中国语境"下契合创新发展的城市空间供给现实路径。

改革开放以来,中国经济增长奇迹的发生在一定程度上即得益于空间供给体系和治理方式与快速工业化、城镇化需求之间的相适性。尤其是在1990年代中后期以来的很长一段时间内,经济增长的全球化机遇以及中国城市发展制度的系列变革,塑造了地方政府增长主义导向的城市发展战略和服务于增长主义的空间治理逻辑体系(张京祥等,2013):以工业化和城镇化的大推进为经济引擎,以增长型的空间治理为主要手段,以政府—市场联盟形成的增长机器为治理基础。在这个快速增长过程中,空间规划作为一项重要的公共政策,一直是地方政府推动经济增长的重要手段,地方政府通过空间实践的引导、组织和推动,促进和支撑着资本增殖、积累以及主体收益的分配过程。在如今新的政治经济发展环境中,传统空间规划手段与空间治理模式所积累的矛盾日益突出,呼唤全新的空间规划与空间治理逻辑体系。然而,在面向创新型经济发展的目标环境中,从现实情况来看,空间供给侧与市场需求侧之间仍存在一定程度的错配,这使得城乡规划(国土空间规划)在城市转型发展的过程中常常处于"被动跟进"的状态,并未能够真正形成"需求牵引供给、供给创造需求的更高水平动态平衡"。当前,中国正处于推进国家治理体系和治理能力现代化的新起点,面对创新型经济的快速发展,城乡规划(国土空间规划)需要顺应创新发展的时代特点,重新理解经济形态与城市空间的互动逻辑,并在此基础上探索并建立一种全新的城市空间供给与治理模式,通过空间供给体系与治理方式的主动创新形成对创新型经济的有力推动、有效支撑,最终实现两者的"相向而行"。

毫无疑问,面对后全球金融危机、后疫情时代的国际环境,随着中国经济向高质量发展的转型,随着中国由工业化中期向工业化中后期的转变(尤其是在东部沿海发达地区),创新驱动城市经济增长的时代已经到来(郑德高等,2019)。如果说当年阿里巴巴集团全球总部落户杭州、成就杭州城西科创大走廊这样的事件并非政府有意而为,属于"无心插柳";那么我们现在更希望的是认识城市创新空间生成的普遍机制与规律,从而将主动、精准地为城市创新活动供给空间作为推动城市创新发展的重要突破,也就是要实现"有心栽花",实现从认识现象到掌握规律、主动应对的知识与能力进步。这对在创新发展的语境下,结合中国乃至全球经济发展环境的重大转变,探索建构城市创新空间分析与规划的理论框架具有重要的学术价值,对指导创新驱动下的中国城市转型与规划实践也具非常重要的现实意义。

当前,第四次产业革命正处于黎明破晓、快速勃兴,并日益显现出其广泛而深刻的影响。随着新一轮科技革命和产业变革的高歌猛进,全球创新版图正在加速重构,全球国家间、城市间新的竞争与洗牌也已然展开,人类社会又将处于一个"新旧衔接"的巨变时代。面对以信息技术为基础、以高素质人才为依托、以科技创新和文化创意为导向的创新型经济的崛起(李健,2016a),围绕新的经济形态、产业业态、消费场景,创新主体、创新要素的特性及其空间需求产生了怎样的变化,进而引致城市空间形态与组织发生了何种形式的迭代升级?在经济形态与城市空间的全新互动逻辑下,如何引导空间规划积极响应创新活动,并通过城市创新空间的规划与建设创造适合创新活动与功能蓬勃发展的有力空间?相关的制度设计又当如何与之相适配?这一系列紧迫且重要的问题都亟待我们深入探讨。

本书是受国家自然科学基金课题"城市创新空间的生成机制与空间供给

研究——基于长三角地区的实证"(项目批准号:52078245)资助出版的成果。近年来,课题组在系统梳理、全面比较国内外相关理论研究成果的基础上,深耕长三角地区,完成了杭州、南京、苏州、无锡、常州、绍兴等典型城市多项与城市创新发展、城市创新空间规划相关的规划实践探索,并围绕相关主题形成了多篇学术论文与研究生学位论文。作为国家自然科学基金课题研究成果的阶段性总结,本书的总体框架及初稿撰写由张京祥、唐爽、何鹤鸣、王雨共同完成,同时也将依托本基金课题培养的几位博士与硕士研究生(何鹤鸣、陈宏伟、夏天慈、蒋阳、周子航等)的学位论文,并将规划实践研究中的有关内容融汇其中(南京大学城市规划设计研究院有限公司副总规划师耿磊对本书贡献良多)。

回顾人类社会发展历史,每一次产业革命对城市生产和生活方式的影响都是对传统的物质空间规划的一次重大挑战,并最终会投影到空间这一"容器"中,引发城市空间的适应性调整与深刻变革。展望未来,技术供给与人类需求将进一步在不同层级作用于城市空间,并共同驱动未来城市空间的变化,不断催生新的城市空间重构、新的城市形态转型。因此,在当前新技术飞速更迭变换的时点上,"城市创新空间"不仅仅是一个学术话题,更是非常现实的、正在发生的、势不可挡的一种空间现象,具有极其重要的研究价值,也正因为如此,我们清醒地认识到这将是一个具有前瞻性、探索性、挑战性的课题。由于研究团队的认识和水平所限,本书中难免存在诸多不足之处,恳请广大读者批评指正。在此,也向大力支持本书顺利出版的东南大学出版社的同仁表示诚挚的谢意。

张京祥
2022 年 5 月于南京大学

前言注释

① "新型冠状病毒肺炎"在 2022 年 12 月 26 日的《国家卫生健康委员会公告(2022 年第 7 号)》中更名为"新型冠状病毒感染",以下简称"新冠"。
② 以《中共中央关于制定国民经济和社会发展第十四个五年规划和二〇三五年远景目标的建议》为例,全文表述中总计提及"创新"一词 47 次,提及"科技"一词 36 次,由此可见,"创新""科技"是该文中的高频词汇。
③ 数据来源于科技部火炬高技术产业开发中心编撰的《2016 中国火炬统计年鉴》。

目录

总序
前言

1 知识经济时代的城市创新发展 ... 001
1.1 知识经济时代的来临与创新型经济的崛起 ... 001
1.1.1 科技革命、产业变革与全球经济发展的演化阶段 ... 001
1.1.2 产业范式的演替推动创新型经济增长 ... 003
1.1.3 创意阶层的出现促进创新型经济繁荣 ... 004
1.2 中国创新型城市发展的总体语境 ... 006
1.2.1 国际视野：创新是后金融危机时代国家发展的战略转向 ... 006
1.2.2 中国趋势：创新是新发展阶段城市竞争的核心焦点 ... 007
1.3 创新型城市的形成机制 ... 009
1.3.1 创新型城市形成的基本过程 ... 010
1.3.2 机遇性的创新锚点 ... 011
1.3.3 地方性的创新系统 ... 013
1.3.4 案例：锚点—系统有机耦合的杭州创新发展 ... 014

2 创新型经济导向下的城市空间转型与城市创新空间 ... 021
2.1 创新型经济的构成要素及其空间特性 ... 021
2.1.1 流动的创意阶层与生活指向性 ... 021
2.1.2 变革的创新企业与空间易变性 ... 022
2.1.3 开放的创新网络与多维邻近性 ... 023
2.2 创新型经济发展重塑城市空间价值 ... 025
2.2.1 创新要素的新需求改变城市空间价值分布规律 ... 025
2.2.2 创新活动在城市空间中集聚的两种趋势 ... 027
2.3 城市创新空间：城市创新发展的核心空间载体 ... 031
2.3.1 何为城市创新空间 ... 031
2.3.2 作为一种生产要素的城市创新空间 ... 032
2.3.3 作为一种政策工具的城市创新空间 ... 033
2.4 城市创新空间及其规划实践的研究 ... 034
2.4.1 创新与空间关系的理论起源与发展 ... 034
2.4.2 对城市创新空间的相关研究 ... 036
2.4.3 城市创新空间规划设计的国际经验与地方实践 ... 040
2.4.4 城市创新空间呼唤务实的研究与实践 ... 044
2.5 应对创新型经济的空间规划思维创新框架 ... 044

            2.5.1 空间组织模式：超越生产的家园思维 ... 045
            2.5.2 土地供给方式：超越标准的定制思维 ... 046
            2.5.3 政策治理体系：超越集聚的链接思维 ... 047
            2.5.4 规划监管手段：超越规范的柔性思维 ... 047

3 从产业驱动到场景营造：探索适应创意阶层需求的空间组织模式 ... 050
   3.1 面向传统产业人群的空间组织：以"生产"为优先 ... 050
   3.2 场景营造：吸引创意阶层的空间安排 ... 051
      3.2.1 创意阶层：作为创新型经济发展的先决条件 ... 051
      3.2.2 适应创意阶层需求的空间组织：回归创新的生活价值认知 ... 052
      3.2.3 场景营造的空间供给与治理内涵 ... 053
   3.3 针对三类创新场景的空间组织逻辑 ... 053
      3.3.1 宜居生活场景：应对创意阶层的人本指向 ... 053
      3.3.2 活力交往场景：满足创意阶层的社交需求 ... 055
      3.3.3 创意体验场景：迎合创意阶层的审美偏好 ... 056
   3.4 案例：杭州"未来城市实践区"启动区规划设计探索 ... 057
      3.4.1 基地创新发展的三重优势与现实困境 ... 059
      3.4.2 人群特点与需求研判 ... 061
      3.4.3 创新场景营造策略 ... 065
      3.4.4 概念性空间设计：建设有机复合、弹性适应的宜居宜业新社区 ... 081

4 从标准统一到量体裁衣：探索适应创新企业需求的土地供给方式 ... 086
   4.1 面向传统企业的土地供给：以"标准"为导向 ... 086
   4.2 量体裁衣：集聚创新企业的制度设计 ... 087
      4.2.1 创新企业：作为创新产业化的关键主体 ... 087
      4.2.2 适应创新企业需求的土地供给：遵循创新企业的变革本质 ... 088
      4.2.3 量体裁衣的空间供给与治理内涵 ... 089
   4.3 针对四个环节的土地供给逻辑 ... 092
      4.3.1 招商立项环节：精准识别企业的创新潜力 ... 092
      4.3.2 用地供应环节：聚焦创新企业的用地规律 ... 092
      4.3.3 开发利用环节：满足企业的多元用地需求 ... 093
      4.3.4 存量更新环节：把握企业创新的多元路径 ... 095
   4.4 国内先发地区适应创新型经济的产业用地供给与治理实践 ... 096
      4.4.1 供前：择优遴选，差别化配套优先政策 ... 097
      4.4.2 供时：定制开发，多元化确定出让方式 ... 100

4.4.3 供后:动态监管,精细化完善治理思路 ... 106

5 从空间集聚到网络链接:探索适应创新网络需求的政策治理体系 ... 111

5.1 产业集群演进的阶段逻辑 ... 111
5.1.1 资源共用阶段 ... 111
5.1.2 业务互惠阶段 ... 112
5.1.3 创新互联阶段 ... 113

5.2 面向传统产业集群的政策治理:以"集聚"为目的 ... 113

5.3 网络链接:锚固创新网络的治理模式 ... 114
5.3.1 创新网络:作为创新集群的组织形态 ... 114
5.3.2 适应创新网络需求的政策治理:把握网络演化的阶段特征 ... 116
5.3.3 网络链接的空间供给与治理内涵 ... 122

5.4 针对三类网络的政策治理逻辑 ... 123
5.4.1 创新孵化网络:把握孵化网络的多元特征 ... 123
5.4.2 创新合作网络:聚焦产学研创新网络的组织痛点 ... 124
5.4.3 潜在创新网络:识别创新网络的形成机理 ... 126

5.5 案例:杭州城西科创大走廊的创新网络构建机制及治理体系研究 ... 127
5.5.1 杭州城西科创大走廊创新网络的现状评估 ... 129
5.5.2 杭州城西科创大走廊现状治理体系评估 ... 136
5.5.3 杭州城西科创大走廊的创新治理思路 ... 137
5.5.4 杭州城西科创大走廊的治理创新手段 ... 141

6 从刚性约束到弹性引导:探索适应城市空间转型的规划监管手段 ... 153

6.1 面向传统城市空间利用模式的规划监管:以"管控"为原则 ... 153

6.2 弹性引导:培育创新空间的规划思路 ... 154
6.2.1 城市空间:作为创新活动的重要载体 ... 154
6.2.2 适应城市空间转型的规划监管:正视发展的不确定性规律 ... 155
6.2.3 弹性引导的空间供给与治理内涵 ... 156

6.3 针对两种行为的规划监管逻辑 ... 158
6.3.1 规划管控行为:应对混合利用的需求升级与功能组织的尺度收缩 ... 158
6.3.2 建设管理行为:匹配空间利用的精细需求 ... 164

6.4 案例:南京自贸区控规整合 ... 166
6.4.1 南京自贸区控规整合的主要动因 ... 167
6.4.2 基于土地混合利用需求的控规整合思路 ... 172

| | 6.4.3 | 土地混合利用的用地方案：九大策略 | 184 |
| | 6.4.4 | 应对土地混合利用需求的政策体系创新 | 191 |

7 超越增长：面向创新发展需求的空间治理逻辑体系与规划重点 … 199
7.1 空间规划的空间治理属性 … 199
7.2 地方政府治理角色的适应性调整 … 200
7.3 面向创新发展需求的空间治理逻辑嬗变 … 201
7.3.1 增长主义的空间治理逻辑体系 … 202
7.3.2 面向创新发展需求的空间治理逻辑体系 … 205
7.4 面向创新发展需求的空间规划重点 … 208
7.4.1 以创新场景集聚创意阶层 … 209
7.4.2 以制度设计吸引创新企业 … 210
7.4.3 以创新网络链接创新集群 … 211
7.4.4 以柔性管控激活创新空间 … 213
7.5 面向创新发展需求的国土空间规划体系适应性变革 … 213
7.5.1 治理目标：创新发展与生态文明的统一 … 214
7.5.2 治理方式：国家意志与地方智慧的统筹 … 214

附录 … 216
参考文献 … 221
专栏来源 … 234
图片来源 … 236
表格来源 … 238

1 知识经济时代的城市创新发展

> 不仅仅是经济,而是整个社会的方方面面都已经进入了一个全新的时代,即以知识为基础的时代。
> ——丹尼尔·贝尔《后工业社会的来临:对社会预测的一项探索》

21世纪是创新的世纪,21世纪的竞争是城市的竞争。当前,城市功能已由工业化时代的生产型城市、后工业时代的服务与管理城市,转向知识经济时代的创意城市、创新城市(吕拉昌,2020),创新型城市正在引领城市的未来。

1.1 知识经济时代的来临与创新型经济的崛起

1.1.1 科技革命、产业变革与全球经济发展的演化阶段

自1760年代以来,人类近代历史上的四次科技革命一波接一波的兴起、衔接、交叠,构成了人类文明史上科技发展与创新十分活跃的"科技革命时代"。人类社会也正是在一次次科技革命和产业变革中不断向前发展,并逐步从农业经济时代、工业经济时代过渡到信息经济时代、知识经济时代。以往的每一次科技革命与产业变革都对全球经济发展与产业、创新格局产生了重大影响,而这种影响往往是以新科技带来新产品、形成新产业、创造新供给、引发新需求、缔造新生活、发展新经济而实现的[①]。以既往的三次科技革命为例,18世纪从英国发轫的第一次科技革命主要以蒸汽机技术的发明为标志,并带来了以机械化大工厂为主体形态的第一次产业革命;19世纪的最后30年和20世纪初的第二次科技革命则是以电力技术的突破为标志,最终带动了以电气化内燃机、电动机推动的第二次产业革命;第三次科技革命开始于1940—1950年代,人类在原子能、电子计算机、微电子技术、航天技术、分子生物学和遗传工程等领域取得了重大突破,产生了一大批新型工业,并使得第三产业迅速发展,其中最具划时代意义的是电子计算机的迅速发展和广泛运用[②]。

科技革命之所以能够引发产业变革进而推动世界经济增长,原因就在于科技革命和创新驱动型的经济增长是一种结构性的增长,它消除了经济

发展中所普遍存在的要素报酬递减、稀缺资源以及负外部性等制约因素，促进了生产组织模式和资源配置效率等经济基础发生革命性突破，从而为经济的持续稳定增长提供了可能①。正因为如此，全球经济的长波周期往往与重大科技创新的周期存在显著的相关性，每一次产业革命都是由重大的科技进步和科技创新引起的，世界经济发展的历史实际上也是一部全球科技创新引起产业变革的"创新史"（姜阳，2011）。正如创新理论的奠基人奥地利经济学家约瑟夫·熊彼特在定义创新时所指出的概念："创新"是区分"增长"与"发展"两种经济状态的关键因素。约瑟夫·熊彼特（1990）认为，单纯以人口和资本投入为驱动实现的经济增长算不上真正的"发展"，且会在长期均衡状态中走向生产的过剩；发展的本质是以创新为驱动力，通过"创造性破坏"的方式在毁灭中创造新的价值，以改变过剩的生产局面，维持经济的可持续。

科技革命与产业变革在带来世界经济快速增长的同时，通常会引起大国的兴衰与霸权的更替。从历史上看，每次世界经济中心的转移和国际竞争格局的调整都与科技革命、产业变革同步（Dalum et al.，2005）。从18世纪中期的英国到18世纪末至19世纪初的法国和德国乃至后来的美国，均是如此（杜德斌等，2016）。在过去200多年世界工业化、现代化的历史中，中国先后错失了蒸汽技术革命、电力技术革命的发展机遇，即便在后来开启的信息技术革命中，改革开放初期的中国也因为工业基础薄弱而仅能作为"追随者"，扮演吸收西方投资转移的"世界工厂"角色。当前，物联网、大数据等新技术的创新将促进传统产业的改造和新兴产业的兴起，尤其在信息技术的应用领域，基于互联网、云计算和应用端的融合性大系统正在形成，并将深刻地影响到产业链上下游的各个领域。可以说，第四次产业革命既为中国的工业化提供了弯道超车的历史机遇，也为传统工业城市的转型升级提供了独特的可能路径，这也将成为新一轮产业洗牌中企业以及地方经济的突围关键。在新一轮经济长波与科技革命酝酿的关键时期，哪个城市能够掌握新一轮产业兴起的核心技术与创意环节，哪个城市就能占据新兴主导产业发展的制高点，控制全球经济、文化与政治发展的脉搏，确立其在全球城市体系中的地位与优势（黄亮等，2018）。我们从全球创新中心城市的空间分布上可以看到，亚洲城市已经开始陆续登上国际舞台，并在数量和等级上紧紧追赶西方发达国家③（表1-1）。中国完全有机会也必须抢抓时代机遇，争夺引领下一轮创新周期的主导权。

表1-1　2021年全球最具创新力城市100强中的亚洲城市排名及其位次变化

全球排名	城市	国家	等级	位次变化（与2019年）
1	东京	日本	网络型	+1
5	新加坡	新加坡	网络型	—

续表 1-1

全球排名	城市	国家	等级	位次变化(与 2019 年)
7	首尔	韩国	网络型	+7
15	上海	中国	网络型	+18
19	北京	中国	网络型	+7
23	台北	中国	网络型	+21
26	深圳	中国	网络型	+27
30	大阪	日本	网络型	+7
49	香港	中国	枢纽型	+7
51	广州	中国	枢纽型	+23
64	京都	日本	枢纽型	+16
76	名古屋	日本	枢纽型	+41
96	釜山	韩国	枢纽型	−5

1.1.2 产业范式的演替推动创新型经济增长

创新激活的新兴产业(或行业)是不断变化的,往往先在早期形成迅猛发展的"潮涌"或者"风口",而后在市场扩张和大量的后来者模仿中逐渐趋于传统。熊彼特等人用创新的"周期"来形容这样的动态变化,指出在创新的推动下经济的发展产生短、中、长三个周期,时间分别为 40 个月、9—10 年、48—60 年,一个长周期又包括六个中周期,一个中周期又包括三个短周期,每个周期都有其代表性的创新型产业。与之类似,联合国工业发展组织(United Nations Industrial Development Organization,UNIDO)将创新划分为六次浪潮(图 1-1)。纺织业、汽车、钢铁等产业都曾在一定历史时期充当了创新型经济的代表产业,而后又成为旧的传统行业,或者在新的创新周期中其细分领域又被有限激活(如无人驾驶、新能源汽车等)。与此同时,每次创新浪潮的时间也正在不断缩短。一方面,创业企业与政府、大企业、金融机构等其他主体密切协同,越来越快地建立自己的商业模式并迅速地展开市场竞争。以手机制造行业为例,2007 年智能手机系统开发应用、2014 年第四代移动通信技术(4G 技术)开始大规模民用、2019 年第五代移动通信技术(5G 技术)商用三个重大的技术突破均对全球手机市场份额产生了颠覆性的影响,未能在创新价值链竞争中抢占先机的企业(如爱立信公司、诺基亚公司等),均在理念、技术、产品更新换代的演替中迅速失去了其早先已经占有的市场份额(代昕雨,2019)。另一方面,大量的需求驱动型创新、商业模式创新其本身的研发设计和推广周期也比较短①(表 1-2)。例如,中国的网约车行业从 2010 年 5 月的易到用车开始,到后来优步、快的、滴滴等各类打车软件的大量涌入,竞争激烈,再至 2015

年滴滴、快的合并,并与优步全球达成战略协议,短短5年即从创新的发端走到巨头垄断的稳定格局⑤。产业范式的加速迭代使得高新技术企业需要时刻保持极高强度的创新发展能动力,才能在市场竞争中始终处于价值链的上游环节,进而实现"投资创新—占有市场—获得利益—创新再投资"的良性循环(王燕等,2019)。

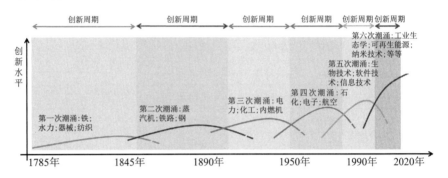

图1-1 全球技术创新的六次浪潮与潮涌技术类型

表1-2 麦肯锡全球研究院定义的四大创新范式

创新原型	定义	特征	行业示例
科学研究型	通过基础性研究成果的商业化来开发新产品	研发活动密集,科研成果的转化周期长,通常为10—15年	医药、生物技术、半导体设计
工程技术型	通过整合供应商与合作伙伴的技术来设计开发新产品	研发密集度中等或较高,产品开发周期为5—10年	汽车、电信设备
客户中心型	通过产品和业务创新来解决客户问题	营销投入高度密集,开发周期为1—2年	互联网服务与软件、家用电器
效率驱动型	通过生产环节的优化来降低成本、缩短生产时间、提升质量	围绕资源的有效利用展开竞争,多为资本和劳动力密集型行业	纺织、电气设备

1.1.3 创意阶层的出现促进创新型经济繁荣

"人"一直是西方经济学中理解经济增长的重要维度之一。在不同的社会经济发展语境下,对人的认识经历了由劳动力到创意阶层的升级和演进(表1-3)。在农耕文明时代和工业文明时代,由于对土地、原料等生产资料存在显著依赖,经济学研究中的"人"多被视为一种群体化、标准化的劳动力,其价值并未充分凸显(邵琳,2014)。直至1950—1960年代,发达国家相继进入了以信息和知识为基础、以创新为主要驱动力的新经济形态,人们开始普遍认为传统生产资料的价值将持续削弱(Machlup,1962),并由此诞生了"知识经济""信息时代"等一系列新概念。"人"作为信息、知识、创新的基础载体和基本单元,其重要性和价值内涵被重新认识。

表1-3 不同社会经济发展语境中"人"的价值与认识

时代背景	农耕文明	工业文明	信息文明Ⅰ（知识经济）	信息文明Ⅱ（创新经济）
经济学标签	劳动力		人力资本	创意阶层
价值内涵	重要性弱于土地等其他资源的一种生产要素,个体差异不大	可以提升的一种生产要素,重要性弱于资本(机械设备)等生产要素	经济增长的关键因素,通过教育、培训的方式来提升和积累	构建创新型经济的关键,具有创新能力,可进行创新活动

美国经济学家舒尔茨(Schults,1961)率先提出了"人力资本"的概念,其突破了物质性资本的内涵框架,将"人"作为一种可积累与可投资的关键性"资本",为理解新的经济动力提供了重要的分析视角。而后,经济学家们相继证明了人力资本是吸引企业集聚的核心要素、人力资本的集中能提高地方生产效率等一系列理论假设。进入21世纪以后,美国经济学家理查德·佛罗里达结合以创新为基础的经济内生增长理论,开创性地提出了"创意阶层"的概念,实现了对人力资本理论的补充与修正,也成为创新研究的重要基础理论。理查德·佛罗里达(2010)在《创意阶层的崛起:关于一个新阶层和城市的未来》一书中提出,创意是一种创造有益、新颖形式的能力,是最重要的经济驱动力;"知识"和"信息"仅仅是创意的工具和材料,而创新则是创意的产品,这种产品既可以是全新的技术,也可以是商业模式或方法;在创意经济时代,美国的社会阶层构成发生了重大变化,除劳动者阶层(Working Class)和服务阶层(Service Class)以外,创意阶层(Creative Class)作为一个新的阶层在悄然兴起;创意阶层可以分为超级创意核心(Super Creative Core)和创意职业人员(Creative Professional),前者从事有较强创意性要求的工作,主要包括科学家、工程师、大学教授以及艺术家、设计师、作家、编辑等文化人士,而后者则广泛分布在各类知识密集型行业中,包含高科技行业、金融服务业、法律行业、医疗卫生行业等知识密集型行业领域的专业技术人员。各行业领域随着创意工作内容的增加,都会出现创意阶层。因此,传统的劳动者阶层与服务阶层的成员也有机会跻身创意阶层。创意阶层的理论建构起了经济增长、创新与人(创意能力、工作特性)之间的相关关系,将经济学的研究视野再次拉回到"人"这一本质视角。时至今日,创意阶层对于创新型经济的决定性作用已经成为社会共识,人的创造性思维是创新型经济的基础,创新型经济的形成与创新、研发、学习、交流等知识主导的产业活动密切相关,使得大量知识型人才在其中发挥着重要作用。

1.2 中国创新型城市发展的总体语境

1.2.1 国际视野：创新是后金融危机时代国家发展的战略转向

2008年的全球金融危机深刻重塑了世界政治、经济格局，全球经济发展模式自此进入加速调整时期。随着金融、房地产等服务业的泡沫破裂，实体经济的基础性价值不断凸显。在回归制造业成为主流意识的背景下，创新逐渐成为各国推动优势制造业发展的关键性动力。创新资源与本地实体经济的结合是创新在地化的重要表现，将极大助推各国优势实体产业的升级。近年来，美国通过了多项创新政策和法案，重点满足汽车、媒体、信息技术（Information Technology，IT）以及精细化工等实业的创新发展诉求；英国主要围绕可再生能源、细胞治疗、卫星运用等方面，积极推动创新中心的建设以提升相关产业的创新能力；德国重点推崇通信技术、能源以及生命科学等领域的创新发展，尤其强调重点领域的交叉协作与创新融合；日本则立足汽车、机床、机器人、精密电子、半导体等领域，积极推动智能制造系统的发展和国际合作。不难看出，以创新治理促进创新资源与本地实体产业的结合，是各国实现创新与本地经济发展基础高效联动的重要方式。

进入后金融危机时代，世界上的各大经济强国均持续保持着对于创新治理的高度重视。在全球最新一轮的创新竞争浪潮中，瑞典、英国、美国、日本等国家先后颁布了国家层面的整体性创新战略，以框架性的战略纲领统领创新治理的各个层面①。各国的顶层战略文件均明确了推动创新的治理目标、重点与方向，创新协调性机构、创新激励环境、创新教育环境、创新法治环境等则被普遍认为是支撑国家创新战略的主要子系统。创新战略的国家共识，恰恰体现了当前世界各国间激烈的创新竞赛。

英国地理学家大卫·哈维在其关于资本城镇化的三次循环中同样暗示了城镇化发展进入中后期，创新对于资本持续积累的重要意义。"资本三级循环"理论（Capital Circuit Theory）认为，资本在通过工业生产的一级循环转而投向物质空间建设的"第二级循环"后，最终将进入科学技术研究与社会公共事业（教育、卫生、福利等）的"第三级循环"（大卫·哈维，2017）（图1-2）。而资本的"第三级循环"是投向科学技术研究还是社会公共事业，将对一个国家的未来发展产生巨大影响。多数欧洲国家将资本三次循环后所产生的剩余价值大量投入教育、医疗等社会公共消费领域，从而成为高福利、成熟稳定的国家，然而近几十年来这些国家的科技创新能力却在逐步落后；而美国则长期选择将其投入技术科研领域，使本国的研究创新水平保持持续不断的提升，并不断加强创新能力，进而保持了美国在全球发展中的引领型角色。

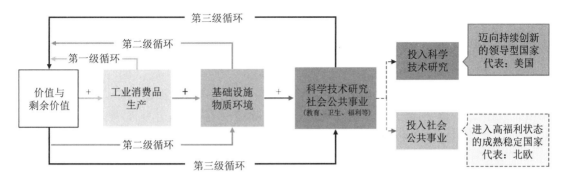

图 1-2 "资本三级循环"的总体路径

1.2.2 中国趋势：创新是新发展阶段城市竞争的核心焦点

自改革开放以来，中国经济虽然实现了 40 余年的高速增长，但这种增长方式在很大程度上是以传统要素的投入为基础，面对国内外发展环境的剧烈变化，中国传统的工业化路径开始面临巨大的转型压力。一方面，在低端制造领域，中国正遭遇来自新兴市场国家的残酷挤压，自改革开放以来形成的低成本制造、出口导向的发展模式受到冲击。少子化与老龄化、工资水平的迅速增长使得中国经济发展在越过"刘易斯拐点"（Lewis Turning Point）后，长期仰赖的廉价劳动力迅速减少，近年来，人力成本优势被印度及东南亚等国家超越[①]，致使许多产业资本向上述要素价格更为低廉的地区转移。另一方面，随着中美贸易摩擦的持续升级，掩盖在快速工业化"奇迹"之下的中国的创新能力短板逐步浮现，在美国的技术"封杀"之下，以中兴通讯股份有限公司、华为技术有限公司等为代表的国内"巨头"企业甚至几近"休克"。总体而言，随着 30 年全球化"蜜月期"的终结，中国将彻底告别以规模爆发式增长、廉价生产要素驱动为突出特点的传统工业化模式，正式进入动力重塑、模式调整的转型升级（高质量发展）新阶段。最后，以资源密集、低附加值为特征的粗放式增长也不可避免地为中国带来了严重的资源环境问题。近年来中国提出了生态文明建设的战略使命，并向国际社会承诺 2030 年实现碳达峰、2060 年实现碳中和的目标，以及国家实施"世界最严格的耕地保护政策"等一系列限制，这些都在倒逼中国传统经济发展模式的根本转型。

上述一系列问题产生的根源在于，过去几十年来中国虽然依靠所谓的"汲取式创新"向发达国家学习先进的技术、管理经验，但大量的制造业仍然处于全球产业链"微笑曲线"的谷底。随着人口和资源红利消耗趋尽，留守在低附加值的产业环节显然无法继续支撑经济的高速增长，向"微笑曲线"两端的攀升就成为中国未来经济发展的必由之路，创新与创业成为战略转型的支点。显而易见，不做全球代工的有效替代方式就是自创品牌、自主研发。与此同时，以互联网产业化、工业智能化等为代表的第四次产业革命不仅将开启新兴的产业蓝海,而且具备为传统企业赋能、令传统产业复兴的技术魅力,成为创造经济增长的新兴领域。能否在这些领域实现创新与引领,将决定着中国是否能够可持续发展。因此,塑造创新驱动的经济形态就成为跨越"中等收入陷阱"、续写"中国奇迹"的必然选择。在这种背景下,中央政府采取了一系列密集的措施以推动创新与创业,诸如明确"创新驱动"为国家发展的首要战略,实施"千人计划"以吸引海外高层次人才回国创新与创业,提出"大众创业、万众创新"的理念号召全民参与,推进"互联网+"战略鼓励商业模式创新,实施"中国制造2025"战略推动制造业转型升级,推动供给侧改革以创造有效供给,"营造企业家健康成长环境弘扬优秀企业家精神",等等(图1-3)。

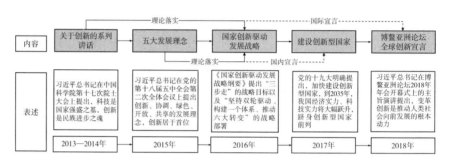

图1-3 国家层面有关创新发展的政策表述

在政府强有力的推动下,一些以创新驱动为发展特色的城市正在国家城镇体系中快速崛起,围绕创新的新一轮城市竞争正在拉开帷幕(表1-4)。在新的发展环境中,能否把握并积极应对创新型经济发展的需求,将直接决定一个城市的核心竞争力与兴衰前景。无论是北京、上海、深圳等一线城市,还是合肥、南京、杭州、苏州等"次级"城市,都将提升城市创新实力、建设创新型城市作为城市发展的重要目标。例如,北京在2016年提出加强全国科技创新中心建设的目标,意图打造原始创新高地、前沿技术创新高地、协同创新高地、制度创新高地;上海新一版的城市总体规划在原有的国际经济、金融、贸易、航运"四个中心"基础上,新增加了科技创新中心的城市定位,明确了创新对于上海建设全球城市的重要意义;合肥获批建设综合性国家科学中心,同步辐射、全超导托卡马克、稳态强磁场等大科学装置已经投入运行,未来还会有量子信息国家实验室、聚变工程实验堆、先进X射线自由电子激光装置等更多的大科学装置落地建成,同时,合肥也引入了一大批高新制造企业,创新在经济发展中的驱动作用日益显现;2018年1月南京市委发布1号文件《关于建设具有全球影响力创新名城的若干政策措施》,叫响"打造具有全球影响力的创新名城"的城市口号,提出打造综合性科学中心和科技产业创新中心,并连续几年聚焦创新名城建设发布市委1号文件,《南京市国民经济和社会发展第十四个五年规划和二〇三五年远景目标纲要》更是聚焦创新提出了"建设高质量发展的全球创新城市"的目标;面对全球制造业产业链、供应链重组的态势,苏州也努力超越"世界工厂"的角色,提出建设"具有国际影响力的先进制造业基地和科技创新高地"的目标,聚力打造标志性创新品牌,持续建构开放、包容的创新生态系统。

表1-4 国家现有的21个自主创新示范区及其分布

名称	批复时间	所在省市
北京中关村	2009年3月	北京市
武汉东湖	2009年12月	武汉市
上海张江	2011年3月	上海市
深圳	2014年6月	深圳市
苏南	2014年11月	南京市、苏州市、无锡市、常州市、镇江市
长株潭	2014年12月	长沙市、株洲市、湘潭市
天津滨海	2015年2月	天津市
成都	2015年6月	成都市
杭州	2015年8月	杭州市
西安	2015年9月	西安市
珠三角	2015年9月	广州市、深圳市、珠海市、佛山市、惠州市、东莞市、中山市、江门市、肇庆市
郑洛新	2016年4月	郑州市、洛阳市、新乡市
山东半岛	2016年4月	济南市、青岛市、淄博市、潍坊市、烟台市、威海市
沈大	2016年4月	沈阳市、大连市
福厦泉	2016年6月	福州市、厦门市、泉州市
合芜蚌	2016年6月	合肥市、芜湖市、蚌埠市
重庆	2016年7月	重庆市
宁温	2018年2月	宁波市、温州市
兰白	2018年2月	兰州市、白银市
乌昌石	2018年11月	乌鲁木齐市、昌吉市、石河子市
鄱阳湖	2019年8月	南昌市、新余市、景德镇市、鹰潭市、抚州市、吉安市、赣州市

1.3 创新型城市的形成机制

1990年代以来,随着全球化进程的推进和国际劳动分工的演化,生产环节中的核心创新活动越来越多地聚集在波士顿、旧金山(硅谷)、东京等发达国家的城市,形成了全球创新网络的"节点性城市"和世界"高技术中心",这也是最初一批崛起的"创新型城市"(Castells,1978)。这些创新型城市不但在全球经济生产中占据主导和支配性地位,而且在社会经济发展和公共事务处理中表现出强大的竞争力,从而与近年来全球城市普遍面临的政治、经济、社会危机形成了鲜明的对比,更加凸显了创新型城市在解决城市问题时的独特价值,于是国内外诸多城市都将打造"创新型城市"作为主要的发展战略目标之一。

然而,针对创新型城市的概念,国内外学界尚未形成统一的界定。相对主流的共识(也有学者称之为"狭义的共识")是,创新型城市应该具备以创新作为驱动力的城市经济形态(许辉等,2015;张忠寿,2011;方创琳等,2013;Simmie,2001)。创新型城市代表着"创新经济"与"城市"的和谐共生,是城市创新经济蓬勃发展的可持续状态,本书所探讨的创新型城市,即强调以创新经济为主要表征并具备与创新经济相关的城市要素。关于创新型城市的既有研究成果主要集中于创新型城市内涵特征与构成要素的探讨(马海涛等,2013;胡晓辉等,2011;杨贵庆等,2011)、评价体系的分析(李琳等,2011;方创琳等,2014)、创新型城市的类型区分及建设案例的介绍(尤建新等,2011;张剑等,2017)等方面。其中,影响创新型城市形成的相关因素虽然也已经引起了学者的关注(Landry,2000;Hospers,2003;倪鹏飞等,2011;李焱等,2013),但系统性的机制探讨和针对中国城市现实特点的具体分析仍然较少。

当前那些在国际和区域舞台上崭露头角的创新型城市,无不体现出创新全球化的时代性特征和鲜明的地域性特点。理解创新型城市的形成机制,是科学、合理引导城市创新经济发展的基本前提,也是探索城市个性化创新路径的重要依据,更是弥合创新经济与城市规划(国土空间规划)实践"鸿沟"的积极尝试。因此,本节试图基于创新地理的相关理论成果,梳理创新型城市形成的地域性、非地域性因素,建构创新型城市的形成机制,并以近年来中国极具代表性的创新型城市杭州为实证案例进行解析。

1.3.1 创新型城市形成的基本过程

关于创新型城市形成机制的既有研究,总体上呈现两条相互独立的脉络:其一,注重从城市创新系统要素的构成来探讨,强调创新是基于城市自身的禀赋基础,而对外生力量的重要性关注较少(汤海孺,2015;张继飞等,2007;黄亮等,2014)。其二,关注创新全球化等宏观环境的变化对城市创新的影响,强调全球网络为城市开辟出新兴的创新窗口和增长源泉(李健等,2015;陈昭等,2017)。这两条研究脉络分别着重阐述了创新型城市形成的内外动因,但是并无法给出整体的有效解释。在两种既有研究脉络的基础上,笔者认为,创新型城市是机遇性的创新锚点与地方性的创新系统充分耦合互动的结果,创新型城市的形成和发展过程,即创新锚点在创新系统中不断萌生、完善创新网络并捕获和孵化新锚点的过程(图1-4)。因此,创新型城市形成的基本过程可以简单概括为机遇锚点+创新系统=

锚固的创新网络(图 1-5)。

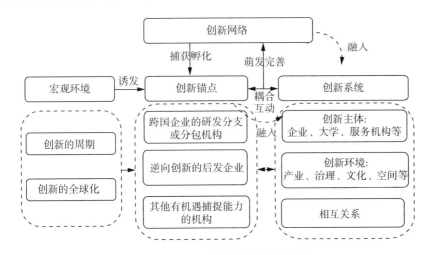

图 1-4　创新型城市的总体形成机制

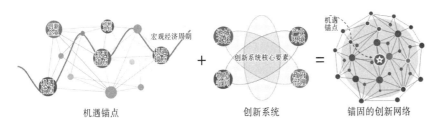

图 1-5　创新型城市形成的基本过程

1.3.2　机遇性的创新锚点

美国布鲁金斯学会发布的《创新城区的崛起:美国创新地理的新趋势》中论述了"锚机构"(Anchor Institutions)对于创新区生成的重大意义,认为其是指对地方创新有极强带动能力的非营利机构,包括具有极强创新辐射力的研究型大学和医疗机构(Katz et al.,2014)。参与创新过程的相关商业性机构将围绕"锚机构"进行集聚,形成"锚+"(Anchor Plus)模式的城市创新区。笔者对"锚机构"的内涵进行拓展并提出"创新锚点"的概念,认为所谓"创新锚点",是指在宏观创新周期和创新全球化浪潮中具有机遇抓捕能力的企业或机构等创新资源,它们是城市创新经济兴起的重要源头和关键主体,能在一定时期内锁定城市创新活动的主要类型和发展方向(如斯坦福大学之于硅谷)(专栏 1-1)。

创新锚点源于宏观环境对城市的机遇性影响,因而带有一定的时空偶然性。一方面,从创新的周期性来看,周期转换的过程极易产生新的创新锚点。创新周期的过渡往往不是线性的,而是破坏性、突变的

(Bower et al.,1995)。正如前文所述,新的创新周期开启,极有可能伴随着创新领导者的变化和区位转移,并为新兴的产业集群提供机遇(Dalum et al.,2005)。与经济长波周期中主导经济体在不同国家之间不断转换一样,由于创新锚点的偶然性,新兴产业的前沿地区和创新的先锋城市同样将呈现一定概率的变动。另一方面,新技术、新生产力削弱了知识传播的地缘障碍,创新活动在全球尺度上更加快速的发生和转移。从创新的全球化过程来看,知识、信息、资本、人才的频繁流动将不断催生出新的创新锚点。部分创新锚点诞生于跨国企业全球布局的研发分支机构和研发外包机构之中,并催生了以印度班加罗尔(Bangalore)为代表的新兴创新城市。

专栏 1-1 仙童半导体公司衍生出的半导体企业群

硅谷从斯坦福到圣何塞(San Jose)的几乎全部半导体企业都能溯源到仙童半导体(Fairchild Semiconductor)公司的衍生效应。1955年晶体管发明者威廉·肖克利在硅谷的帕罗奥图(Palo Alto)创立了肖克利晶体管公司,1957年该公司的八名员工(被肖克利称作"八叛徒")辞职创立了著名的仙童半导体公司。该公司凭借一系列的重要发明和技术(如单片运算放大器、硅门晶体管集成电路等)创立了半导体器材的标准,奠定了集成电路发展的基础。1960—1970年代仙童半导体公司的许多重要员工纷纷辞职创办新的公司,如应用材料技术(AMT)公司、电子阵列(Electronic Arrays)公司等等,直接催生了硅谷的集成电路、存储器等半导体产业。硅谷的整个半导体产业就是从仙童半导体公司及其竞争对手国家半导体(National Semiconductor)公司中衍生出来的。在半导体发展的浪潮下,一方面,这些衍生公司推动了新技术的产生和快速扩散,而"离开大公司参加初创公司成为硅谷的一个传统"。另一方面,具有技术优势和发展前景的创业公司也会被大公司收购,以使后者保持持续的竞争力。

跨国公司所呈现出的"全球创新网络—地方镶嵌"的现象,也被称为"创新端口"(Innovation Hubs)(Hamdani,2003),而更多的创新锚点则来自于"逆向创新"(Reverse Innovation)浪潮中脱颖而出的后发企业。"逆向创新"是美国创新专家戈文达拉扬和特林布尔(Govindarajan et al.,2012)在其出版的《逆向创新:源自新兴市场的逆袭》一书中正式提出的概念,用以区别创新从发达国家"顺向"推广至发展中国家的传统过程,强调创新率先在发展中国家的新兴市场完成,并在其他新兴市场推广甚至"回溯"至发达国家。逆向创新的过程,其本质是后发企业借助(购买、学习)发达国家的创新成果并加以改良,在满足本国创新需求的同时逆向全球输出。这些后发企业作为创新锚点,同样能够帮助所在城市快速登上国际创新的舞台(正如下文所要讨论的"阿里巴巴集团"之于杭州)。

1.3.3 地方性的创新系统

创新锚点是创新型城市形成的必要条件,但仅有创新锚点并不足以成就一个创新型城市,地方性的创新系统为创新经济在特定城市的持续壮大提供了系统支撑。"创新系统"最早被提出是用以解释创新水平在国家尺度上的地域差异。1987年英国经济学家弗里曼(Freeman,1987)首次用"国家创新系统"来概括1960—1980年代日本经济高速增长的原因,指出国家创新系统是国家内部系统组织及其子系统间的相互作用,强调依托国家创新系统保障公私部门之间针对创新活动所形成的高效网络关系。随着区域、城市愈来愈成为全球化竞争的重要空间单元,"创新系统"理论进一步在区域、城市尺度上得以延伸(Cooke,1992)(图1-6)。进入21世纪以后,在日本经济陷入低迷而美国持续保持创新领先地位的国际经济新形势下,援引生态学理念的"创新生态系统"被正式提出,其更加强调"系统"在演化过程中的动态性和适应性。"城市创新系统""城市创新生态系统"虽然在表述上略有不同,但本质上都是指依托一定的城市地域,由城市地域中各种创新主体要素(企业、政府、大学、科研机构、中介组织等)、非主体要素(创新所需的物质空间、资源条件等),以及协调各种要素关系的政策和制度所构成的有机整体(赵黎明等,2002)。简而言之,创新系统是指地域文化、产业环境、物质空间、政府治理等创新相关因素的系统性集成,也是广义的城市创新"环境"。不同城市之间的发展基础和模式存在差异,导致创新系统的状态也不尽相同。创新型城市形成的关键在于地方性创新系统的建立。面对全球化环境中人才、资本等要素的高强度流动,优越的创新系统环境可以帮助城市更好地吸引创新资源。例如,深圳、杭州都并非传统意义上科教资源非常丰富的城市,但由于具有优质的创新系统,同样可以集聚创新资源、激发机遇锚点,实现创新超越。

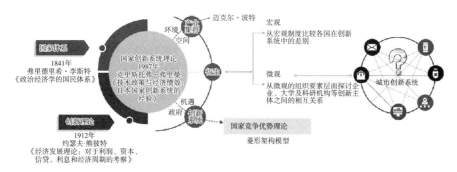

图 1-6 地方创新系统的理论根基

在创新经济形式不断丰富的当今社会,决定城市创新经济发展状态的关键因素或各因素之间的组合方式难以一概而论,但优质的创新系统仍然有其基本的判断标准:一方面,优质的创新系统能够激发创新锚点在本地快速衍生出开放的创新网络。作为创新相关主体之间正式或非正式的合作、交流联系,创新网络的地方性建构和全球链接是城市开展在地或超域(全球)协同创新活动的前提,也是形成地缘集群(本地蜂鸣)的关键(张云伟等,2013)。尤其是随着知识、技术的规模性增长和全球化流动,创新活动对于多向网络的依赖更加强烈。另一方面,优质的创新系统能够适应宏观经济发展的周期和城市创新经济发展的阶段,并且不断动态调整以保持创新活力。创新经济并非指向某种特定的产业门类,而是一种持续的"创造性破坏"状态,优质的创新系统应该能够在不同的创新浪潮中尽可能保持城市的领先地位。例如,从1950年代以来,硅谷先后经历了国防工业、半导体产业、个人电脑、互联网以及大数据、云计算、新能源等多元产业的创新引领阶段,虽历经半个多世纪的发展却始终保持着产业创新的活力,即得益于其拥有一个能够动态适应的地方性创新系统。此外,创新经济的成长与城市创新能力的丧失往往存在微妙的辩证关系,这也要求创新系统具备自我调节和修复的能力。例如,波士顿城市创新能力的一度衰弱,就与成熟企业垄断城市资源并导致企业经营环境趋于封闭有关(罗良忠等,2003)。

1.3.4 案例:锚点—系统有机耦合的杭州创新发展

杭州是新时期中国创新型城市的新兴代表,是"中国创新"的重要名片和实践载体。近年来,杭州涌现出阿里巴巴集团(以下简称"阿里")、网易科技有限公司、海康威视数字技术股份有限公司、新华三集团等一批行业领军企业,还培育出杭州卷瓜网络有限公司(即蘑菇街)、阿里云计算有限公司、蚂蚁金融服务集团等一大批科技型独角兽企业,形成了所谓的创新创业"新四军"["阿里"系、浙大(浙江大学)系、浙商系、海归系]。"国家跨境电商综合试验区"(首个)、"国家自主创新示范区"等政策红利相继落地,也反映出国家层面对于杭州创新能力的肯定与期望。在2016年二十国集团(G20)峰会上,杭州充分展现了其"创新型城市"的新形象,被称为"中国30多年改革开放以来,运用创新驱动实现经济发展的缩影与典范"。近年来在国内外各类评价机构推出的创新创业城市排名中,杭州均位居前列。杭州城市的创新崛起,正是由于创新锚点与特色创新系统的共同驱动。

1)创新锚点的典型代表:"阿里"

在杭州众多的创新领军机构中,"阿里"是"逆向创新"浪潮中所涌现出的最具代表性和影响力的创新锚点。该企业将西方国家先进的互联网技术、电子商务产业与中国消费者、中小企业的需求相结合,创新出符合中国国情的电子商务模式。当前,"阿里"已经成为占领全球电商市场份额最大的企业,不仅在印度尼西亚、巴西、阿根廷、俄罗斯等国家形成强势推广,而且在法国、西班牙等国家与美国"亚马逊"形成业务竞争。此外,"阿里"结合互联网运用的各种现实场景不断推出"支付宝"等应用创新成果,并开始向云计算等技术创新领域拓展,逐步成长为巨大而多元的创新经济体。"阿里"是浙江省乃至中国本土企业在全球化浪潮中创新"逆袭"的一个缩影。

"阿里"重构了本地的创新人才网络,并成为巨大的创业创新孵化器。作为人力资源密集型企业,"阿里"创造出大量的就业需求,提升了杭州的人才吸引与储备能力,更为这个城市培养出了大量的创新创业者。据统计,有将近60%的在杭创业者曾有"阿里"的工作经历⑧,而根据杭州城西未来科技城相关部门的估计,当地七到八成的互联网企业来自"阿里"或跟其有密切的联系。截至2017年,在由"阿里"衍生企业构成的"创业黄埔榜"上,创业企业达到了1 004家,来自"阿里"的创业者创办自己的公司或成为新公司的重要合伙人[包括首席执行官(CEO)、首度技术官(CTO)、首席运营官(COO)、联合创始人、总经理等],其公司类型横跨金融、电商、企业服务、人工智能、旅游、婚恋、社交、医疗、汽车、文娱等多个领域,并孕育出"蘑菇街"、杭州铜板街网络科技有限公司(以下简称"铜板街")等一批新兴的互联网企业(图1-7)。"阿里"重构了本地的"互联网+"企业网络,推动信息技术的应用快速向柔性生产、物联网等智能制造领域渗透。例如,富士康科技集团依托阿里云数据库开展智能制造装备的研发;监控设

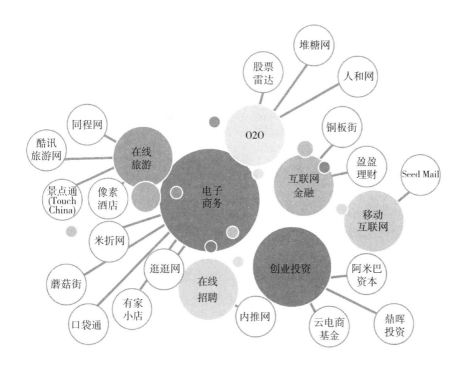

图1-7 围绕阿里巴巴的创业体系及相关业态

注:阿米巴资本即上海阿米巴投资管理有限公司;鼎晖投资即杭州鼎晖投资咨询有限公司;Seed Mail即种子邮件。

备的领军企业海康威视数字技术股份有限公司与"阿里"正式建立长期战略合作伙伴关系,共同推动云视频技术的创新和运用场景的智能设计。此外,"阿里"显著地重构了本地创新空间的生成动力,为杭州未来科技城(淘宝业务)、西溪谷互联网金融小镇(支付宝业务)、云栖小镇(阿里云业务)等创新板块的建设提供了先导的产业支撑。可以说,杭州创新经济崛起的过程正是与"阿里"这样的创新锚点共同成长的过程,没有"阿里"就没有未来科技城乃至杭州当前蔚然成风的创新创业。

2)具有鲜明地域特色的创新系统

(1)开放包容的商帮文化

杭州作为中国民营经济的代表城市(图 1-8),长期以来形成了开放的市场环境,营造了以"信任、共赢、结盟"为特征的现代商帮文化。商帮文化在激发创新锚点、催生创新网络方面具有突出的作用。正是由于开放包容的商帮文化,企业之间的人才和技术交往相对自由,更容易形成协同发展的创新网络和良性互动的竞争机制。更为有趣的是,诸多创新领军企业家对于同城、同行业的竞争者均表现出极大的认同,普遍认为后来者的跟随和模仿反而督促、增强了他们的创新动力⑨。大量新生企业在杭州浓郁、开放的商帮文化熏陶下,也从封闭竞争走向开放认同,例如,当今杭州创新创业中最为活跃的"阿里"系,正是商帮文化在创新发展时代的具体演绎。

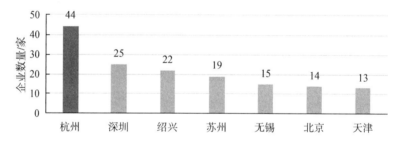

图 1-8　2017 年主要城市民营企业 500 强的数量分布

(2)高度活跃的社会资本

杭州作为浙江省的省会,是高净值人群⑩的重要聚居地,以浙商为代表的社会资本较为活跃(图 1-9)。在创新锚点的带动和启发下,社会资本紧跟互联网产业等行业风口,融入并壮大了城市的创新金融体系。大批社会资本成立风险投资机构并介入孵化器、众创空间的建设和运营,通过为创业者提供低成本的办公环境和近距离的接触观察,捕获并投资具有成长潜力的创新企业。社会资本成为稳定初创企业办公成本、激发城市创新创业热情的重要因素。截至 2017 年底,杭州共有孵化器 112 家、众创空间 102 家,其中 90%以上的孵化器和众创空间属于民营,在"阿里"的带动和示范效应下,电子商务等互联网企业在其中的渗透率达到 70%以上。而在长三角的另一中心城市南京,其民营孵化器的比重不到 20%,政府不得不担负起推动创新孵化的主要责任。

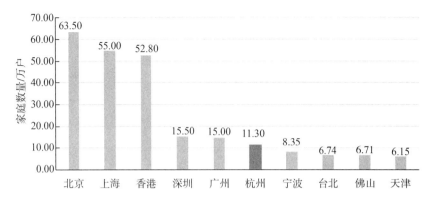

图1-9 2017年主要城市600万元资产家庭的数量分布

（3）混合紧凑的城市格局

功能混合、空间紧凑的组团发展模式一直是杭州城市拓展的重要特色，形成了创新资源和支撑要素高度集聚的空间基底，有利于释放锚点的辐射带动作用，实现多种创新活动的相互激发。从孵化器、专利产出百强企业分布的核密度图来看（图1-10、图1-11），当前创新活力最为集中的主城区、滨江高新区、下沙经济技术开发区、未来科技城，正是园区、校区、社区、景区多种功能高度融合的区域。以未来科技城周边地区为例，"阿里""海创园"等一批锚点要素与优质的生态基底、精致的特色小镇互动融合，产生出极大的创新带动效应。以浙江大学紫金港校区周边为例，高校师生创新创业的需求和潜力、高新区北区转型升级的诉求、成熟的生活配套、优质的景观环境相互叠加，促成了各类孵化器与创新企业的集聚（图1-12）。多种功能相互影响、互为支撑，并最终通过混合紧凑的组团格局满足了创新资源和空间的多样性，为创新经济的发育、发展提供了更多可能性。

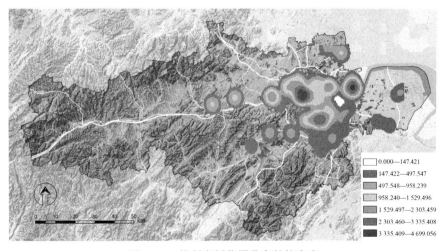

图1-10 杭州市孵化器分布的核密度

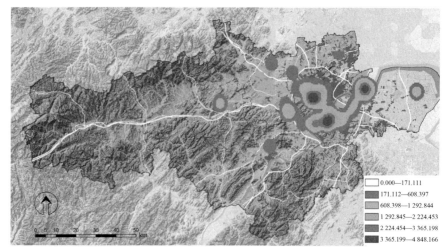

图 1-11　杭州市专利产出百强企业分布的核密度

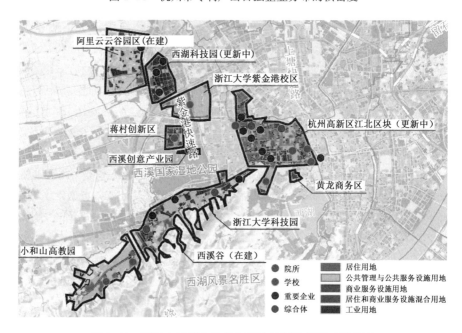

图 1-12　浙江大学紫金港校区周边地区的创新功能格局

（4）亲近市场的治理柔性

不同于西方传统意义上"无为而治"的"小政府"，也不同于中国许多城市"行政越权"的"强势政府"，杭州城市政府在适应经济发展需求的过程中，不断展现出亲近市场、改革创新的治理柔性，更加体现了"积极有为＋精准作为"的精明理念，不仅能简政放权"做减法"，而且能应对实际需求而积极、恰当地"做加法"。早在 2000 年代初，杭州就率先意识到城市品质对于经济发展的长期效应，通过一系列"美丽行动"的实践持续提升城市发展的品质，为创新发展积蓄了巨大势能，展现了对人才的强大吸引力和对创新经济的兼容性。为应对创新发展的市场热情，杭州积极探索空间弹性使用、创新使用的方式;通过创新型产业用地的政策设计,降低创新型企业的用地成本,并开放低效工业用地向创新型产业用地转型的政策通道[11]。针对城市应用创新和技术创新能力不均衡的问题(图 1-13、图 1-14),积极筹划西湖大学、认知智能国家重点实验室等重大创新设施的建设,储备潜在的技术创新锚点。

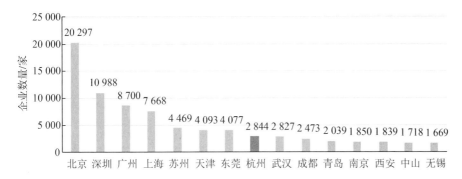

图 1-13　2017 年主要城市高新技术企业的数量分布

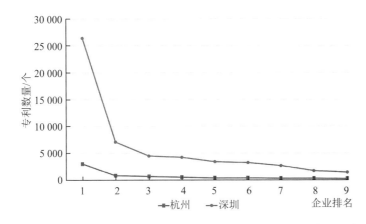

图 1-14　2017 年杭州与深圳企业发明专利累计授权量的位序—规模

第 1 章注释

① 参见《科技革命与世界历史的发展》,百度文库,2020 年 12 月 23 日。
② 参见刘东:《科技革命、产业革命与创新空间》,"创新经济与城乡空间"公众号,2019 年 12 月 6 日。
③ 根据澳大利亚咨询机构 2thinknow 评选出的全球最具创新力城市 100 强的变动情况来看,亚洲城市的数量和等级均呈现不断上升的态势。从数量上看,上榜城市由 2009 年的 9 个增长至 2021 年的 13 个;从等级上看,2009 年上榜的亚洲城市中仅东京 1 个属于"网络型"城市(其余 8 个城市中有 6 个为"枢纽型"城市,2 个为"节点型"城市),而 2021 年上榜的亚洲城市中有 8 个属于"网络型"城市(其余 5 个城市均属于"枢纽型"城市)。
④ 麦肯锡全球研究院总结了企业创新的四大范式,即科学研究、工程技术、客户中心、效益驱动,其中后两种创新范式属于需求驱动型创新、商业模式创新。

⑤ 参见《网约车大事记:帮你回顾网约车的发展历程》,《北京商报》,2016年7月29日。

⑥ 瑞典在2004年出台了新的国家创新战略——《创新瑞典》,提出要把瑞典建设成为欧洲最具竞争力、最有活力和以知识为基础的经济体,从而成为对世界上各类知识型企业最有吸引力的国家。英国在2008年出台了《创新国家白皮书》,近年来更是接连发布了新版《国际研究和创新战略》(2019年)、《英国创新战略:创造未来以引领未来》(2021年),旨在通过做强企业、人才、区域和政府四大战略支柱来打造卓越创新体系,到2035年将英国打造成为全球创新中心。为了增强自身的创新实力,确保美国持续引领全球创新经济,自2009年至今,美国已经推出了三个版本的创新战略,分别是2009年、2011年和2015年的《美国创新战略》。2013年德国正式推出"工业4.0",随后由德国政府列入《德国2020高技术战略》中所提出的十大未来项目之一。2013年法国政府正式宣布施行《新工业法国》计划,并于2015年5月在评估该计划进展的基础上提出了《新工业法国》计划的升级版(《未来工业》计划),核心目标在于打造更具竞争力的法国工业。日本在2013年公布了首部《科学技术创新综合战略》,旨在将日本打造为"全球最适合创新的国度",其后每年都会公布当年的《科学技术创新综合战略》,并在该战略实施5年后于2018年将其升级为《统合创新战略》。韩国在2016年正式将"创新韩国"确立为新的国家口号,并开展了一系列宣传活动来推广这一新的国家品牌。

⑦ 波士顿咨询公司发布的《全球制造业成本变迁报告》显示:依据经生产力调整后的工资水平计算,中国工人的时薪从2004年的4.35美元暴涨到2014年的12.47美元,涨幅高达187%。

⑧ 参见《创业在杭州:阿里带头做电商之都》,《杭州科技》2016年第1期。

⑨ 海康威视数字技术股份有限公司(以下简称"海康威视")和大华技术股份有限公司(以下简称"大华")是杭州的两家安防设备巨头公司。在调研中海康威视负责人在谈及与大华间的竞争关系时表示:"大华现在是我们(海康威视)的跟随企业,我们做什么他们也做什么。这样你追我赶更能督促我们,反而增强了我们不易被超越的实力。"

⑩ "高净值人群"一般指资产净值在1 000万元以上的个人。

⑪ 关于此部分的相关内容,在本书后续章节将展开更为详细的论述。

2 创新型经济导向下的城市空间转型与城市创新空间

> 信息经济(创新型经济)的崛起不断地重塑地点的地理驱动力;随着互联网(科技进步)使越来越多的企业及员工可以自由选择他们喜爱的地点,选择地点的规则有了极大的变化。
>
> ——乔尔·科特金《新地理:数字经济如何重塑美国地貌》

创新驱动的经济形态与城市发展模式需要新的城市空间与之相匹配。面向城市发展的创新需求,近年来许多自发形成或主动规划的创新空间在城市中大量出现,创新集群、创新城区、创新街区等各种崭新、时髦的概念层出不穷。

2.1 创新型经济的构成要素及其空间特性

2.1.1 流动的创意阶层与生活指向性

在创新驱动发展的经济环境中,人力资本发挥着极其重要的作用。创意创新人才作为一个新的社会阶层开始出现(理查德·佛罗里达,2010),这是启动创新型经济的关键要素。随着知识经济时代的到来,科学家、工程师以及其他拥有专业技能的高技能劳动力开始取代过去的自然资源、原材料基地、港口等,成为主导地区创新型产业和创新空间区位选择的重要因素。作为"精明的地点消费者",创意阶层比传统的产业人群具有更强的选择能力和流动性,而当他们聚集在某一城市或地区时,科技公司、创业投资也会闻风而至。基于对"人"的重要性的充分认可,学界开始重新思考人力资本(或创意阶层)为什么会在某一个地方集聚而不是其他地方,又是什么导致了人力资本(或创意阶层)的流动,并引发了关于城市价值体系从生产指向到生活指向的全新探索。

不同于传统流水线上的产业工人,创意阶层更加注重生活价值与生命意义,对更高品质、更多样化的公共服务和空间环境具有强烈需求(图2-1)。城市舒适性(Urban Amenity)、地方品质(Quality of Place)等理论,都从不同的角度论述了驱动创意阶层的生活指向性要素。城市舒适性理论强调优质的人力资源更加倾向于选择生活舒适度较高的城市定居,进而带动企业的集聚和经济的发展;而城市舒适性包括了自然环境的舒适性、人工环境的舒适性以及社会环境的舒适性(Clark,2004;Glaeser et al.,2001;温婷等,2014;吴文钰,2010)。理查德·佛罗里达(2010)进一步提出了"地方品质"的概念,认为一个地方区别于其他地方在环境、人物、事件等方面所体现的独特吸引力,能够满足创意阶层在生活中所追求的丰富多彩、高品质、令人愉悦的体验和证明身份的机会。如今,"八〇后""九〇后"甚至"〇〇后"成为创意阶层的主体,越来越多青年人的择业观由"先乐业再安居"转变为"先安居再乐业,先择城后择业"(于涛等,2018),促使城市发展逻辑从原先的"业兴人、人兴城"向"城兴人、人兴业"转变(邓智团等,2020)。尽管针对创意阶层个性特征的生活诉求尚未形成统一认识,但城市生活环境对传统企业区位论的替代和丰富已毋庸置疑。对于城市空间的社会属性和生活价值的重视和倡导,不仅仅是出于人文主义的自觉,更是对创新驱动逻辑的充分理解。总而言之,创意阶层的流动不仅有就业导向,而且越来越多地呈现出生活指向性,这一趋势可以总结概括为:知识经济主导下的"新地理"时代,哪里更宜居,创意阶层就在哪里居住;创意阶层在哪里居住,创新企业就会倾向于在哪里聚集。

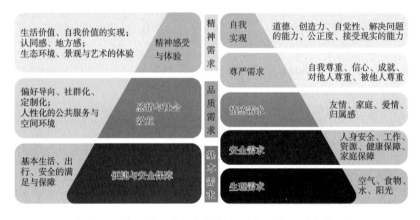

图 2-1 人群需求升级与马斯洛需求层次的对应关系

2.1.2 变革的创新企业与空间易变性

创新企业(Innovative Enterprise)是具备创新能力、从事创新活动并以创新作为核心竞争力的企业(Lazonick,2010),也是推动创新型经济的核心主体。尽管创新企业有更大概率诞生于新兴产业之中,但其并不局限于特定的产业门类。早在1912年约瑟夫·熊彼特(1990)就在《经济发展理论:对于利润、资本、信贷、利息和经济周期的考察》一书中对"创新"的五种形式进行了界定[①],作为判断企业创新行为的重要依据。时至今日,"建立新的生产函数""实现创造性破坏"等本质变革依然是界定创新企业的共识性标准。无论是因循渐进式还是颠覆式的创新路径,"建立新的生产函数""实现创造性破坏"的过程均不可避免地突破原有的经济发展模式,这就意味着其不稳定、不确定的发展"常态"。这种不稳定性、不确定性来源于技术可行性的不确定性、商业价值的不确定性、相关技术的不确定性和体制、文化与政策的不确定性四个方面(张维迎,2020)。尤其是随着经济的发展、市场分工的深化和市场专业化程度的提高,创新的不稳定性、不确定性也随之加深。

创新企业的变革特征将驱动产业空间的适应性调整。一方面,创新企业在生产经营方式上的变革,将催生新的区位选择逻辑与空间利用方式(图2-2)。除了规模化与标准化的传统产业园区以外,乡村、景区、社区等都有可能成为新兴的产业空间。近年来,在中国各地不断涌现的"淘宝村"现象,便是一种边缘地域的创新响应。此外,在云计算、技术共享和三维打印(3D打印)等新技术手段的共同支撑下,以个人、家庭为单位的小型创新企业、社区制造(微工厂)模式在未来也将大量涌现(克劳斯·施瓦布,2016)。尽管很难清晰预测未来的产业空间图景,但可以肯定的是,产业空间将不断打破既有的认知与地理边界,在一定程度上展现未曾有过的"灵活与自由"。另一方面,创新企业的崛起将伴随着传统企业的衰退和淘汰,并引发存量产业空间的低效闲置与再利用过程。例如,新兴电子商务企业的快速发展对部分传统商贸企业形成替代,进而倒逼传统商业空间的功能转型。综上所述,在创新型经济的发展状态中,产业空间将面临较为剧烈且频繁的变动,呈现出衰退闲置与创造性利用叠合并存的复杂状态。

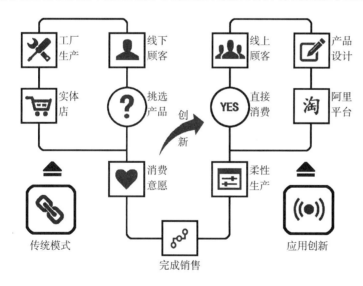

图2-2 互联网时代企业销售与产业模式的创新

2.1.3 开放的创新网络与多维邻近性

1)创新范式的开放转型

开放式创新(Open Innovation)是指企业在技术创新过程中通过与外

部组织(高校、科研机构、消费者等)的广泛合作来整合内外部创新资源,进而提高创新效率与效益的一类创新模式(Chesbrough,2003a)。在1980年代以前,针对创新的产业广泛社会分工现象鲜有发生,传统企业更加倾向于利用本公司的资源和技术进行产品的研发,并通过垂直一体化的产业组织模式实现经济价值的最大化。这一时期,"创新"被掌握在少数占据主导地位的大企业手中,创新活动主要表现为单个企业内部的封闭式创新过程。随着技术复杂度的不断提高、技术与产品的生命周期不断缩短,企业"封闭式创新"的成本与风险不断增加;同时信息流动的自由化、高等教育的广泛普及加速了知识生产的扁平化,进一步松动了封闭的知识壁垒。基于此,企业竞争优势往往来源于更有效地利用他人的创新成果,建立外部渠道、整合外部资源的"开放式创新"遂成为企业提升创新竞争力的必然选择(图2-3)。

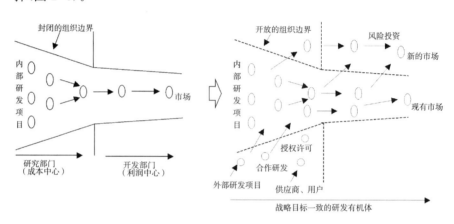

图2-3 封闭式创新模式向开放式创新模式的转型

2) 多维邻近的网络塑造

基于地理邻近的多维邻近是创新网络形成的重要支撑。全球(跨地区)创新网络的链接和地方创新网络的加密,是两种并存的网络地理现象。尽管现代交通通信技术为超越地理限制的创新合作提供了可能,但大量研究表明,与广泛全球化的产业链布局相反,一些复杂的、非常规的、依赖知识的创新活动在空间上仍然呈现出高度集聚化的特征(Leamer et al.,2001;孙瑜康等,2017),地理邻近对于知识传递仍然具有不可替代的价值。地理邻近使创新主体间能更容易、更充分地进行面对面的交流,有助于"隐性知识"(或称"缄默知识")的传递。所谓"隐性知识",是依托于具体的情景、具有一定偶然性且不易明确编码的信息,其有利于"显性知识"(或称"编码化知识")的解释、吸收以及知识的再创造。"隐性知识"的有效传递需要借助面对面的交往,这也是知识溢出高度地方化的原因(Carlino et al.,2012)。随着创新网络研究的不断深入,对邻近的关注由单一的地理邻近拓展到认知邻近、社会邻近、制度邻近等多个维度(夏丽娟等,2014)。创新网络组织的复杂性决定了其对于多维邻近的系统性依赖,但是多维邻近并没有否定地理邻近的基础和支撑性作用,相反,其丰富了地理邻近的认知内涵。一方面,地理邻近往往是实现认知邻近、制度邻近的诱因之一,有利于多维邻近效果的达成;另一方面,在推动地方化创新网络的过程中,需要关注开放的社会氛围和治理环境的顶层设计,不仅要引导不同创新主体在物质空间上集聚,而且要破除创新主体之间制度性、认知性的壁垒。

2.2 创新型经济发展重塑城市空间价值

2.2.1 创新要素的新需求改变城市空间价值分布规律

创新企业、创意阶层等创新要素对于创新型经济的驱动作用,使得城市空间价值分布格局发生重构。在全球、宏观区域层面,创新驱动下的企业生产经营打破了传统工业化生产的固有边界,掀起了新一轮的"空间革命"。交通通信技术的发展以及转包贸易的频繁,使得信息、资本、人力、技术等要素在全球范围内高速流动,全球化不断深入,带来了"世界是平的"的广泛讨论。然而,实际的发展结果却往往呈现出"世界是尖的"的现实情形——一些城市展现出极高的创新、创业活跃度,从而成为世界的"高技术中心",并因此不断积聚新的发展要素,成为"光滑空间的黏滞点",支撑区域乃至国家经济的高速增长。在中国创新转型发展的过程中,一些城市也承担了这样引领创新发展的角色。在《2021年全球创新指数报告》中,我国的深圳—香港—广州和北京仅次于日本的东京—横滨,分别位列全球"最佳科技集群"百强的第2位和第3位。另外,我国的上海、南京、杭州、武汉等17个城市也位列榜单之中。

总体而言,在创新竞合的区域格局上,巨型城市、大都市优先于中小型城市,区域中心城市优先于城市群、都市圈内的其他城市,大都市区优先于中小型城镇化地区,沿海发达地区优先于内陆腹地。形成这种空间竞合特征的原因在于,创新增长的经济活动不再受制于重资产、规模化、量产化的方式,研、产、销三个部分的空间分离使企业得以通过"异地化"的模式实现资本的三次循环,形成"总部、生产商、经销商"的分离式组织架构(曹贤忠等,2019)。创新产业的生产资料与生产要素表现出轻资产、高技术、重人才的特征,通常需要背靠掌握高新技术的科研院所、拥有雄厚资本的都会地区,才能组织其自身的生产逻辑。因此,创新增长在空间上表现出明显的极化效应,竞争力强的都市区通常已经形成了自身的区域创新系统(Regional Innovation System)(Fernandes et al.,2021),带有嵌入性(Embeddedness)的网络能够使新加入的创新伙伴迅速地锚固在系统中(Galaso et al.,2021),从而实现创新生产的循环;竞争力弱的城镇化地区本身就面临人口净流出的问题,在拥有高素质、高技术、高学历人才的落户竞争中不具有优势,缺乏门户特性也使其不具有吸引资本注入的通道,在创新企业寻租的过程中势必处于劣势。

在城市层面，创意阶层对空间需求的偏好使得城市特定地区的价值凸显，成为创新孕育、集聚与生长的空间。着眼于城市内部的空间组织，创新空间的集群化特征与产业集群表现出明显的分野：既不同于"单位大院"模式的企业办社会，形成封闭的产业、服务与居民生活空间；也不同于"产业园"模式的职住分离，形成独立的产业、商业与生活空间。创新集群表现出混合化、集约化、开放化的空间发展趋势，用地功能更加多元、用地布局更加紧凑、用地可达性更加便利。北京中关村、上海张江、深圳蛇口等国内创新集群的成功案例均表明，都市中心、商贸繁荣、绅士化环境更能为创新集群提供适配的空间需求。此外，在创新扩散的过程中，区域锁定（Regional Lock-in）的特征十分明显（Altug，2017）。受到行业门槛、关系圈层、资本信赖的影响，创新的传播范围被限定在邻近的空间概念中，表现出业缘集中、同类企业集聚的空间形式（Boschma，2005），诸如上海张江的集成电路与软件创新集群、杭州城西科创大走廊的网络信息创新集群、武汉光谷的光伏和生物创新集群。都市化、集群化特征为创新型经济发展带来了显著的规模极化效应，强者愈强，成为城市综合竞争力中的"新贵"；弱者愈弱，在产业迭代中失去自身价值，进而导致产业与空间的收缩（专栏2-1）。

专栏2-1　创新的区域极化现象——以浙江为例

　　创新在区域空间中的极化现象是由创新活动的组织规律决定的。由于受到制度安排和资源配置的影响，创新活动往往一开始就表现出空间的非均衡发展。不论是增长极理论、核心—边缘理论，还是梯度转移理论，都强调了资源稀缺性之下对包括科技创新资源在内的发展性资源进行"集聚优先"的非均衡配置规律（罗巍等，2020）。在以资源要素为驱动、依托地缘关系内生的块状经济时期，浙江省内城市间呈现相对扁平、离散的组织关系。而在进入创新驱动时期，块状经济中的升级企业更倾向于将研发部门和总部布局在创新交往活跃、人才吸引力高的核心城市杭州。这种创新活动"中心集聚"下形成的城市发展差序格局是浙江省块状经济升级的必然过程。

　　就杭州而言，杭州当前的创新地位并非来自区域分工，但在创新首位度形成之后，未来浙江省内块状经济转型升级的内生需求将助推杭州创新中心的持续成长，这一判断在当前企业的区位选择上也可以得到印证。成立于诸暨市的海亮集团经过30余年的发展，从一家民营小企业成长为集教育、健康（生态农业、医疗、养老）等多产业布局的国际化综合企业集团。随着企业实力的增强和规模的扩大，2016年11月海亮集团的管理总部由诸暨迁至杭州滨江区海亮大厦以适应企业对接国际市场的发展目标。这种现象在众多浙商民营企业中屡见不鲜，例如，温州富瑞浦建材进出口有限公司也于2012年将企业总部由温州迁至杭州滨江区世贸中心。杭州以浙江省创新排头和国际窗口的重要地位吸引着省内外知名企业落户，以寻求更广阔的发展平台，这也将是未来杭州飞速发展的重要原动力。

大量学者的研究表明，在创新、创意产业机构寻租的城市内部格局中，当前创新主体的选址布局已经呈现出新的地理特征。具体而言，全球创新

活动在城市空间中的分布存在"中心集聚＋去中心化"的双重趋势：一方面，出于对城市文化内涵和中心区位需求的考虑，中心城区的创新活动更加频繁与集中，尤其是一些文化创意、内容创造类的企业更倾向于在城市中心区布局。美国布鲁金斯学会针对创新街区、创新城区的研究报告同样表明，创新的地理格局正在从过去位于郊区的孤立产业园区向更密集、更混合的城市核心迁移，更具都市特质的"创新城区"成为一种新的地理空间现象（Katz et al.，2014）。另一方面，出于对生活质量的追求，越来越多的科技公司出现在具有引人入胜的环境与健全的城市设施、交通便利且易于出入大都市区的近郊边缘地带，一些景区、小城镇甚至乡村开始成为创新产业孕育和发展的新场所。上述这一判断在当前企业的区位选择上已经得到了印证。以"全球科技创新中心"伦敦为例，企业服务、艺术设计、广告电影等基于消费需求的创新业态更多地集中在伦敦的中心城区，而偏于技术发明和创新的科技型企业则通常分布在伦敦的外围地区（Propris et al.，2009；陈勇等，2014）。

2.2.2 创新活动在城市空间中集聚的两种趋势

1）有风景的地方就有新经济：边缘地区的革命

在20世纪后半期的大部分时间里，人们逃离城市的进程就已经徐徐展开，而21世纪以来信息产业等新产业的兴起及其从业者对生活方式的另类偏好更是加速了这一进程（乔尔·科特金，2010）。交通通信技术的发展将人们从传统地理联系中解放出来，使得创新创业人员在城市环境以外工作的理想成为现实，以至于长期具有强大向心力的金融业地理中心"华尔街"都正在变成一种虚拟社区的代名词，而不再是一个具体的"地方"②。这种理念代表人们的思想观念发生了一场静悄悄的革命，一些都市区边缘的郊区甚至距离城市中心更远的乡村地区的空间价值开始凸显，逐渐成为新一轮创新活动转移和集聚的重要引力场，呈现出"有风景的地方就有新经济"的特征。以硅谷③、波兹曼等为代表的国际创新地区的发展均表明这一趋势的来临，这些区域良好的生态、宜人的气候、洁净的空气不但可以满足高精密性研发实验室对于自然环境的严苛要求，而且是吸引技术研发与创新人才进入与长期驻留的重要因素。与此同时，在城市区域化发展的时代背景下，城市与区域的空间关系也在不断发生着重构。在更大的区域环境中（尤其在高度网络化发展的城市群区域），一些地处城市边缘的地区反而会成为区域空间的中心（图2-4），叠加上某些独特的禀赋，这些具有一定优势与特色的边缘地区更是有条件发展为新的创新空间（图2-5）。这方面最典型的莫过于近年来网红村、文创村、作家村等新村庄类型的兴起，武汉东湖边的大李村、杭州白马湖畔的网络作家村等可谓是这种边缘地区"创新革命"的代表（刘小琼等，2020；蒋阳等，2021）。

被《纽约时报》称为"美国的超级地理学家"的科特金在他的《新地理：数

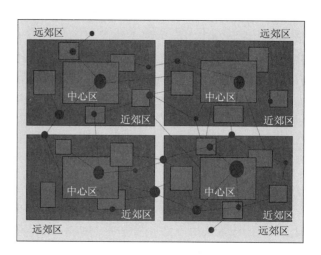

图 2-4　城市区域化背景下城市边缘区的空间发展模式示意

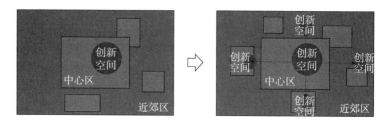

图 2-5　城市创新空间的区位变迁趋势

字经济如何重塑美国地貌》一书中同样指出,到 1990 年代末美国最高速度的科技增长已经从城市中淡出,甚至转向非大都市地区,并在书中将这种现象称为"小城镇的反弹"。科特金以一种不失浪漫的文学手笔描述了这样一幅"田园牧歌式"的图景:"鲍勃·梅特卡夫④正驾驶着他那已经有些年头的沃尔沃汽车,穿行于新泽西州卡姆登(Camden)城外蜿蜒的山坡道路上,他将自己的家安在这里并常年在此居住。那里的乡间如同明信片上的风景一样,非常漂亮,绿树繁茂的山坡环绕着波光粼粼的海港。"然而,哪怕是在要素流通频繁且便利的当下,也并非所有的乡村社区都同样受人青睐,只有那些环境好的地区的乡村才会成为新的"赢家"(乔尔·科特金,2010)。以美国蒙大拿州为例,在环境相对单调且荒凉的蒙大拿州东部地区的人口持续流失的同时,向西部进入山林茂密地区的人口迁移速度却在不断加快(专栏 2-2)。

2)从硅谷回归硅巷:都市内城的复兴

近年来,随着创新功能的发展和升级,创新区(Innovation District)作为一种全新的创新空间组织形态在全球各地出现,并以其紧凑空间、混合功能等突出的"城市特质"彻底颠覆了硅谷式的科技园区布局模式(苏宁,2016),成为当代创新区规划布局的重要发展方向。越来越多的国际城市将创新区作为驱动经济发展的关键战略,正如美国创新区研究专家卡茨所言:传统的城市复兴战略主要依靠商业房地产,如通过建造一个会议中心、体育场馆或文化场馆(通常用的是公共资金)来刺激发展、激励增长,但是,与传统的城市复兴战略不同,创新区战略通过公司的增长、价值网络的扩张、贸易部门的发展,帮助区域或者城市向价值链的高处移动,从而在全球竞争中获得更强的竞争力。

> **专栏 2-2　美国"绿色海岸"的崛起与波兹曼模式**
>
> 　　北起蒙大拿州、沿落基山脉一路向南至亚利桑那州的大片区域,因为近年来涌现出大量的信息技术、生物医药、生态环保等高智能、强创意的"绿色经济",而被称为"绿色海岸"。凭借优越的生态环境,这里已经建成从加拿大到美国最大的国家公园序列,成为全球旅游的胜地。与此同时,这些高品质的生态化地区依托网络运输、视频会议、新型交通设施来打破区位限制,实现了新经济就业的全面增长。其中,波兹曼作为典型代表,在借助出众的山水自然风光大力发展酒店、旅游业和娱乐业的同时,目前已经集聚了 100 多家科技型企业,成长为蒙大拿州的高科技中心和该地区最大、最多元化的科技创业协作社区之一。

以纽约硅巷(New York Silicon Alley)、伦敦硅环(London Silicon Ring)、波士顿南湾滨水区(Boston's South Waterfront)等城市和地区为代表,此类创新空间通常与周边城区联系紧密,常常位于大都市中心区⑤;其空间布局紧凑、功能复合、公共交通便利、通信网络顺畅,并可以共享都市完善的零售商业、办公公寓、居民住宅、游乐场所等生活服务设施。与环境优良但人烟稀少的郊区式科技园区相比,创新城区往往具有更加浓厚的生活气息,能够满足创新人才对多彩都市生活的向往,亦有助于创意交流、灵感碰撞,从而形成充满活力的"开放创新"氛围,因而具有一般城市区域难以企及的创新优势(邓智团,2015)。这种认识反映了近年来的一场独特空间运动——一种与到城市边缘地区去居住的认识相反的观点,中心城区强大的吸引力甚至引发了美国科技创新人才从硅谷向硅巷"叛逃"的潮流(张净,2018),并带动都市内城"再次向辉煌进军"。

纽约硅巷地区马赛克式地镶嵌于老城区的创新企业办公场所,是城区内典型的创新空间集群现象。近年来,得益于人才、资本、服务与政策优势,纽约硅巷日益成为美国东海岸新的科技创新中心,引发学界的广泛关注。截至 2014 年底,"硅巷"的风险投资资金的事件数、金额以及高科技企业的首次公开募股(IPO)数量已经仅次于"硅谷",居全美第二。这种现象的产生有着多方面的根源,其中,需求驱动型创业模式的兴起是本质原因。大量的创业者通过已有资源和技术的整合而非原创的技术研发构建商业模式,聚焦于零售、媒体、生活服务、时尚、社交等新兴的市场需求,并以快速、灵活的软件和硬件开发为形式。因此,相比于"硅谷"传统的、更关注芯片有多快、容量有多大的"西岸模式",纽约硅巷的创新型企业更偏向于运用互联网技术来提供金融、广告、服务等方面的解决方案,从而形成不同于硅谷的独特的"东岸模式"(黄亮等,2018)(专栏 2-3)。同样位于纽约的布鲁克林科技三角区(Brooklyn Tech Triangle),其过去是传统的工业区和码头区,如今也已成功转型成为纽约科技创新产业增长最为迅速的片区之一。今日的布鲁克林不仅是蓬勃发展的科技创新中心和文化创意产业聚集地,而且是都市品质生活的典范城区,成为创新驱动老城复兴的典型代表。

专栏 2-3　纽约硅巷——大都市城区全域科技创新的典范

"硅巷"泛指在曼哈顿下城区、苏豪区和特里贝卡区等地,由互联网与移动信息技术的企业群所组成、嵌入大都市街区内的无边界虚拟园区,是科技回归都市内城的典范(专栏图 2-3-1)。作为国际金融中心,充裕的资本环境和富集的风险投资机构成为组织创新网络的重要牵引力;时尚、传媒、商业等经济形态发达但又相对传统的服务业基础,为新技术的融入提供了巨大的需求空间;数量众多、密度较大的城市人口为创新提供了充裕的用户实验场景。因此,以互联网应用技术、社交网络、智能手机以及移动应用软件为主要特征的创新企业开始出现。创新企业积极争取风险投资机构的资本支撑,为传统行业提供了颠覆性的技术解决方案,并不断从用户市场中获得反馈意见,形成了全方位开放的结网模式,也促成了高密度且不断扩散和渗透的集群形态。

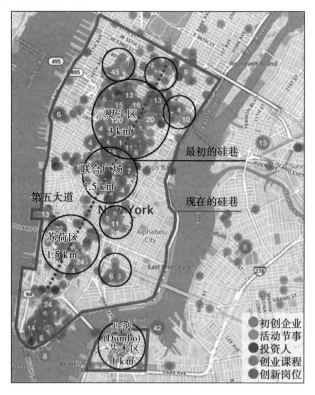

专栏图 2-3-1　"纽约科技创新版图"显示的创新岗位分布

> 当前,纽约"硅巷"已经成为继"硅谷"之后美国发展最快的互联网和移动信息技术中心地带,聚集了超过14 500家初创企业(包括谷歌卫星中心等明星科技企业),优步公司、特斯拉公司等诸多全球知名公司都源于硅巷孵化器。在硅巷的加持下,纽约的创新能级大大提升,高科技员工超过33万人(居全美第1位),各类高端学术机构近100家,远超"硅谷"所在地的旧金山(25家)、"欧洲创新之都"的伦敦(40家);并且已经超越知名高校林立的波士顿和"硬科技"创新的"硅谷",成为全球最大的风险投资科技城市。近5年来,纽约连续位居联合国所公布的全球科技创新中心城市榜首,被誉为美国"东部硅谷"、世界"创业之都"。与"硅谷"的郊区分散型企业布局不同,"硅巷"的空间分布呈现众多创新型企业在中心城区集聚的特点,科技楼宇是承载这些创新型企业的主要空间。

可以看到,由于具有便捷的交通条件、低廉的租赁成本、完善的基础设施和大量易于改造利用的工业建筑,城市更新项目在区位与建成环境上符合创新企业的需求,使得城市旧区成为发展创新型经济的绝佳场所(秋衍庆等,2019)。与此同时,创新型经济的发展也能进一步丰富城市更新的内涵,在提高城市竞争力、增加城市就业、延续城市文脉、塑造城市景观特色等方面发挥着积极有效的作用(王伟年等,2006)。目前,以创新驱动老城复兴的方法在国内一些地区和城市也正在大力实践。例如,杭州文三路老城区近年来借助创新创业企业的进驻带动了地区物质环境和社会资源的不断提升,闲置办公楼成为创业企业的孵化器和共享办公的创客空间,街道边的咖啡馆成为从业人员交流讨论、激发创意灵感和举办创新活动的地点,实现了地区的再次发展。

2.3 城市创新空间:城市创新发展的核心空间载体

2.3.1 何为城市创新空间

针对"城市创新空间"这一概念,既有研究并没有统一的定义,这些创新活动密集的区域在过往文献中通常被称为知识区域、新经济空间、创新集群或地区等(Evans,2009;Pancholi et al.,2014)。虽然这些名称各异,但现有与之相关的定义中大多包含"创新"与"城市"两个关键词(曾鹏,2007),以及强调创新创业企业的高度集聚和城市化的生活环境两大特质(邓智团,2017)。诸多学者的研究均表明,城市创新空间是一种将研发服务与创新作为主导产业功能的新型地域空间,其以承载创新创业行为主体为主,不仅汇聚大量知识型人才,集中前沿科技创新要素,而且内含服务、设施、生态等多种子类空间(曾鹏,2007;孙文秀等,2019)。而与创新活动有关的知识学习是城市创新空间的核心组成部分,使人力资本在其中发挥着重要作用。基于此,笔者认为城市创新空间是城市化建成环境中以人力资本为核心,从事知识学习、加工、再创造等知识与技术生产密集型活动集中的空间,创新企业、创新人才等创新主体以及科研院所、孵化加速器、服务机构等基础要素在城市空间中一定地域范围内的集聚是其主要表现形式(图2-6)。值得注意的是,虽然城市创新空间通常表现为一种新的空间形式,但这一概念并非直接指向空间形式上的创新,在许多传统空间中也会存在、发生着创新活动。

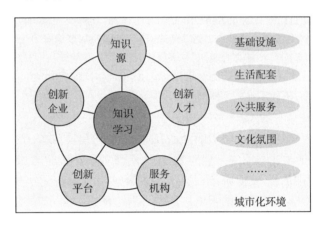

图 2-6 城市创新空间构成的概念框架

2.3.2 作为一种生产要素的城市创新空间

1980—1990年代开始的新一轮全球化促进了全球范围内的产业大规模转移,以跨国公司为主导,产业布局(特别是生产制造环节)在全球范围不断寻求成本"洼地"。伴随着这一全球性趋势,中国也开启了以全球化、市场化、分权化为主要特征的改革开放进程。当时的中国具有丰富、廉价的劳动力,土地资源充裕,但面临着资本短缺的困境,因此,中国确立了"三为主,一致力"的外向型战略,即发展工业为主、利用外资为主、出口创汇为主,致力于高新技术产业。在这种背景下,开发区、高新区等产业空间成为吸引、承载外向型工业生产的核心空间载体,其以极低的土地要素价格和优惠的政府财税补贴为基础,通过积极的招商引资,实现国际资本与本地廉价劳动力的紧密结合,如此在全球迅速形成了低成本、高质量的投资环境。

以1979年的广东蛇口出口加工区为起点,几十年来各种类型的开发园区遍地开花,成为产业发展的主要载体。然而在创新发展的背景下,以低成本优势招商引资为主要特征的产业园区难以很好地承载推动创新、创业的功能。在要素目标导向上,产业发展平台载体的主要功能已经由"招商引资"向"招才引智"转变,单靠低成本的环境显然无法吸引到创新、创业人才;在载体功能上,由简单地提供生产活动的空间场所向创新创业企业的孵化、培育、扶持转变;在产业活动上,由加工制造向基础研发、设计、营销等高端制造环节攀升;在产业类型上,则由传统制造业转向服务业、经济信息业、高端制造业等;在产业创新主体上,由大企业转向创业者、科研人员、金融机构等多元主体……因此,在创新型经济发展的目标环境中,作为创新活动集聚的重要空间单元,城市创新空间不仅是城市空间在功能上的进一步延伸与分化,而且已经取代原有的工业园、产业园等开发园区,成为支撑城市研发服务与创新功能形成的物质基础,更是推动一个城市科技创新功能兴起的最基本的载体保障(杜德斌等,2016)。

2.3.3 作为一种政策工具的城市创新空间

美国发展经济学家阿瑟·刘易斯(2015)在其著作《经济增长理论》中指出,经济绩效不仅是个人活动的结果,而且是政府行动的结果。尤其在中国,企业家型政府被认为是推动城市转型、提升城市竞争力的重要力量(张京祥等,2006)。从某种意义上讲,中国的技术创新不仅是企业等主体的组织行为,而且是以政府制度创新为主导,通过改善创新的宏观制度环境,使正式制度的作用得以充分发挥,从而对主体的创新行为起到激励和引导作用的过程(蔡丽茹等,2020)。这其中,空间既是创新型经济发展的基础载体与关键要素,也是其可持续发展的重要支撑。有学者认为,中国科技创新平台等创新活动载体空间的建设从起步之初即带有明显的制度主导基因,是地方政府和地方领导人(精英)对市场主导的"集聚""集群"等现象不断学习和政策化的过程(Hu et al.,2019)。

正如前一部分所论述的那样,"产业园区"最初是以优惠的土地财税政策、宽松的管理体制与紧密互动的政商关系大规模吸引外资、承接产业转移,并最终形成了支撑经济腾飞的"中国模式",诞生了影响全球的中国经济增长奇迹。城市创新空间是中国的城市政府在面向创新型经济发展的目标环境下,以为创新活动提供可负担的物业、完善的基础设施与配套服务等为目的的空间载体(这一类空间用地性质不仅单列,往往还具有"度身定做"的相应准入门槛,是土地供给部门为创新型产业专设的机会锚点,对此后文将展开详细论述),众多的孵化器、众创空间等创新孵化空间便是其中的典型代表。以空间为基础响应创新活动的发展需求,通过城市创新空间的供给与治理创新来吸引创新要素、孵育创新主体、催生创新活动,是推动城市创新发展的一种主动干预手段。也正因为如此,近年来创新型试点城市、国家自主创新示范区、国家高新区等载体平台在全国各大区域被密集投放。总体而言,中国的城市创新空间与早期产业园区的形成逻辑是相似的,其不仅仅作为经济活动的生产要素,同时还是一种主动的政策工具,是创新经济时代地方政府推动城市经济发展、升级的又一个新兴场域。

2.4 城市创新空间及其规划实践的研究

2.4.1 创新与空间关系的理论起源与发展

转型发展的语境催生了创新空间研究的热潮,然而,学界对于创新与地理空间关系的探讨由来已久。自熊彼特首次提出创新的概念以来,创新活动的空间集聚现象即引起了学者们的广泛关注。总体来看,关于创新与空间关系的讨论经历了三个主要的阶段(图2-7)。

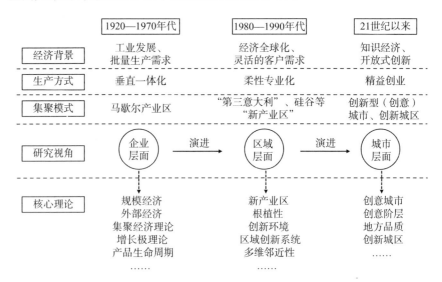

图 2-7 创新与空间关系的理论演进历程

第一个阶段是1920—1970年代,以熊彼特为代表的经济学家关注企业创新与地区经济增长的关系,强调发明、初创企业与企业家在创新产生中的重要作用。新古典经济学认为,企业生产的集中主要来源于规模经济和外部经济的影响。美国区域经济学家胡佛进一步将集聚优势分为内部规模经济(Internal Economies of Scale)、本地化经济(Economies Localization)和城市化经济(Economies Urbanization)(Simmie,2005)。在熊彼特思想的影响下,法国经济学家佩鲁(Perroux,1955)首先将创新理论与空间相联系,其提出的增长极理论认为,经济增长首先出现在具有创新能力的行业,而这些具有创新能力的行业通常集聚于某些特定的空间。之后,美国经济学家弗农(Vernon,1966)的产品生命周期理论认为,在企业生命周期开始的创新阶段,熊彼特强调的发明和初创企业更容易集中在大城市。这些理论聚焦企业层面讨论了创新活动所导致的经济集聚现象,为1970年代后期的旧产业区衰落和新产业区的崛起提供了主要解释。

1980年代以来,科学技术(特别是交通通信技术)的发展使得全球经济一体化进程加快,引发了经济活动集聚和扩散的争论。美国经济学家皮奥里和萨贝尔在对"第三意大利"(Third Italy)的研究中发现,与传统的马歇尔产业区不同,由于激烈的国际竞争和不断变化的客户需求,这些小型公司集中的地区呈现出灵活性加专业化的特点,其通过根植于本地社会文化的"集体学习"保持着强大的创新活力(孙瑜康等,2017)。这种网络化的生产方式将创新活动与当地空间联系起来,许多学者的研究视角因此也从企业层面转变到区域层面,地方产业的根植性(Embeddedness)成为研究中频繁出现的关键概念,并在此基础上产生了"创新环境"(Innovative Milieu)理论(王缉慈等,2009)。此后,英国城市与区域规划学家库克提出了"区域创新系统"的概念,日本经济学家藤田昌久等学者探讨了知识溢出的微观机制,法国邻近动力学派(French School of Proximity Dynamics)围绕"多维邻近性"论题展开了一系列讨论,进一步发展了对创新集聚的空间问题的理论解释(王缉慈等,2019)。

进入21世纪,知识创新在资本形成中的作用得到加强,城市尤其是大都市核心地区成为全球创新活动集聚的主要平台,在此背景下,创新与空间关系的研究视角逐渐转向城市。然而,大量的研究仍仅将城市作为创新活动集聚的一个点,佛罗里达等学者提出用创意城市(Creative City)、创意阶层(Creative Class)等理论来解释这种现象,并针对创新型城市的构成要素进行总结(理查德·佛罗里达,2010;Landry,2000;Hospers,2003;Glaeser et al.,2004;汤培源等,2007)(表2-1)。近年来,层出不穷的新技术引发了创新活动的新空间需求,使得创新的地理格局不断重塑。正如前文所述,全球创新活动在城市空间中的集聚,越来越呈现出"有风景的地方就有新经济"和"从硅谷回归硅巷"两个显著特征,面对这种新地理空间现象,一些有关城市创新空间及其规划实践的研究开始出现。

表2-1 城市创新空间的构成要素

类别	构成要素	来源
七要素说	人员品质、意志与领导素质、人力的多样性与各种人才的发展机会、组织文化、地方认同、都市空间与设施、网络动力关系	兰德里(Landry,2000)
三要素说	集中性(Concentration)、多样性(Diversity)、非稳定状态(Instability)	霍斯珀斯(Hospers,2003)
"3T"理论	技术(Technology)、人才(Talent)、包容度(Tolerance)	理查德·佛罗里达(2010)
"3S"理论	技能(Skill)、阳光(Sun)、城市蔓延(Sprawl)	格莱泽(Glaeser,2004)
创新型城市的三个条件	社会文化的多元性和开放性、城市产业发展、吸引创意阶层的高品质生活环境	汤培源等(2007)

2.4.2 对城市创新空间的相关研究

随着城市发展的创新转型,针对城市创新空间的相关研究也得以蓬勃开展。梳理相关研究文献可以发现,当前研究主要集中在对城市创新空间的现象认识和规律识别,具体体现在原理研究、形式研究和趋势研究三个方面。

1) 原理研究:城市创新空间的产生背景与生成机制

(1) 城市创新空间的产生背景

既有研究普遍认为,创新活动存在着集聚倾向,是因为该地有创新的环境(王缉慈等,2019;Storper et al.,2009)。城市创新空间作为全球创新活动自"园区"走向"城区"大趋势下的产物,正是由于城市(尤其是大都市核心地区)具有作为创新场所的独特优势:①城市是国际信息交流的节点,可以为创新早期阶段提供关键信息,有助于企业对创新趋势的追踪(Amin et al.,1992);②随着精益创业思想的发展,用户成为创新活动的中心,而城市为创新产品提供初级市场,方便企业对用户反馈迅速做出反应(Storper et al.,2009);③城市的中心留有大量亟待更新的老旧建筑,这些地区往往租金低廉,为新的经济活动提供了大量可用空间(Davis,2015);④创新人才更加喜欢城市多样化的生活环境,进一步吸引企业将办公空间选择在城市中心(Katz et al.,2014;任俊宇等,2018)。

(2) 城市创新空间的生成机制

面对城市中创新空间的大量涌现,有关城市创新空间生成机制的探讨是学者们首要关注的问题。研究普遍认为创新活动与其所处的区域环境之间有着密切关联,城市创新空间的生成、发展越来越依赖于其所处区域的创新生态系统(梅亮等,2014)。通过正式与非正式交往产生的要素间的互动关系,是解释城市创新空间生成的重要机制,而创新生态系统的本质即地理上相互关联的要素所构成的区域性组织体系。因此,有学者将城市创新空间生成的基本模型概括为城市空间、产业主体、创新网络间的关联互动(任俊宇等,2018)。更加细致深入的研究认为,城市创新空间的构成要素不仅包括企业、大学及研究机构等产生创新的要素,而且包括商务服务、金融服务等为创新发展提供各类所需支持的要素;此外,物质环境、文化环境、政策环境等环境要素同样影响到城市创新空间的形成(任俊宇等,2020)。据此,可以进一步将创新要素分为创新源、创新服务和创新环境,其中创新源是产生创新的核心,创新服务是支持创新源发展的辅助要素,创新环境则是城市创新空间的外部环境基础。

不论从何种角度讨论,城市创新空间的形成均离不开作为创新主体的创新源和相应创新服务的关键作用,以及为此需要重点抓住的创新生态系统营造(图2-8)。其中,创新源、创新服务分别是城市创新空间的核心要素和支撑要素,创新生态系统则在涵盖上述两类要素的同时,还具体包括城市空间、地域文化、产业基础、政策制度等影响创新活动的要素及其构成的系统环境。

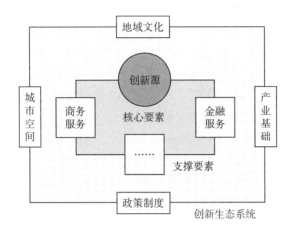

图 2-8　城市创新空间的生成机制

2) 形式研究：城市创新空间的类型划分与形态组织特征

(1) 城市创新空间的类型划分

城市创新空间的分类标准不一，按照不同的分类标准对城市创新空间的类型有不同的认识。简要而言，主要有以下几种划分方式(表2-2)：一是根据发展基础(驱动因素)的差异，将城市创新空间分为支柱核心型(Anchor Plus，或创新源驱动型)、城市更新型(Re-imagined Urban Areas)、科技(产业)园提升型(即城市化科技园区，Urbanized Science Park)(Katz et al.，2014；任俊宇等，2018)；二是根据功能性质的差异，可以将城市创新空间分为以开展基础研究为主的科学城和以发展高技术及其产业为主的科技园(曾鹏，2007)，也有学者将其称为知识型创新空间和产业型创新空间(王兴平等，2015)；三是根据建设投资与运营管理主体的差异，将城市创新空间分为政府主导型、市场内生型、政府和市场共同驱动的混合型三种类型(王亮等，2019)。除此之外，还有学者根据空间尺度的差异，认为城市创新空间在相当大的范围内根据规模而变化，大致上可以小到建筑物(创新型楼宇)，而后到片区的规模(创新型园区、创新型街区)，并最终形成创新型城市(Pancholi et al.，2014)。

表 2-2　城市创新空间的分类标准与类型划分

分类标准	类型	来源
发展基础(驱动因素)	创新源驱动型、城市更新型、科技(产业)园提升型	卡茨等(Katz et al.，2014)；任俊宇等(2018)
功能性质	知识型创新空间、产业型创新空间	王兴平等(2015)
建设投资与运营管理主体	政府主导型、市场内生型、政府和市场共同驱动的混合型	王亮等(2019)
空间尺度	创新型楼宇、创新型街区(园区)、创新型城市	潘乔里等(Pancholi et al.，2014)

尽管存在多种分类方式,但是大致上可以将城市创新空间分为两种类型:一是基于知识创新的知识型创新空间,以高校、科研机构等知识源作为主要创新主体来带动创新活动的产生;二是基于技术创新的产业型创新空间,以创新企业作为主要创新主体来带动创新活动的产生。无论何种类型,创新、研发、学习、交流等知识经济主导的产业活动均是其主要内容,反映出城市创新空间的核心特征。

（2）城市创新空间的形态组织特征

作为一种新的城市空间类型,城市创新空间不同于传统工业园较为单一的布局形式,在空间形态和空间组织上呈现出一些新的特征。相关研究表明,创新企业和创新人才更倾向于集中在拥有开放式社交环境、人本化生活场景的城市空间,而适宜步行的街区尺度、高质量的公共空间设计满足了创新活动的空间需求(许凯等,2020)。此外,由于创新型经济形态的产业功能与非产业功能高度融合,展现出日趋多元化、复合化的用地需求,地块内部(甚至是建筑内部)的功能混合成为高品质城市创新空间的突出特点。在这种趋势的影响下,创新活动的载体功能由"封闭的、单一的创新生产空间"向"围绕特定群体实际需求、创新活动与社会生活相融合的创新社区"转变,使得城市创新空间的组织模式从封闭式、集群式逐渐向嵌入式转变(任俊宇等,2018;Hanna,2016)(图 2-9),校区、园区、社区走向融合(郑德高等,2017),小尺度、马赛克式镶嵌的创新空间成为城市中最有活力的场所。

图 2-9　城市创新空间的组织模式演化

复合的功能结构进一步造就了城市创新空间多层高密的紧凑开发模式,使其在空间形态上表现为较高的容积率和建筑密度,建筑形式也更接近于商务办公建筑。从国内外一些典型城市创新空间的实践来看,不论是剑桥肯德尔广场（Cambridge's Kendall Square）、西雅图南湖联合区（Seattle's South Lake Union Area）,还是上海创智天地,均表现出这种功能复合、用地紧凑的空间特征。

3）趋势研究:城市创新空间的时空分布规律与发展趋势预判

（1）城市创新空间的时空分布规律及其影响因素

创新活动在城市空间中的区位行为及其影响因素是城市创新空间讨论的重要内容,针对这一问题,不同学者从不同视角分别进行了阐释。国内学者大多以政策性产业园区或新兴创新创业载体(如众创空间)为对象,研究其在城市中的空间分布特征、影响因子及其形成机制(褚劲风,2009;

段杰等,2015;唐凯等,2019;孟国力等,2016)。近年来,随着大数据分析方法的发展,定量刻画城市创新空间分布的时空演化特征成为学界关注的焦点,越来越多的学者开始采用创新产出(如论文、专利等)数据来表征创新活动,并针对具体城市创新空间分布的时空演化规律进行分析和刻画(段德忠等,2015;李凌月等,2019;王纪武等,2020)。一些学者深入企业选址层面,对高新技术企业或特定产业(如文化创意产业)的时空分布特征进行解析,提取影响其分布的重要因素。如唐永伟等(2021)通过对武汉高新技术企业空间发展的分析,从静态和动态两个维度阐释了城市创新空间的时空演进特征并揭示了其内在生成逻辑;栾峰等(2019)以上海中心城区为例,对文化创意产业的空间集聚特征进行了归纳分析,发现创新活动在高等级公共中心、大容量公共交通、高等院校等智库机构周边 500 m 范围内显著集聚(表 2-3)。这些研究普遍认为,城市创新空间的分布具有极化与扩散并存的特征,即在一定阶段,创新作用于区域的响应过程一般表现为"外围"较"中心"更快的增长格局;但在长时间尺度下,创新会在某个阶段产生空间收敛的现象(郭锐等,2020)。

表 2-3 城市创新空间分布的影响因素

研究对象	影响因素	来源
产业园区	文化环境、人力资源、科技研发、知识产权	褚劲风(2009)
	产业文化支撑、创意阶层、消费需求、开放程度	段杰等(2015)
众创空间	产业环境、创新环境、创新生活基础设施	孟国力等(2016)
	政策要素、交通要素、市场要素、创新要素	唐凯等(2019)
创新企业	高等级公共中心、大容量公共交通、高等院校等智库机构	栾峰等(2019)
	知识因子、研发因子、投资因子、市场因子、交通因子、生活因子	邱坚坚等(2020)

结合既有研究可以看到,城市创新空间的分布是多种因素共同作用下的结果,知识源、建成环境、产业基础、政策因素等均会对其产生影响。其中,高校、科研机构等知识源周边创新空间的产生主要源于知识的溢出效应,产业基础较好地区创新空间的产生是由于经济的规模效应,创新空间更多的出现在建成环境良好的区域则体现出创新人才空间需求对城市创新空间分布的影响,而土地、财税等创新支持政策毫无疑问也会引导创新空间在城市范围内的布局。

(2)城市创新空间的潜力识别与发展趋势预判

在城市发展方式转向创新驱动的背景下,如何对城市中创新活动的潜力空间进行准确识别,进而揭示城市创新发展的前沿方向与动态趋势,是相关规划决策制定的前提和重要依据。当前许多学者均关注创新活动的空间测度,并采用多种数据及指标在不同的地理单元尺度上对这一问题进行了多角度分析(赵建吉等,2009)。就城市创新空间而言,有学者综合运用空间自相关等空间计量分析方法对城市创新活动的时空分布特征进行了科学的观测和分析,并在此基础上通过局部空间自相关(LISA)模型对城市创新活动近期潜在的空间发展趋势进行了预判(王纪武等,2020);也有学者以单一城市为例,基于单要素分析与多要素综合识别得出了城市创新空间的潜力格局(邱坚坚等,2020);还有学者构建了基于科技创新活动信息点(POI)数据的多层次潜力空间指标体系,定量识别了创新的微观集聚格局及其精细化表现下的分异特征,并在此基础上提出了相应的空间规划应对策略(李佳洺等,2016)。

2.4.3 城市创新空间规划设计的国际经验与地方实践

面向创新导向下的城市空间转型,当前国内外城市创新空间规划建设的热潮方兴未艾,笔者在这里仅选取其中具有代表性的几类案例进行介绍,并总结其实践经验。

1) 发展规划引导地区转型

对于城市老旧工业区、仓储区等城市发展过程中形成的历史性区域,以空间规划、战略规划、地区发展计划等空间治理手段引导其向科技创新城区转型,能够有效发挥其自身的区位、交通、历史遗存等优势,带动城市空间品质升级,重塑地区活力。从国际实践来看,自巴塞罗那普布诺旧区(22@Barcelona)更新计划获得巨大成功以来,波士顿南湾滨水区、西雅图南湖联合区、布鲁克林科技三角区等多个地区相继编制并实施了创新导向的旧城更新规划。

巴塞罗那普布诺旧区更新规划是全球首个以打造创新城区为目标的地区再开发规划。普布诺旧区位于巴塞罗那大都市区的核心地带,曾经一度是西班牙的制造业中心,后随着国家产业结构的调整而衰落。巴塞罗那政府自1990年代后期开始推动对这一地区的更新改造,并在2000年通过的地区再开发总体规划中正式提出了"打造一个以创新经济推动的新城区"的规划目标(李健,2016b)。因为巴塞罗那普布诺旧区更新规划提出以代表新兴知识技术密集型产业的"22@"来替代代表传统劳动密集型工业的"22a",所以也被称为"22@计划"。该规划的主要策略[①]包括以下三个方面:

①重新制定紧凑、弹性、多元化的土地利用方案。新方案大幅提高了核心区的建筑密度,采取紧凑的用地布局模式,从而改变了此前的低密度空间形态,大幅提升了空间利用效率。由此腾挪出的部分新增用地被无偿移交社区,用于建设公园绿地、服务设施和公共租赁住房等。此外,规划还制定了更为多元化的土地利用方式,例如,要求将至少10%的更新土地用于公共设施建设;鼓励培训、研究、新技术开发等新经济活动的进驻;不设置详细和精确的规划要求,而是采取渐进式、弹性化的规划框架,从而保留

每个子区域的自身特点等。

②针对创新型经济,推动本地网络组织的建立与创新人才服务。为帮助企业家和创业者建立更好的本地人际网络关系,积极组织地区各种文化和联谊活动;成立22@社区信息活动中心,并推出区域大数据中心建设、家庭信息计划等多种智能社区服务,以此提升企业家和创业者的生活品质,强化对本地区的归属感。

③注重工业遗产的再利用和基础设施的升级建设,提升创新的环境品质与公共服务。规划保留了大量具有本地传统工业文化特色的工业建筑遗存,从而凸显出地区的工业传统与景观特色,为当地的商业和旅游消费吸引人气;此外,规划还将约10%的工业用地改造为城市绿地,并推进基础设施网络系统的更新改造等。

受到"22@计划"的启示,波士顿在其南部的滨水地区亦推出了占地1 000 acre(约405 hm²)的城区再造计划,最终目标是打造一个信息时代的新经济枢纽。在城区再造计划的支持下,波士顿南湾滨水区规划建设了一批能够推动合作共享的公共空间和机构:波士顿创新区大厅由工作空间、培训空间、聚会交流空间等弹性利用的空间平台构成,大部分设施和服务都可以近乎免费的使用;63号工厂原本是一家制鞋厂,被重新设计为诸多小型居住单元(每个都小于55 m²),从而为创业者提供了低成本的居住空间……此外,规划还计划打造一个24小时营业的活力邻里街区,包括创新工作室、家居办公(SOHO)空间、吸引创意的夜间生活区等,通过"公共空间营造+创业机构引导"的协作方式,激发地区创新活力(李健,2016a)。

2) 智力核心孵化创新源力

高校是创新、创意人才的集聚地,高校所在的城市或地区依托于知识外溢效应和师生的创意创业活动,在学校周边地区形成了浓厚的创新氛围,并在更远的空间范围内产生辐射作用,带动地区成为创新高地。波士顿剑桥市即其中的典型代表。

剑桥市是哈佛大学、麻省理工学院(MIT)等世界知名高校的所在地,这些高水平院校也成为剑桥市的"创新心脏"。在城市创新发展的过程中,剑桥市通过空间规划、市政建设等手段积极支持高校发展,鼓励高校的创新活动。紧邻麻省理工学院的肯德尔广场是全球科技创新企业最密集的地区之一,步行10分钟的街区范围内挤进了约1 000家公司,因而也被称为"地表最创新1 mile²(约2.6 km²)"。可以说,麻省理工学院在肯德尔广场创新区的形成和发展中起到了至关重要的推动作用。最初,在1950—1960年代的城市更新浪潮中,麻省理工学院的教职工和学生对学校边界外的大量工业厂房进行了改造,将其用作研发办公和产品的商业展示场所,成为周边创新空间的雏形;在随后的时间里,学校又陆续赞助和参与了科技广场、MIT产业园等多个项目的开发建设,最终形成了从学校研发机构、自有办公科研楼到外围独立产业园区的"环MIT"研发、办公圈层,并辐射整个剑桥市和大波士顿地区(郑德高等,2017)。此外,剑桥市重视学校周边地区的活力营造,围绕肯德尔广场开辟了大量消费空间,并新增了1 700多个高端居住单元,形成了综合的研发商业化运作中心。为进一步放大肯德尔广场作为研发商业化运作中心的效应,剑桥市在2007年通过城市规划与土地用途调整来引导肯德尔广场的工业老厂房改建,新开辟了超过16万 m² 的研发空间(邓智团等,2012)。目前,以肯德尔广场为核心的"环MIT"创新区已经形成了引领全球的生物医药、生命科学、人工智能、新材料、新媒体五大研发中心,尤其在生物医药领域,该区域内聚集了超过160家生命科学及相关技术公司,带动波士顿地区成为全美三大生物科技产业集群之一。

3)社区营造培育创新氛围

与科技园区、创意园区不同,城市居住社区虽然并不直接参与创新的产业化活动,但是创意产生的激发器和创新传递扩散的媒介,在城市创新空间的规划建设中同样起到重要作用。城市社区的创新环境营造能够为创意人才提供社会文化网络支持,有助于激发创意人才的灵感和创造力,从而推动地区整体创新氛围的形成。

上海创智天地项目是以社区营造推动城市创新空间发展的典型代表。该项目共占地84 hm²,由提供智慧化办公楼和商业设施的"创智天地广场",同时具备住宅、办公、零售、休闲、娱乐等多种功能的"创智坊",以休闲开放功能为主的"江湾体育中心",以及以高科技研发功能为主的"创智天地科技园"四个部分组成。"创智天地"社区所在的上海杨浦区五角场原本即集聚了复旦大学、同济大学等众多高校和创新动力源,但各要素"集中而不集聚",彼此之间缺乏联系,通过"创智天地"社区这一地区创新枢纽的打造将原本一团散沙的创新要素进行了组合链接,从而推动了杨浦区五角场地区整体向知识创新区转型发展(屠启宇等,2010)。

区别于传统单一功能的居住社区,"创智天地"首先是一个混合功能布局的"大杂烩",智能化办公楼、商业设施、住宅、休闲体育设施和小型科技园在这一项目中被整合在一起。在提供良好的生活服务设施的基础上,"创智天地"还强调营造浓厚的社区创新文化,社区依托于周边著名大学和科研机构的丰富资源,不仅是居住和生活的热闹街区,而且为周边高校的教职工和学生提供了广阔的创业空间、富有创意和文化底蕴的非正式办公场所。这种亦社区、亦园区、亦休闲、亦工作的柔性创新氛围,打破了创新在专职从业人员和社区居民之间的界限,使社区内外的居民都能在社区中亲身感受到创新的成果和魅力,促使创业活动和创意灵感不断发生。

4)生态资源转型创新优势

当前,创新活动与生态资源的分布表现出越来越高的一致性,"有风景的地方就有新经济"逐渐成为知识创新时代社会经济发展的客观规律(陈宏伟等,2017)。按照这一规律,在空间规划层面有意识的引导,能够促使一个地区的生态环境和自然资源优势转化为城市创新空间发展的动力。

东莞松山湖科技产业园区是我国较早提出"以生态为核心"、充分发挥自然生态优势的城市创新空间。该园区所在区域原本即具有良好的自然生态本底，在59.46 km²的规划范围内有约6 km²的松木山水库，水库周边则是大面积的荔枝林地。为有效保护和延续这一宝贵的自然生态环境，松山湖科技产业园区规划划定了以松山湖水体生态保护区为主的生态核心区、湖区外围实施保育性开发和低密度建设的生态保护区、中等强度开发建设的生态影响区三个圈层，从而降低了建设开发对生态环境的影响。与此同时，在园区绿地系统的规划中完整保留了规划范围内的水体及其周边的自然生态绿地，并将其建设成占地19.6 km²的城市公共绿地（超过园区总面积的30%），从而形成了整个园区开敞空间体系和景观体系的核心骨架，为园区良好自然风貌和宜人生活环境的营造奠定了基础（余晓东，2004）。得益于"以生态为核心"的规划理念，优良的生态资源成为此后松山湖科技产业园区在全国众多创新园区中脱颖而出、获得市场和社会广泛认可的重要特色，吸引了包括华为技术有限公司在内的诸多创新企业集聚，有力地支撑了松山湖科技产业园区乃至东莞城市的创新发展。

5）生活设施再造城市味道

长期以来，"硅谷"一直是全球创新创业的代名词和科技发展的领头羊，但这一地位正由于其日渐攀升的房价和生活成本、单调乏味的郊区生活而受到挑战。就在2020年，特斯拉公司、甲骨文公司、惠普公司、优步公司等科技巨头和一批风险投资机构纷纷搬离"硅谷"，约9万人离开旧金山湾区，美国媒体为此专门发明了一个词——科技大出走（Tech Exodus）[7]。与之相反的是，英国伦敦东区、美国洛杉矶"硅滩"等地区却凭借丰富多彩的生活氛围、便利友好的服务设施赢得了越来越多科技从业者的青睐。

伦敦东区曾是伦敦的欠发达地区，一度被认为是小偷、穷人的聚集地。1990年代，在第一次互联网经济兴起期间，这里独特的旧工业建筑环境和优越的地理位置为一些科技公司提供了灵活、经济、便捷的工作空间，从而形成了科技创新行业的萌芽。2001年后，随着《金融城周边机遇区规划纲要》等一系列空间发展战略和政策的出台，进一步推动了伦敦东区转型、蜕变为英国科技创新创意产业的重要聚集地和新兴经济增长点。简要而言，伦敦东区的空间发展策略主要包括以下三个方面（高雅等，2020）：

①注重存量空间的利用：将共计1 350 hm²的工业用地转化为以科技创新产业办公用地和科技创新人才居住用地为主的用地类型，从而为科技创新产业和科技创新人才提供充足、廉价的办公空间与居住空间，因此不断吸引着来自世界各地的创新创业者。

②补齐基础设施短板：对原有的网络系统进行改善，提供了科技创新产业发展所需要的信息化条件；打造良好的综合交通系统，营造舒适、安全的自行车出行环境，更符合年轻化科技人才的日常生活习惯，从而为科技创新的发展提供了坚实的物质基础。

③塑造充满活力的现代化创新街区，为科技创新人才的工作与生活提

供高品质场所；通过微更新项目，拆除年久失修的建筑物或构筑物以增加绿色开放空间；鼓励多样性的零售和休闲商业发展，让无处不在的咖啡馆、酒吧成为人们日常生活中激发创意的重要场所；提供充足的艺术、文化设施，释放本地的文化艺术底蕴，形成最具个性、最有艺术气息的街区景观。

2.4.4 城市创新空间呼唤务实的研究与实践

传统经济学、地理学多重视宏观区域层面创新活动空间集聚现象的研究，仅将城市作为创新活动集聚的一个点。21世纪以来，面对创新活动向都市空间的回归，创新空间研究的尺度逐步从宏观到微观并深入城市内部，"城市创新空间"的理论研究与实践探索成为近年来城乡规划学科关注的焦点。但梳理该领域的相关研究进展可以发现，既有研究仍旧存在两个明显的不足：一是城市创新空间的相关研究呈现表层化状态，缺乏城市创新空间生成和演进机理的研究，针对创新要素特性及其空间需求的系统性解析尤其不足。虽然近年来城乡规划学界愈来愈关注城市内部的创新空间，但相关研究多停留在物质空间形态特征的描述阶段，偏重城市创新空间的结构与布局研究，对城市创新空间生成和演进机理的解释则普遍采用相关性分析对其分布规律及其影响因素进行测度。然而受制于数据可得性（企业数据难以全样本采集，高新技术企业数据不能代表创新活动且数据认可度不如专利数据），也就难以全面、准确地刻画城市内部创新空间的分布格局（孟国力等，2016）。此外，城市创新空间的空间特征体现在创新要素的空间需求中，当前学界较少关注创新要素需求及其与城市空间的互动关系，并不能很好地解释创新为何在城市中的特定空间出现，对于城市创新空间发展和规划的指导意义不大。二是城市创新空间的规划实践成为研究的热点，但尚未建构起系统性的城市创新空间规划理论与方法，尤其缺乏中国独特体制机制语境下促进城市创新发展的规划方法研究与相关制度创新。目前城市规划建设中对于创新空间的实践需求十分迫切，国内一些经济发展先导的城市已经展开了广泛且多样的规划实践。然而必须注意的是，由于缺乏相应的理论模型与系统的规划方法，既有理论研究与空间实践之间难以建立起紧密关联，目前城市中建设的大量创新空间常常是"有心栽花花不活，无心插柳柳成荫"。如何通过对城市创新空间生成机制与规律的把握，建构符合我国现实国情的城市创新空间规划理论与技术方法，主动识别潜在的创新区位并采取积极的应对，从而实现对创新空间供给的"有心栽花"，需要在未来的研究中予以回答。

2.5 应对创新型经济的空间规划思维创新框架

创新驱动的经济形态与传统要素驱动、资本驱动的增长完全不同，其内在的资本运作逻辑、主体间互动逻辑都将发生系统性的变化，也必将重构城市空间使用与空间规划的基本逻辑。从理论需求来看,新的时代背景下城市空间功能会发生新的转型,其组织形态也必将面临重构,新的空间类型(城市创新空间)开始出现,这一变化需要城市规划(国土空间规划)转换固有思维,以一种新的视角重新审视城市空间发展的现在和未来。从现实情况来看,在政府强有力的推动下,近年来城市中自发形成或主动规划建设了种类繁多、数量庞大的创新活动载体,然而尽管有如此大量的创新空间供给,但是许多城市的创新创业却并不活跃,城市规划建设的大量创新空间也常常与市场的实际需求、选择相背离。究其原因,空间供给侧与市场需求侧的错配,使得城市规划(国土空间规划)在城市发展中始终处于"被动跟进"的状态。

基于此,本节将围绕创意阶层、创新企业、创新网络的空间需求及其导向下的城市空间转型,分别从空间组织模式、土地供给方式、政策治理体系、规划监管手段四个维度提出适应创新型经济发展的空间规划思维转型方向,旨在通过空间规划思维的转型来引导空间规划重点的转向,进而为城市创新发展转型及创新空间的规划建设提供借鉴。

2.5.1 空间组织模式:超越生产的家园思维

创意阶层是进行创新创造活动、推动创新空间形成的主体。作为新兴的社会阶层,这些新产业人群的生活模式与消费习惯显著区别于传统产业工人,居家办公、就近消费、沉浸式体验等新兴工作、生活与休闲模式逐渐崛起,进而催生了全新的空间需求。正如前文所述,创意阶层的流动不再受制于由企业(就业)分布所决定的单向逻辑,而呈现出越来越显著的生活指向性。舒适性较高的城市因此更容易成为创意阶层居住和工作的首选地,并推动了人们对城市价值和人居环境的重新思考(高恒等,2020)。从人群视角来看,创意阶层对居住便利度、生活多样性、景观环境品质、文化休闲氛围等与人感受直接相关的"软性"要素具有强烈需求,更加倾向于集中在亲近自然、景观优美的地区(闫岩等,2020),滨水空间、公共绿廊等生态化设计成为国内外先锋城市创新空间建设的重点。因此,空间规划的重点也不应仅仅局限于满足企业的创新活动需求,还要在城市空间组织中关注创意阶层的生活需求。

笔者认为,为适应创意阶层的人本需求,在空间组织模式上应该确立超越生产的"家园思维"。在传统资源要素驱动的经济环境中,城市的发展依赖于产业空间等生产性要素的大规模供给,空间规划也多遵循生产导向的逻辑。这一时期,政府通过对企业经营性需求的响应来实现企业的集聚和发展,进而形成丰富多元的就业需求端,并以此牵引创意阶层在特定的城市寻求与自身兴趣爱好、市场价值相匹配的工作,这是"先创造就业,后集聚人才"的传统发展逻辑。而在创新型发展的经济环境中,创意阶层成为启动创新经济的核心要素,创意阶层的"稀缺性"日益凸显,城市间、国家间的人才争夺战愈演愈烈,"招才引智"成为继"招商引资"之后城市间竞争的新内容。在上述发展逻辑下,通过营造具有吸引力的城市生活,进而集聚创意阶层并推动创新型经济的发展,无疑是城市实现创新超越的必由路径。这就要求政府需要优先满足创意阶层的生活性需求,率先针对创意阶层的特性与需求组织城市空间,从而形成储量丰富的人力资本供给端与活跃的社会创新氛围。总而言之,对于愉悦、丰富的城市生活场景的投资同样也是对于创意阶层的投资,即对于城市创新动力的投资。因此,空间组织需要确立家园思维,不仅要"满足人民对美好生活的向往",而且要敏锐地捕捉创意阶层的生活特性与需求特征,营造与之相互契合的空间系统,为之提供有吸引力、有承载力、有塑造力的创意生活。

2.5.2 土地供给方式:超越标准的定制思维

在前文针对创新企业空间特性的论述中笔者多次提及,熊彼特提出的"创新"概念就是要"建立一种新的生产函数",进而实现"创造性破坏"的过程,这必然会带来非常大的不确定性。从产业视角来看,显著不同于福特制时代规模化、标准化、层次化的传统工业化生产模式,自"新产业区"(New Industrial Districts)理论提出以来,现代企业小型化、专业化的生产经营特点已经成为共识(孙瑜康等,2017;王缉慈等,2009)。尤其针对创新企业而言,为了应对迅速发展的信息技术(尤其是移动互联网的普及)、更加个性化的用户需求,企业的生产与销售模式开始向更加灵活化的方向转变,传统批量生产后依托线下交易完成的产品销售环节正越来越多地被"柔性专业化"(Flexibility Plus Specialization)的生产经营模式所取代。生产经营方式上的变革催生了新的区位选择逻辑与空间利用方式,创新企业的选址愈来愈呈现出"灵活与自由"的发展趋势。

笔者认为,为适应创新企业的应变需求,在土地供给方式上应该确立超越标准的定制思维。在传统工业化主导的产业发展模式下,我国产业用地的管理多因循标准统一的供应逻辑:一方面,在快速工业化时期,在服务于"保增长"的战略目标下,相对简单、直接的土地供给逻辑有利于提高政府的行政效率,适配于快速发展过程中空间利用模式的大面积推广和快速化推进(任俊宇等,2020)。另一方面,长期以来我国在全球价值链(Global Value Chain)中的分工与位次处于中下游水平,传统工业企业多以要素驱动、资本驱动的制造型产业为主。由于"福特式"惯性的产业组织方式,这类企业通常采用"标准工艺"以实现生产的规模化,"标准车间"式的生产空间也难以体现出用地需求的行业间差异。但是在创新型经济发展的目标环境中,不确定性的环境驱动创新企业的空间选择随之发生了适应性调整,也呼唤更加柔性化、弹性化的城市空间供给与治理模式,以提升城市对创新不确定性的应变能力。因此,在产业用地的供应过程中需要针对创新企业的需求特征确立起定制的思维,力图通过"度身定制"的方式来提供满足创新企业差异化空间需求的产业用地类型。

2.5.3 政策治理体系：超越集聚的链接思维

前文已经提及，出于对知识的高度保密，传统的创新活动主要表现为单个企业内部的封闭式创新过程。而随着现代技术复杂度的不断提高、时间与成本竞争的日益激烈、人才要素的活跃流动，创新活动的产生形式开始更加多元，甚至随机地发生在社交和用户反馈的过程之中（周立群等，2012）。多主体、网络化的组织模式比单一企业内部化、等级制的组织模式更加灵活，更能够针对实际的需求和资源条件变换相应的具体形式，进而高效地推动创新（盖文启等，1999）。从组织视角来看，所谓"开放式创新"即是指企业、高校以及科研机构、消费者等各类创新主体互动、协同的动态过程（Chesbrough，2003b），创新网络便是对于这种创新合作关系的描述。可以看到，创新网络是创新主体间关联协作的一种新的组织形态，其发育情况决定着创新的开放程度与效率。因此，空间规划应该积极响应变化，通过更加弹性、开放的创新网络组织来促进创新协作，进而提升城市的创新活力。

笔者认为，为适应创新网络的开放需求，在政策治理体系上应该确立超越集聚的链接思维。在过去增长主义的治理模式中，产业集群的政策治理主要以"集聚"效应为目标，通过增加园区数量和用地规模，加大基础设施的投入和政府服务的集中覆盖，吸引和激励企业集中布局，进而提高土地利用效率与经济产出规模。这种集聚思维导向下的空间规划能够有效降低成本、提高规模效益与空间供给效率，支撑经济的快速增长过程。但是，集聚思维推动下的空间增长并不会精准地促进本地创新网络的形成，这显然是较为粗放和初级的产业集群组织方式。在创新型经济的发展环境中，产业集群的核心价值是提供开放式创新协作的便利环境，因此，面向城市创新空间的政策治理需要针对创新网络的需求特征确立起链接的思维。在规划中有意识地弥补本地创新资源缺失的短板，有针对性地引入和打造具有网络组织效应的功能性载体，不断丰富创新主体的类型和创新合作的可能场景，营造开放合作的集群氛围；通过"绣花针"式的精巧织补，形成向内密集联络、向外广泛开放的创新网络，从而推动创新集群的生成与升级。

2.5.4 规划监管手段：超越规范的柔性思维

随着城市功能的创新转型，商务交流、金融服务、总部办公等高端产业功能在城市空间中的比重逐渐增加，一些难以确定具体功能的新兴产业类型也开始大量出现（典型如"2.5产业"[⑧]）；与之相伴的是，城市中占主导的就业人群也开始向研发、金融、管理等服务业主导的技术人才、创意人才、管理人才转变,带来城市人口结构的升级,并进一步引致高品质公共空间和生活配套需求的加速增长。在上述变化的共同驱使下,未来城市空间的功能组织将更加灵活多样、弹性自由。与此同时,从治理视角来看,随着存量更新时代的来临和我国经济社会改革的深入推进,规划师们在"一张白纸"上做规划的习惯和依靠城市规划"技术工具"来集中管控城市资源配置的模式,已经无法满足当下空间治理转型的诉求。规划从"刚性管控"走向"柔性治理"是时代趋势,传统的"技术工具型"规划也必将演化为一种兼具"技术工具"属性与"政策工具"属性的"治理工具"(黄军林,2019)。尤其面对创新型经济空间需求的不确定性,空间规划更要克服路径依赖的思维惯性,提升规划的创新应变能力,通过探索规划治理理念、方法变革,优化规划工具、调整规划作用方式,提高在监管标准、监管对象、监管过程等方面的动态适应性。

笔者认为,为适应城市空间的功能升级和组织重构,在规划监管手段上应该确立超越规范的柔性思维。在规模增长型的经济环境中,城市空间的功能类型相对清晰单一,空间利用的模式是从一到多的线性叠加,相应的规划监管也比较简单直接,强调的是规划的刚性约束与管控。这种重视技术规范的传统规划监管手段,一方面能够高效地配合经济增长所带来的空间扩张需求,另一方面也很容易通过有关刚性管制要求来约束空间开发中的市场失序。然而,在创新型发展的经济环境中,创新的生产经营模式层出不穷,空间的使用形式将不断出现从无到有的非线性跃迁,空间生长、演化的逻辑也更为易变。墨守传统技术规范的空间规划将抑制创新的活力,但是彻底推倒传统规范显然也并不利于城市可持续发展目标的实现,因此,确立规划监管的柔性思维就显得尤为重要。柔性思维是刚性和弹性在现实发展需求过程中的辨证耦合,是对技术规范的动态反思和持续改进。相对于刚性管控方式而言,柔性治理的实质在于政府从权威管控走向协作治理,"守柔""用柔"将是空间规划方法转变的重要方向(黄军林,2019)。

第2章注释

① 熊彼特将创新划分成了五种形式,即产品创新、技术创新、市场创新、资源配置创新、组织创新。
② 纳斯达克证券市场公司副主席阿尔·伯克利曾经在访谈中提及,华尔街即使还重要,也会变得越来越电子化。由于科技使人们可以在任何地方工作,所以华尔街将作为一个虚拟地点而不是地理实体存在。
③ 毫无疑问,位于旧金山湾区的"硅谷"的崛起是这场"新地理运动"的最大受益者。在"硅谷",全年阳光明媚的地中海气候吸引了大量的创业者。《硅谷百年史:伟大的科技创新与创业历程(1900—2013)》中写道:"湾区之所以能吸引全世界的人才,是得益于它作为一个充满阳光、'酷'、领先和包容四海的地区的形象……大学生移民潮发端于 1960 年代,早于硅谷的兴旺时代,而吸引他们的原因更多的是嬉皮士运动或者冲浪,而不是微处理器。"也正是这里美好的气候吸引了威廉·肖克利,他在"硅

谷"创办的肖克利晶体管公司衍生出仙童半导体公司,并由后者催生了整个半导体行业。

④ 鲍勃·梅特卡夫是美国网络设备制造商 3Com 公司创始人。

⑤ 纽约"硅巷"距离华尔街只有 1.5 km,伦敦"硅环"(科技城)距离金融城只有 1 km,波士顿南湾滨水区距离市中心中央商务区(CBD)不到 1.5 km。

⑥ 资料来源于 22@巴塞罗那城市规划管理局(22@ Barcelona Urban Planning Management)的文献《22@巴塞罗那:一个城市、经济和社会转型的计划》(*22@ Barcelona Plan. A Programme of Urban, Economic and Social Transformation*),2012 年。

⑦ 参见公众号 1/6 图片工作室:《抢走"硅谷"特斯拉们,小城奥斯汀什么来头》,"丈量城市"公众号,2021 年 1 月 25 日。

⑧ "2.5 产业"是指介于第二产业和第三产业之间的中间产业,既有服务、贸易、结算等第三产业管理中心的职能,又兼备独特的研发中心、核心技术产品的生产中心和现代物流运行服务等第二产业运营的职能。

3 从产业驱动到场景营造：探索适应创意阶层需求的空间组织模式

> 他们（指"创意阶层"）思想独立，不受制于任何人；他们热爱他们所从事的工作，直到最终实现自我价值；他们的财产来自于他们的创意；他们拥有非常相近的品位、愿望与偏好。
>
> ——理查德·佛罗里达《创意阶层的崛起：关于一个新阶层和城市的未来》

在创新驱动的发展环境中，创意阶层成为城市启动创新的关键因素。随着城市发展逻辑由"业兴人、人兴城"向"城兴人、人兴业"的转变，城市空间组织同样需要转变传统的理念与模式，根据创意阶层的空间需求特性进行精细化提升。

3.1 面向传统产业人群的空间组织：以"生产"为优先

受制于中国长期落后的社会经济基础和增长主义的治理意识影响，在新中国成立以后甚至改革开放后的相当长时间里，在经济增长与生产率提高的目标导向下，城市空间更多地被视为经济生产的物质载体。由于企业的生产性空间是支撑经济增长的主要空间，这一时期城市空间的组织多表现为重"生产"而轻"生活"、重"资本"而轻"人文"的总体特点（于涛等，2018）。新中国成立以后，第一个五年计划就曾提出要变"消费城市"为"生产城市"的口号，强调城市作为国家工业化基地的生产属性。1960年开始，中央把居住区等城市生活性设施的建设都视为工业化的成本，依照"开源节流"的思路进行严格限制。在此期间，备受推崇的"大庆模式"（居民参照农民的生活方式、工人住宅参照村屋标准）便是以工业基地替代城市、无城市化的工业化的极致表现。

改革开放以后，面对市场化、全球化的重大机遇，各地政府以产业发展为先导，着力推动城市的工业化进程。这一时期，以产业园区为代表的生产空间的建设和发展成为城市空间供给与规划的重点。尽管1990年代以后，随着房地产市场的建立，面向居民生活服务的各类空间有了一定的恢复性增长，但总体上仍然被视为对生产空间的配套补充。直至进入"十二五"规划时期，部分产业园区面临转型升级的巨大压力，居住和配套服务设施的缺乏也已经开始严重影响园区对员工和企业的吸引力，这时产业园区中针对生活性空间的建设才开始受到关注,以弥补城市生活性功能的欠账。总体而言,在中国过去的城市发展和建设历程中,城市的生活性价值和生活性空间并未受到充分重视,面向居民生活的空间规划、建设与治理经验相对薄弱。

3.2　场景营造:吸引创意阶层的空间安排

3.2.1　创意阶层:作为创新型经济发展的先决条件

1950—1960年代经济学领域逐渐兴起的"人本"思潮,也深刻地影响着城市研究,并产生了全新的颠覆性假设和认知。在"人力资本"(Human Capital)提出前的诸多经典理论中,企业和产业集群被视为推动城市经济增长和社会进步的主体,企业区位的选择和集群机制是城市研究的关注重点。随着以企业为中心的组织化制度的式微和"人力资本"概念的影响,诸多学者开始关注人力资本的集中对20世纪以来许多城市经济增长的关键性作用。如著名的美国城市规划评论家雅各布斯(Jacobs,1969)在其出版的《城市经济》一书中,即挑战了"企业和资本的集中带来城市发展"的主流城市经济学论点,认为城市发展的原动力是地理邻近的产业多样性与人力资本的集中;美国经济学家格莱泽(Glaeser,1994)证明了人力资本对于企业集聚的核心吸引力,指出企业在城市中集聚是为了更好地享受"公共劳力蓄水池"(Common Labor Pools)的资源优势,20世纪以来许多城市的增长均可以归结于20世纪初期这些城市较高的人力资本水平;而后,诺贝尔奖获得者美国经济学家卢卡斯等(Lucas et al.,2002)进一步证明了人力资本的集中能提高地方生产效率,并将此效应称为"雅各布斯外部性"(Jacobs Externality),认为如果没有人力资源对于生产率的强化作用,城市经济将难以为继。

21世纪初,佛罗里达提出"创意阶层"(Creative Class)理论,指出创意阶层"已经成为决定城市创新能力的关键资本",并由此建构起城市经济增长、创新活动与特定人群之间的关联。在佛罗里达的创意阶层理论中,创意阶层区别于其他阶层的一大特点即注重创意和创新而非实际产品的生产,他们的资产并不来源于对物质上的重要资产的占有和控制,而是源于其创新能力,这是一种蕴藏于头脑中的无形资产。随着知识取代物质资本成为全球财富的主要来源,人才(尤其是高学历、高素质的专业人才)在经济活动中的核心地位愈发凸显,越来越多的学者认同创意阶层是城市经济实现创新驱动和可持续发展的决定性力量(崔人元等,2007)。人的集聚不再是城市经济发展的一种结果,而是启动城市发展的一种先决条件,正如前文重点强调的观点,创意阶层在哪些地区集聚,就会吸引大量的创新、创业企业在哪里汇集,这些城市和地区也将因此拥有更强的创新能力和更为持续的繁荣增长,硅谷、奥斯汀、杭州等创新明星城市崛起的基础即在于它们有能力持续吸引创意阶层。在此背景下,创新驱动的城市发展重点逐渐从引进、扶持创新产业转向吸引、聚集创新型人才。近年来,我国各大城市之间更是展开了"抢人大战",武汉、长沙、西安等多地提出"百万青年人才计划",争相以优惠政策条件吸引高素质人才落户定居。可以说,人才竞争已成为创新时代的城市竞争焦点,"谁抓住了人才,谁就赢得了未来"。

3.2.2 适应创意阶层需求的空间组织:回归创新的生活价值认知

改革开放以来,我国人民的生活、工作、消费方式发生了巨大转变,社会主要矛盾已经转化为"人民日益增长的美好生活需要和不平衡不充分的发展之间的矛盾"。对美好生活的追求,需要更高品质、更多样化的空间环境来承载,由此,关注人的本质需求、关注人在城市空间中的感受体验,逐渐成为当前规划实践领域的普遍共识,进一步推动了近年来城市规划价值理念的"人本化"转变。尤其是创意阶层与普通劳动力相比具有更高的流动能力,其流动又具有很强的"生活指向性",因此,如何为创意阶层开拓地理场所成为城市规划和建设的主要内容。作为创意阶层概念的提出者,佛罗里达曾定性地描述了创意阶层所需要的生活状态,包括多样性、包容性、愉悦性、舒适性、认同感等;他也试图采用人均户外活动场所、休闲娱乐场所甚至是略显夸张和极具争议的同性恋指数等指标,来衡量和评价城市生活的创意性(理查德·佛罗里达,2010)。在佛罗里达的启发之下,国内的一些学者对创意生活的特征进行了延伸讨论,将其归纳为包容的文化环境、舒适的生活方式、紧凑的社交网络、多样的场所空间等方面(赵䌹,2017)。笔者在针对创意阶层的调查中也发现,高品质的生态环境、高质量的休闲设施、高密度的交往空间是创意阶层认为理想工作环境应该具有的最突出特征^①(图3-1)。

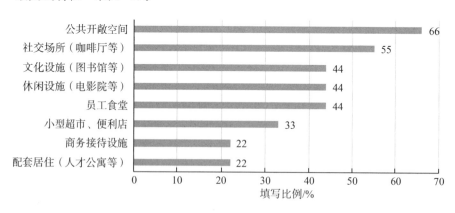

图 3-1 创意阶层认为理想园区的最重要配套

上述这些转变都要求空间规划能够敏锐地捕捉创意阶层的空间需求特征,在城市空间的组织中回应其对生活价值与生命意义的关注,对更高品质、更多样化的公共服务和空间环境的追求,并营建与之相互契合的空间系统,实现从"服务创新的转化生产"到"服务创新人的生活"的规划价值转变。具体而言,可以通过针对性的多种创新场景的打造,提供对创意阶层具有吸引力的空间体验,从而在本地吸引和聚集创意阶层,实现"人才驱动—创新发展—人才集聚"的良性循环。

3.2.3 场景营造的空间供给与治理内涵

场景营造是指地方政府通过对城市空间形态、功能、建设过程以及使用方式等的创造性安排,有针对性地提供对创意阶层有吸引力、有塑造力的生活体验。"场景理论"(The Theory of Scenes)最早是由美国城市社会学家克拉克提出,他在针对一系列国际大都市的观察研究中发现,都市娱乐休闲设施与人群活动的不同组合会形成不同的都市"场景",能够彰显相应群体所拥有的特定价值取向与生活方式;而这种价值取向的彰显反之亦通过人群在城市场景中的感受和空间体验影响着他们的择居选择,从而使得不同类型的场景能够自发地吸引、聚集不同类型的人群阶层(吴军等,2014)。这也就意味着,通过营造适合的城市"场景",城市能够对创意阶层产生更强的集聚作用,吸引更庞大数量的创意阶层汇集于此,从而形成城市创新发展的内生动力。"场景理论"强调了空间的社会、文化属性,肯定了物质空间中所能传递出的文化与价值观,并能对个体行为产生实际影响(徐晓琳等,2012)。区别于经典的"场景理论",在中国,考虑到政府强大的空间资源配置能力,城市"场景"所指的空间对象并不局限于"城市娱乐设施",而是与创意阶层价值诉求相互契合的空间系统,可以进一步扩展到创意阶层生活所需的各类物质要素。在场景营建的治理模式中,地方政府体现出对于创意阶层的充分尊重,创意阶层在空间实践中的广泛参与也将成为城市创意文化的重要组成。

基于对创意阶层行为活动、社会特征、物质和非物质需求等的分析,笔者认为对创意阶层具有吸引力的创新场景主要包含三个方面,即宜居生活场景、活力交往场景、创意体验场景(图3-2),这也应该是城市空间组织的核心关注点。

3.3 针对三类创新场景的空间组织逻辑

3.3.1 宜居生活场景:应对创意阶层的人本指向

古希腊著名思想家亚里士多德曾经说过:"人们为了生活来到了城市,为了生活得更好而集聚在城市。"可以说,城乡发展建设的根本目的就是为人类提供更优良的物质和精神享受,让城乡居民的生活更加美好。宜居的生活环境,体现着一个城市和地区的人本关怀;营造关心人、方便人、陶冶

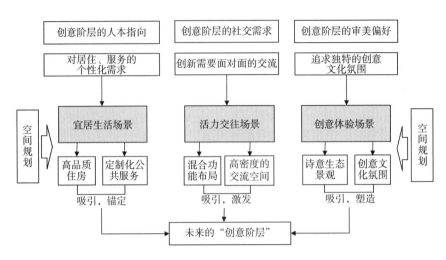

图 3-2　三类创新场景营造的逻辑演绎

人的生活场景,则是以人为本的规划建设的应有之义。宜居生活场景的营造可涉及居住环境、公共空间、公共服务体系等物质环境的多个层面,而面向创意阶层的宜居生活场景,则应在通常的宜居环境建设要求的基础上,结合创意阶层的生活特点予以特别考量。

有关创意阶层流动所表现出的强烈的"生活指向性",在前文的论述中已有多次提及。与过去相比,如今年轻一代的创意群体更加重视生活价值、追求生活品质,也愿意为了更好的生活环境频繁地在不同的工作岗位或城市之间流动。尤其在就业条件相近的情况下,生活指向对创意阶层流动的影响将更为突出。对美国高科技人才的观察表明,2015 年以来有大批人才从"硅谷"这一传统科技创新圣地迁居洛杉矶"硅滩"、纽约 SOHO 城区等新兴的创新区,他们考虑的最重要因素就是在相等的薪资水平下,在这些地区可以拥有更高的生活乐趣和更加丰富多彩的娱乐生活。科特金在《新地理:数字经济如何重塑美国地貌》一书中将其称为"受生活方式驱动的第二次发展浪潮"。由此可见,生活氛围浓厚、宜居便利的城市未来将持续对创意阶层产生强大的吸引力。

创意阶层对生活品质的追求,使得他们对居住环境、公共服务体系等不再满足于基本水平,而是具有更多的与其社会特征紧密相关的个性化需求。以住房为例,青年创意人才不仅希望"住有所居",而且希望居住空间有品质、有格调;事实上,由于年龄层次较低、家庭结构简单,所以创意阶层并不像传统购房者一样关注房屋朝向、户型大小,而是普遍关心房屋外观是否酷炫、室内装修是否洋气、功能布局能否满足个人爱好等。对于公共服务体系,创意阶层(尤其是青年创意阶层)需要的不是"大而全"的全套服务,而是"小而精"的定制化设施。青年群体普遍家庭负担小、工作节奏快、加班时间长,因此对生活服务设施的需求更多地集中在 24 小时便利店(而非大型超市)、外卖和快餐店(而非大型饭店)、家政洗衣服务(而非学校、教育机构)等方面。极具代表意义的是,笔者在针对南京江北新区、杭州滨江区创意阶层的调研过程中发现,诸多在这些新区工作的年轻人希望自己日常工作的楼宇内能够配套宠物寄养等特殊服务空间,体现出这类人群的特殊化需求。因此,营造对创意阶层有吸引力的宜居生活场景,并不能按照人的普遍需求一概而论,而是需要在对其生活特点细致入微的观察基础上进行相应的定制化设计。

3.3.2 活力交往场景:满足创意阶层的社交需求

当代创意阶层的社会交往方式与传统模式在很多方面具有较大差别,按照创意阶层的生活方式针对性地营造活力的交往场景,不仅可以提升城市对创意阶层的吸引力,而且能够释放创意阶层的创造潜力,激发更多的创意灵感。进入21世纪后,伴随新经济的蓬勃发展,SOHO、在家工作(Work from Home,WFH)、数字游牧民(Digital Nomad)等新型生活方式在创意阶层中迅速普及开来,私人生活、工作、休闲之间的界限越来越模糊。在不同线程中频繁切换甚至同时"身兼数职",逐渐成为当代创意阶层的显著特征,这样使工作空间、生活空间、休闲空间逐渐成为一个整体,并对多功能、混合式的城市空间产生强烈需求。

一方面,从创新活动的组织视角来看,混合的城市功能布局模式能够带来人口密度的提高和空间距离的缩短,从而大大降低组织间的交往成本。针对美国科技工作者的调查发现,"综合体"式的创新楼宇和老城区高密度的办公场所正在获得越来越多创新人才的青睐。相比于硅谷式的郊区化科技园区,在这里见到投资人、客户和合作伙伴只需要上下一层楼的距离,而不需要驱车往返10 mile(约16 km)(张净,2018)。基于此,业态丰富混合的综合体式建筑正在成为追求高效、讲求便利的创新群体的生活选择。例如,汉堡港口新城(HafenCity)的建设即采取了功能混合的布局,在总的规划用地中办公和商业用地占53%,居住用地占33%,其他的配套设施占14%;而且这种功能混合不是在整个新城中做整体指标的平衡,而是在组团内实现小平衡,从而使得创意阶层"足不出户"即可满足工作、生活、休闲等种种需求。与此同时,在汉堡港口新城的空间规划中布置了多元化的交流场所,真正做到了"一切空间皆可停留,一切停留皆可交往,一切交往皆有效益"[②]。另一方面,虽然互联网的普及已经使线上互动变得前所未有的简单和频繁,但是面对面交流对创新的重要意义却比过去更为凸显。从人的需求来看,人作为社会性的动物,与他人的社交需求是仅次于生理需求和安全需求的基本需求之一,而当今日益原子化的社会环境和流水线式的工作内容、频繁变动的人际关系网络,又进一步加剧了现实生活中的社交渴望。此外,从创新型经济的运行逻辑来看,由近距离、面对面的社交而形成的"弱联系"对创新活动的发生具有重要作用。与家人、好友等"强联系"社会网络相比,这种由社群聚集而形成、彼此间社会距离更大的

"弱联系"网络,能够极大地增强信息在不同群体之间传递交流的频率,从而为创意阶层带来更多的新信息、激发更多的创意灵感,并衍生出更多的合作可能。

因此,城市中适宜交往、激发灵感的交流空间对于创意阶层而言具有格外重要的意义。与严肃的社交不同,创意阶层的合作、交流往往不局限于会议室、实验室等专门化空间,而是可以广泛发生在咖啡馆、茶馆、酒吧乃至露天广场、街心公园等城市的"第三空间"(Third Space)中。"第三空间"的概念最早是由美国都市社会学家奥登伯格提出,他在《绝好的地方:小餐馆、咖啡馆、书店、酒吧、美发厅和其他位于社区中心的休闲场所》(*The Great Good Place: Cafes, Coffee Shops, Bookstores, Bars, Hair Salons, and Other Hangouts at the Heart of a Community*)一书中将家庭界定为"第一空间",将工作场所界定为"第二空间",而将城市的酒吧、咖啡店、图书馆、公园等不受功利性关系限制的公共空间界定为"第三空间"。"第三空间"承载着平等、愉悦和交流,是人们生活中必不可少的场所,也是新思想孕育的地方,更是城市最能体现多样性和活力的地方(Oldenburg,1989)。"第三空间"的原始定义体现出对理想社交模式的向往与价值认可。在创新型经济的语境中,"第三空间"创造和承载着人与人之间的松散互动("弱联系"),这是一种"随时随地"的文化,而不是中心城区办公楼里那种"同时同地"的文化。这些公共空间不受功利性关系的限制,传达出平等、自由、开放的创新精神,是孕育创意、激发灵感的重要场所,更能体现一个地区的多样性和活力。而在传统的办公空间、产业空间内部植入更多开放式的公共空间,营造更为轻松的办公环境,也能够舒缓员工的情绪与压力,从而提升创意的可能。总体而言,用地类型、功能业态等的混合布局,高密度的交流空间和城市"第三空间",都是满足创意阶层的交往方式特点、营造活力交往场景的应有之义。

3.3.3 创意体验场景:迎合创意阶层的审美偏好

对品质化、个性化创意体验的偏好,是创意阶层区别于普通市民阶层的另一重要特点。通过营造富有创意的体验场景,打造城市形象特色,塑造城市创意文化,展现城市或先锋、或厚重、或诗意、或浪漫的内在气质(杨保军等,2013),既对创意阶层具有强大的吸引力,还有助于激发人们的创新行动和个体的创新精神。城市创意体验场景的打造,既可以与当地生态环境良好的自然景观空间相结合,例如,在美国生物科技产业聚集的波兹曼、日本科技创新公司争相入驻并设立卫星企业的神山町、中国互联网第一镇乌镇,独特的生态自然景观都成为创新经济发展的最初动力,为当地吸引了大量高科技人才的流入;也离不开作为创意文化承载与展示场所的广场、街道等重要的城市公共空间,例如,创意性公共空间可以作为其他文化创意作品的承载空间(音乐、美术、戏剧、工艺品等的展示和销售空间),

形成多种创意的融合与共鸣。

与此同时,创意阶层灵感的触发与环境存在着敏感的相互作用。浓厚的城市创意文化氛围能够强化创意阶层的身份认同感、培育个体创新精神,从而形成创新的持续动力。创意性的体验场景承载着城市不同寻常、推陈出新的创意(或称之为"先锋")文化体验,是能激发创新灵感、强化创意阶层身份认同的生活场景。创意性的体验场景塑造着城市的创意文化,创意文化并不是对于产业形态的定义,而是具有创造性的地域文化状态的表征,其贴近生活,并能够激发人们的创新意识和行动。创意文化对于创意阶层有较强的吸引力,并且有助于个体创新精神的形成,即促进个体改进或创造新事物的思维方式和心理状态。法国社会学家布尔迪厄(1997)认为,人的想象力主要来源于文艺熏陶,文艺可以使数学、科学与技术更加多彩,文艺作品和文艺训练对于创造性思维形成的积极作用也早已为教育界所公认(汪贤俊,2018)。

现如今,从纽约到柏林,世界范围内几乎所有扮演"文化和时尚中心"角色的城市,都正在成为吸引创意人士和催生技术密集产业发展的领先区域,人们用"酷"来形容这些创意文化氛围浓厚、具有较强趣味性的城市,这一现象恰恰说明了创意文化对于创意阶层的吸引作用。创意文化代表着能够经受时代检验的前卫潮流,往往具有科技感和"新"人文气息,但也并不拘泥于具体、固定的形式。它满足了人们的猎奇心理,不断激发人们的创造性想法,并且在与创意阶层紧密互动、相互影响中共同发展。创意阶层通过消费城市创意文化空间获得身份认同和创作灵感、激发创造性想法,又反之参与城市创意空间的缔造过程中,通过创造和分享新的艺术、科技成果,推动创意文化氛围的进一步增强,从而使城市创新文化和创意阶层在紧密的相互影响中共同发展。城市创意文化氛围的形成不仅仅依托于自发、新颖的文化活动,更需要政府在城市建设和管理等方面的主动设计和持续变革。

3.4 案例:杭州"未来城市实践区"启动区规划设计探索

作为中国互联网创新创业的明星城市和数字经济创新中心,杭州现阶段正处于以创新推进国际化、以国际化支撑创新发展的战略关键期。当前,由城西科创大走廊、钱塘新区(下沙、大江东)等战略性创新空间构成的市域创新格局初具雏形,但是杭州也面临基础科学研究领域短板、城市生活成本上升所带来的创新不可持续性等挑战。如何锚固优势、未雨绸缪,在未来10年乃至更长远的时期继续保持创新活力,进一步提升其在国际舞台的影响力和竞争力,成为杭州所必需面对的重要问题。基于以上背景,湘湖和三江汇流地区(以下简称"三江汇地区")作为主城"最后一片处女地"(图3-3),在城市"拥江发展"战略与主城"东整、西优、南启、北建、中塑"的发展导向下,逐渐从边缘走上舞台中央,成为新时期肩负杭州城市创新发展使命的战略性区域。

图 3-3　杭州三江汇"未来城市实践区"区位

2019年5月,《"三江汇"杭州未来城市实践区发展战略与行动规划》编制启动,规划提出要将杭州"未来城市实践区"打造为现代富春山居实践地、多元文化共生实践地、策源创新发展实践地、未来生活场景实践地、开放善治平台实践地,贡献未来城市人居空间营造的中国方案。作为"未来城市"实践探索的启动区和引领城市创新能力提升的重点地区,《"三江汇"杭州未来城市实践区发展战略与行动规划》《杭州市拥江发展战略规划》《杭州市国土空间总体规划发展战略 2050》等相关上位规划均对"未来城市实践区"启动区(以下简称"启动区")的职能定位、产业方向、空间营造等提出了极高的要求(图 3-4)。从整体定位来看,启动区作为"未来城市实践区"发展的触媒和引擎,需要为"未来城市实践区"的未来建设提供样板

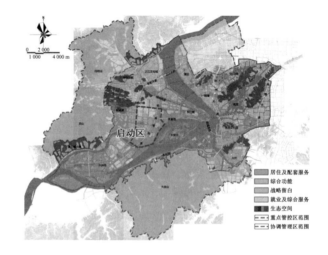

图 3-4　杭州三江汇"未来城市实践区"用地布局及启动区范围示意

和示范,这要求启动区不仅要发挥核心创意与创新职能,而且要能够代表未来城市的发展方向;在产业方向上,上位规划要求将原研创新、文化创意作为产业发展的核心方向,聚焦源头创新,承担对外辐射、带动的"创新源"角色。此外,上位规划还对启动区的空间营造品质提出了要求,提出塑造一种面向未来、面向青年的多元活力、城乡融合、人与自然交融的诗意生活模式,结合对《富春山居图》意向的现代演绎,形成山水灵动串联、城乡有机融合的空间格局。综合以上规划要求,启动区的规划设计已明显超出了传统意义上创新园区的规划范畴,而是旨在营造面向未来,结合生态、文化、创新与科技的理想人居地。

3.4.1 基地创新发展的三重优势与现实困境

启动区位于杭州市西湖区之江片区,总面积为 14.2 km²。从生态禀赋、历史文化、创新资源等方面进行综合分析后发现,启动区具备创新发展的三重优势。

①自然本底优越,景观要素丰富。三江汇地区是钱塘江、富春江、浦阳江三江交汇之处,区域内山、林、草、湖、江、岛等自然要素齐备,蓝绿空间高达 65%(图 3-5)。启动区更是枕山面水,西面以灵山为屏,南面以北之江为扇。此外,启动区内部水网交织,密布的水网连接山体、湿地、公园等重要生态资源,构成了丰富多样的生态斑块与生态廊道,点轴相间编织出了优越的生态格局。目前,启动区周边已有之江国家旅游度假区、湘湖旅游度假区、蓝城·杭州双浦原乡等较为成熟的旅游度假景区[③](图 3-6)。

②历史人文荟萃,古今艺术交融。三江汇地区不仅拥有湘湖文化、跨湖桥文化等深厚底蕴,而且是《富春山居图》的开卷之地和"浙东唐诗之路"的源头。如今,三江汇地区亦是杭州现代艺术文化的集聚高地:中国美术学院象山校区、浙江音乐学院等高等艺术学府坐落于此;浙江省博物馆新馆、浙江图书馆新馆、浙江省非物质文化遗产保护中心(馆)、浙江省文学馆省级"四大馆"已入驻之江板块核心区并动工建设,共同组成浙江省之江文化中心,建成后将成为杭州乃至浙江省的重要文化地标。

③创新要素集中,创意 IP 汇聚。当前三江汇地区已经形成白马湖生态创意城、艺创小镇、湘湖文化创意产业园等多个创意园区和中国网络作家村等文化创意孵化平台[④]。位于转塘的云栖小镇聚集了包括阿里云计算有限公司、富士康科技集团、英特尔(中国)有限公司等在内的众多高科技企业,产业类别包含大数据、应用程序(APP)开发、游戏、互联网金融、移动互联网等众多领域。2019 年,中国科学院大学杭州高等研究院宣布落户之江双浦新区,研究院以人工智能、量子科技、大健康等尖端领域为主要研究方向,并提供科技金融、成果转化、知识产权运营等综合性的创业创新服务和配套平台,建成后将成为科学研究领域的又一智力引擎。

总体来看,三江汇地区已经成为杭州重要的高等级创新集聚区,特别

图 3-5　三江汇地区的自然山水格局

图 3-6　启动区及周边资源要素分布

是在文化创意、信息技术、原研创新等方面逐渐形成了特色鲜明的产业集群。然而,实地调研发现当前启动区的发展仍然面临一些现实问题,主要表现在以下三个方面:

①空间环境品质不高。由于三江汇地区地处西湖、富阳、萧山、滨江四区交界,受制于"多区管理"等体制机制的影响,一直以来都是杭州城市发展战略与政策资源配置的"洼地"。空间管制主体的长期缺位使得这一地区缺乏统一的统筹管控,虽然坐拥得天独厚的生态景观与"富春山居"诗画田园的历史人文优势,却日渐成为风貌混杂、建设粗放、品质低下的大都市

边缘区,甚至沦为各区建筑垃圾堆放、土方填埋和拆迁安置房的布局之地。

②生活服务设施不完善。目前启动区乃至整个之江板块既无大型公共交通枢纽,也无大运量轨道交通线路经过,甚至尚未形成层级分明、完整通达的道路交通网络。这导致了启动区虽然与杭州城市中心区的直线距离仅约为 15 km,但是交通耗时却普遍长达 1 小时以上。此外,这一地区的餐饮、商业、零售、休闲、娱乐等多种公共服务设施的配置也较为低端,难以满足本地就业者的普遍需求。

③创新要素集中而不集聚,落址而不落地。虽然启动区周边形成了云栖小镇、中国科学院大学杭州高等研究院等重要的科技创新触媒,以及以中国美术学院象山校区、浙江音乐学院、白马湖生态创意城、中国网络作家村为代表的文化创意热点,但是各要素独立发展,并未形成集聚和联动效应;与此同时,这些创新源头尚未"锚定",与本地的关联度不够,创新创意产出并未对周边地区产生有效的辐射和影响。

上述问题导致启动区虽然资源禀赋突出,但长期以来一直对创新创意人才缺乏吸引力,更难以集聚高层次人才。目前本地居民除了在校学生和拆迁安置村民外,主要是在周边工作的青年群体,他们选择居住在这一地区的主要原因包括离工作地点近、离主城相对距离较近、房价相对主城和滨江更低,而在这里工作的人群中那些更有经济实力的人仍然会选择在滨江、主城等地区居住。

3.4.2 人群特点与需求研判

1) 现状人群结构

明确规划区的人群对象,研究其生活特征和空间需求,是制定场景营造策略的基础。从人群类型来看,启动区目前对创意阶层的集聚能力较为有限,流入人口主要以周边工作的"新杭州人"为主,这一群体普遍较为年轻,拥有较高的受教育水平和专业素质,一些学者借鉴此前流行的大城市"蚁族"的称呼而将其称为"蜂族"。和"蚁族"一样,"蜂族"也具有强烈的拼搏创新精神和吃苦耐劳的品质;但是与"蚁族"相比,这一群体通常具有更强的职业竞争力和个人资本,更出色的创造能力和更高的生活品质追求,并自诩为"年轻精英"。在杭州持续有力的人口流入态势下,青年"蜂族"将是规划区未来发展的基础动力源之一,如何吸引、锚定这一群体,让他们在此地安居乐业、落户扎根,是规划需要关注的重点问题。而在此之外,未来创新区的定位与职能还要求引入顶尖科技创意领军人才、掌握专业技术的科技从业人员等不同层次、不同领域的创新创意群体,从而形成多元、丰富的人才结构。因此,在对目标人群的需求进行分析时,应当尽可能将顶尖创新人才、创新中坚力量和青年"蜂族"等不同类型的创意阶层都纳入考虑范畴。据此,规划中调查、总结了四类典型创意人群,并针对性地分析其生活特征与空间需求(图 3-7)。

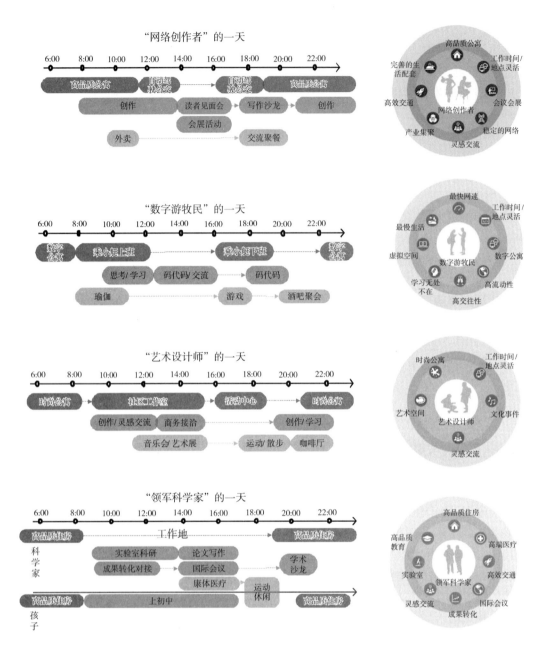

图 3-7 四类典型创意人群的生活特征与空间需求

2）典型人群画像

（1）网络创作者

随着通信基础设施的不断升级和内容付费、粉丝经济等概念的走红，如今的移动互联网时代见证了一批又一批"网络创作者"的诞生，也使"网络创作者"成为这一时代最具代表性的创意阶层之一。网络作家、互联网主播、视频博主、自媒体工作者……越来越多的个体内容创作者可以依托互联网这一平台，仅借助一台电脑和部分设备即可在任何地点、任何空间中实现高效的成果产出。实地调研发现,"未来城市实践区"范围内的中国网络作家村、白马湖生态创意城以及周边的中国美术学院、浙江音乐学院等地区,都已有大批"网络创作者"聚集。

"网络创作者"已经完全摆脱了传统产业领域"朝九晚五"的固定工作制,也摆脱了上班打卡的必须要求,从而在工作时间、地点的选择上获得了最大的灵活性和自由度。与此同时,"网络创作者"不同个体之间的生活方式差异巨大,很难一以概之。仅以网络作家这一在普通人眼中颇具"二次元"气息的职业群体来看,其中既有相当比例的人生活作息昼夜颠倒,酷爱在夜深人静时闭关创作,只要有电脑和网线就可以一周不出门;也有部分网络作家则习惯遵守规律的作息,按时到工作地点打卡并按照类似"朝九晚五"的时刻表往返通勤。

虽然"网络创作者"的生活特点难以简单概括,但总体来看这一群体对物质空间的需求仍表现出很高的一致性:①稳定、高效的通信网络,是几乎所有"网络创作者"群体的首要需求。"网络创作者"的职业要求决定了他们对互联网的高度依赖(专栏3-1),在一个通信基础设施滞后的地区生活对于他们而言不仅意味着便利性的下降,而且意味着谋生途径的丧失。②高品质独居公寓、完善便利的生活服务配套是"网络创作者"普遍的诉求。"网络创作者"的居家工作时间占比更高,对居住场所的室内环境更为挑剔,不愿将就;与此同时,对外卖送餐、家务保洁、洗衣等居家生活相关的服务配套也有很高的需求。③适宜交流讨论的空间、适当的会展场所、便利的公共交通也是多数"网络创作者"的共同需求。"网络创作者"的职业要求虽然并不包括传统的人际社交,但是仍然需要在创作过程中进行适当的面对面交流,尤其是与同行、团队、读者等的交流不仅有利于缓解压力、放松身心,而且有助于激发灵感、带来新的创意。

专栏3-1 网络作家高度依赖于互联网的"线上"社交圈

网络作家是一类个性独特的创新创意群体,他们类型众多、秉性各异,但总体来说都面临着比较大的创作压力,每日数千字的更新是基本要求,连续数小时的写作更是生活常态。高强度工作和独立创作的组合导致网络作家们的作息难以实现"朝九晚五",而这种不规律的作息切割了网络作家与其他人的共处机会,使得这一群体被定义为"网络生物"和"宅男宅女"。因此,网络作家的社交圈大多都是通过互联网搭建,以"线上"的形式完成。在"线上",网络作家的社交圈通常包括与读者互动的圈子、与共同创作者的圈子,还有通过作品联系起来的合作者网络。针对中国网络作家村入驻作家的问卷调研结果显示,网络作家们日常的社交场景集中在"粉丝和作品相关的QQ群、微信群"和"微博、豆瓣、哔哩哔哩(以下简称'B站')等平台",与其他职业相比可以看出明显的网络依赖特性[⑤](专栏图3-1-1)。网络作家"长风且歌"在访谈时也提及:"我们的社交是比较脱节的,一是因为兴趣爱好不一样,关键是作息也不一样,别人睡了我们还醒着,不可能拉着别人讲话。"

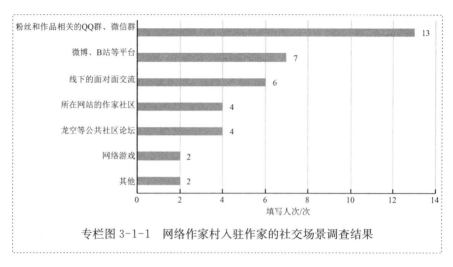

专栏图 3-1-1 网络作家村入驻作家的社交场景调查结果

(2) 数字游牧民

随着信息技术时代"时空压缩"效应的不断增强,远程办公和灵活办公逐渐在高科技、技术服务、互联网等众多创新领域的企业中得到推广,尤其在新冠疫情爆发后人们的办公模式发生了巨大转变,进一步推动远程办公(居家办公)成为一种理想的工作方式。如今全球的上班族都开始意识到,也许之前的我们过于高估了办公室对于工作的重要性。《GENSLER 设计趋势展望 2021》报告的调查数据显示,"数字游牧"式的工作方式早已成为互联网时代创新人才追求生活品质的新选择,新冠疫情更是加速了这一趋势(当前有 78% 的受访员工表示倾向于采用公司办公与远程办公相结合的模式)。

数字游牧民通常是指选择在远离工作地的城市甚至国家生活、依靠网络进行远程办公的高科技、互联网、技术服务等领域从业者。数字游牧民生活方式的一大特点是工作时间和工作地点极其灵活、自由(以知名的互联网企业北京字节跳动科技有限公司为例,其技术中台的平均在职时间仅仅为 3 个月⑥)。时间安排上的灵活,使他们能够根据自己的需要更有效地进行工作时间的分配,同时节省了日常通勤时间,从而留出更多精力发展业余事业和爱好;工作地点的灵活,则使得他们的工作场景和生活场景在极大程度上变得模糊,甚至发生了重叠,也使得他们在选择生活地点时拥有了更多的自由度,可以自主选择对他们最有吸引力的生活地点而不用受到工作地点和通勤等条件的限制,先"择居"后"择业"的创意阶层特征在他们身上得到了最为明显的体现;而"半工半 X"的生活方式、把一半时间留给兴趣爱好的理念,也使他们成为当代创意阶层的一类典型代表。

在数字游牧民对生活地点的物质空间需求中,稳定、高效的互联网络和通信设施毫无疑问地位列榜首;高品质的生活环境尤其是自然生态环境,也对数字游牧民的选择具有重要导向作用,他们通常更倾向于选择生态环境良好、自然景观优美的城市或地区作为自己的"游牧"场所;而开放、自由的"第三空间",如咖啡馆、茶馆、酒吧、露天广场、街心公园等,同样受到他们的欢迎。

（3）艺术设计师

艺术设计师包括艺术创作、平面设计、建筑设计、动漫制作等领域的众多从业者，他们的工作需要丰富的想象力、创造力和创意性，有时还需要敏锐的前瞻性和开阔的国际视野。位于"未来城市实践区"周边的中国美术学院、白马湖生态创意城、艺创小镇等都已经并仍在源源不断地吸引着大批的艺术设计师在此集聚，这一群体成为未来本地创意阶层的核心构成之一。

作为典型的"创意核心阶层"，艺术设计师的职业相关活动包括设计创作、交流讨论、展示与商业洽谈等几个部分，通常以工作室为单位。设计创作活动的发生场所因人而异，其他各项活动对应的空间场所则相对固定；此类活动在时间安排上通常具有较大弹性。值得关注的是，艺术设计师多具有较为鲜明的个性特征，喜欢拥抱前卫艺术与文化，拒绝千篇一律，因此，这一群体对城市空间的文化性、艺术性提出了极高的要求：个性张扬的时尚公寓、前卫夸张的雕塑小品、丰富活泼的街道立面等有设计感和美感的居住、生活空间更能满足其审美偏好。与此同时，艺术设计师还对本地区的文化设施提出了更高的要求：多希望居住地和工作地的周边有美术馆、影剧院、展览馆等高质量城市文化设施。此外，艺术设计师同样需要高密度的城市交往空间，普遍希望住所楼下有咖啡馆、茶馆、酒吧、水吧等休闲消费场所，他们认为这些场所在为其提供放松环境的同时，也能在其中与他人交换灵感、激发创意、孕育艺术火花。

（4）领军科学家

领军科学家可以认为是在科学、文化等领域取得较高成就和广泛认可的人才群体。在"未来城市实践区"范围内，中国科学院大学杭州高等研究院、云栖小镇阿里云计算中心、未来智造小镇以及众多高科技企业研究室的入驻，都将使领军科学家成为未来本地区创意阶层中既具有代表性又存在特殊性的一类群体。与前三类人群相比，领军科学家一般年龄相对偏大、以中青年为主，多为夫妻家庭、核心家庭；工作时间投入较多，工作地点基本以实验室为主，作息也相对固定；同样具有社交、娱乐、休闲等活动的需求，但是在方式的选择上可能更为传统。

总体来看，领军科学家对物质空间的需求主要包括：围绕科研工作的全链条服务，如高等级实验室、办公室、会议室等科研工作空间，以及成果转化平台、科技中介等；与青年群体相比，他们需要更多地考虑家庭成员的综合需求，因此更需要高品质、大户型的住房和良好的教育、医疗配套设施；与其他人群类似，领军科学家同样需要住处周边有咖啡馆、茶馆、公园等社交和休闲空间，但是更加注重空间环境的品质。

3.4.3 创新场景营造策略

"网络创作者"、数字游牧民、艺术设计师、领军科学家等几类本地创意阶层的生活方式、物质需求具有以下突出特点：工作时间和地点弹性、灵活，流动与择居具有十分明显的"生活指向性"；生活、工作、休闲之间的界限日益模糊；既对互联网"赛博空间"具有高度的依赖性，但同时也十分需要高频率的面对面交流，并且会基于共同的兴趣和爱好形成"社群聚落"；超越温饱层次的基本需求，更多地追求品质化、个性化的体验，重视自我实现和精神满足，热爱绿色、生态、健康的高品质生活。

面对目标人群对城市空间的新需求，启动区的空间组织应当随之进行适应性的转变与调整：在城市层面，传统商务办公区消解，走向"去CBD"化；让工作回归社区，推动生活空间、工作空间、休闲空间进一步走向融合；让特色"社群聚落"成为创意阶层聚集的新形式，重视城市"第三空间"对创意阶层的价值；面向创意阶层的住房、社区、生活服务等设施应当走向品质化、定制化，并需加强对城市文化和特色的塑造等。

基于以上分析，下文将在启动区的规划设计中，围绕宜居生活场景、活力交往场景、创意体验场景的打造提出相应的创新场景营造策略。

1）最快网速，最慢生活

针对创意阶层流动与择居的"生活指向性"和对品质化、个性化生活方式的追求，规划提出打造"5分钟创新生活圈"，并以生活圈为单位提供个性定制的生活服务设施、多样化的住房类型（面向青年的"蜂族公寓"），营造绿色开放的开敞空间、适宜慢游的生活性街道等策略，形成"最快网速，最慢生活"的宜居生活场景。

（1）5分钟创新生活圈

打造"5分钟创新生活圈"，并将其作为组织创新区社区生活的基本空间单元。参考《上海市15分钟社区生活圈规划导则（试行）》，同时考虑本地居民的年龄层次（相对年轻化）和需求特征（定制化），在以居住功能为主的区域，将社区生活圈划分为"5分钟步行可达圈层"和"15分钟步行可达圈层"。在5分钟创新生活圈中，配备创意阶层生活所需的核心服务功能与小型公共活动场所；在15分钟创新生活圈中，配备创意阶层生活所需的各类定制化服务功能与主要公共活动场所，共同构成安全、友好、舒适的社区基本生活空间（图3-8）。

创新生活圈的生活服务设施布局应以"少做大配套，做精小配套"为原则，针对创意阶层提供定制化的生活设施。为适应青年创意阶层家庭负担较轻、家务外包程度高等生活方式特点，要求5分钟创新生活圈内必须布局的生活服务设施包括24小时便利店、快餐店、饮品店、家政服务店、洗衣店、快递驿站、专业健身房等，能够满足创意阶层的核心生活需求。15分钟创新生活圈内必须布局的生活服务设施包括超市、菜市场、精品餐厅、展览空间、活动中心、社区服务中心等。此外，对于幼托机构、中小学校、养老服务中心、大型购物中心等设施，可在城市基本指标的基础上适当给予一定的弹性，按实际情况灵活选择。

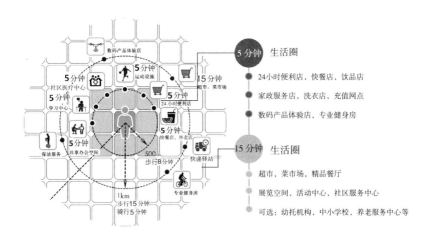

图 3-8 创新生活圈布局示意

（2）多元宜居的住房类型

提供多样化的住房类型，满足创意阶层差异化的居住需求（专栏3-2）。针对不同层次、身份和社会地位的人才群体，启动区提供的住房产品种类亦当有所区别，如国际化公寓、专家别墅、生态景观住宅、独栋SOHO、"蜂族公寓"、过渡性保障性住房等。同时引导、提倡各类型人才群体混合居住，形成适度混合的包容性居住空间格局。

其中，最为核心的是针对青年群体的住房痛点打造"蜂族公寓"，解决青年创意人才难以负担过高的居住成本但又对居住品质有较高要求的突出矛盾。"蜂族公寓"是面向年轻创意阶层的保障性住房类型，目前国内外不少城市都推出了类似的住房项目，如伦敦"纳米楼"、洛杉矶"住房微单元"等，这些住宅通常位于市中心，面积在 25 m² 到 50 m² 之间。借鉴相关项目的实践经验，本地区的"蜂族公寓"应以小户型甚至迷你户型为主，空间使用方式灵活且可以根据住户需求进行调整，同时部分非必须设施（如厨房）可以共享使用。这种介于学生宿舍与家庭住宅之间的定制化住房产品，既能满足青年人对时尚外观、个性空间的强烈愿望，又能大幅降低青年群体的住房支出和生活成本，是一种适配青年创意人才居住空间需求的住房类型。

专栏3-2 深圳的住房供应与保障体系改革

作为中国最年轻的城市，深圳被誉为"中国硅谷""创业之都"。长期以来"城中村"等非正式的廉价居住空间作为外来人口的"落脚地"，承担着城市主要的住房保障功能。然而，随着人口的不断增长和土地资源的消耗，深圳住房总量有限、结构失衡的问题日益突出，房价高企的压力不断加剧，极大地抑制着城市的人才吸引力，更引发了人才外流的危机。作为创新发展的先行者和曾经最为开放（移民）的城市，深圳也将首当其冲地面对城市"包容性"丧失的挑战。

一直以来，深圳都是中国政策性住房体系建构的积极探路者。早在 2006 年，

《深圳市住房建设规划(2006—2010年)》发布,其中就率先提出"公共租赁住房保障模式",以应对外来人口及中低收入家庭的住房需求,成为全国住房保障政策的重大创新;2010年5月,《中共深圳市委 深圳市人民政府关于实施人才安居工程的决定》出台,创造性地提出了"安居型商品房"这一保障类型,将保障范围进一步扩大,覆盖处于社会"夹心层"的中等收入人群以及部分高端人才,较早地意识到通过保障性住房体系吸引人才、留住人才的重要意义(李春丽,2017);2016年7月,《关于完善人才住房制度的若干措施》印发,将人才住房予以单列,与安居住房和公共租赁住房平行,强调了人才住房在解决人才居住困难、持续改善人才居住条件中的重要意义,明确了人才住房适用保障性住房的各项优惠政策;2018年7月,《深圳市人民政府关于深化住房制度改革加快建立多主体供给多渠道保障租购并举的住房供应与保障体系的意见》(以下简称《房改意见》)发布,在既有实践的基础上,系统地提出了深圳未来的住房体系建构方向,明确了深圳特色的政策性住房体系以及其在整个住房供给体系中的主体地位。根据《房改意见》,深圳将着力构建高端有市场、中端有支持、低端有保障的住房体系,全市住房总体上可分为市场商品住房、政策性支撑住房(人才住房、安居型住房)、公共租赁住房三类(专栏表3-2-1)。通过多层次政策性住房保障体系的建设,基本上可以全面覆盖不同收入状态、创新创业状态的外来人口:自身经济基础较差、创新创业成果不明显的人才可以通过公共租赁住房落脚;达到一定财富积累后可以购买安居型住房,以实现居住条件的改善;已经初步形成创新创业成果(具有社会认可度)的群体则可以购买人才住房,进一步提升居住品质;而那些创新创业成功的群体或个人财富已经大量积累的群体,可以选择市场商品住宅。

专栏表3-2-1 深圳确立的多样化住房供应类型

住房类型		供应比例	供应形式	供应对象	面积标准	价格
市场商品住房		40%左右	可租可售	符合条件的各类居民	以中小户型为主	继续实行宏观调控
政策性支撑住房	人才住房	20%左右	可租可售	符合条件的各类人才	建筑面积以小于90 m²为主	租售价格为市场价的60%左右
	安居型住房	20%左右	可租可售,以售为主	符合收入财产限额标准等条件的户籍居民	建筑面积以小于70 m²为主	租售价格为市场价的50%左右
公共租赁住房		20%左右	只租不售	符合条件的户籍中低收入居民、为社会提供基本公共服务的相关行业人员、先进制造业职工等群体	建筑面积以30—60 m²为主	租金为市场租金的30%左右;特困人员、低保及低保边缘家庭租金为公共租赁住房租金的10%

(3) 绿色开放的开敞空间

充分利用城市道路两侧的空地、转角,因地制宜地布局绿色开放空间,建设一批小型口袋公园,密度应满足居民步行5分钟可达范围要求,形成"100 m见绿、5分钟进公园"的开敞空间体系(图3-9);注重公园设计的安全性、趣味性,使绿色空间易于进入、适宜停留。与此同时,打造"活力林荫道",要求生活性道路的林荫覆盖率必须超过90%。

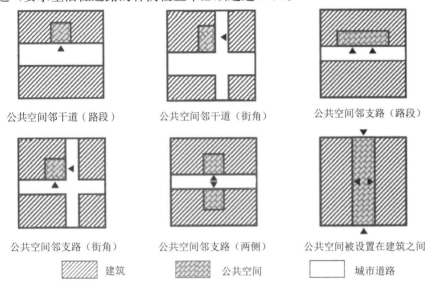

图3-9 街区口袋公园的布局与设计引导

(4) 适宜慢游的生活性街道

采取"小街区、密路网"的空间尺度,将生活性街道打造成可慢游、可停留的活力公共空间。生活圈内部的支路网密度应高于6 km/km²,生活型街道(次干路、支路)占区域总体道路的比例不低于3/4,街道高宽比应控制在1∶2.0—1∶1.5;新建道路的人行道宽度不得小于3 m,非机动车道宽度不得小于2 m,机动车道总宽度不得超过10 m;对不符合慢行要求的现状道路进行绿色化改造,形成低碳、安全、适宜慢行的社区交通网络。

在上述基础上,规划还充分利用沿街底商形成丰富店面,保证24小时营业的店面占比≥20%;适度扩展临街建筑的露天活动区域,并将一部分室内活动移到室外,从而使街道成为更多公共活动发生的场所,形成丰富多彩的生活味道。

2) 楼上孵化器,楼下普拉达

针对创意阶层工作、休闲、起居生活等空间逐渐复合的趋势和围绕共同爱好形成"社群聚落"的圈层特征,规划提出以高度混合的空间功能用途、多元丰富的业态布局和高密度的交往空间,打造小而专的定制化"社群聚落",形成"楼上孵化器,楼下普拉达"的活力交往场景。

(1) 定制化"社群聚落"

打造功能混合、小而专的"社群聚落",吸引个性化的创意阶层聚集。

启动区整体的空间布局将打破传统的功能分区模式,代之以人的活动范围为尺度、与人的兴趣偏好相结合的多个"空间聚落"。对几类生活型聚落的功能布局不做刚性的安排,而是通过引导性的功能构成比例,结合公共空间与标志性建筑设计,塑造聚落鲜明的个性风格,从而吸引不同的创新创意群体(图3-10)。

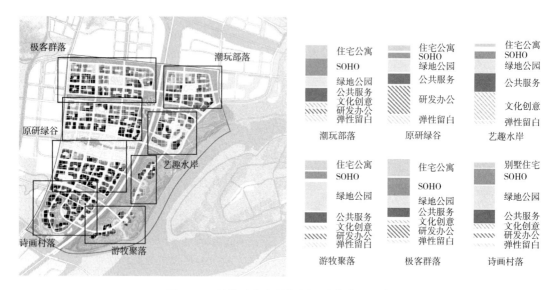

图3-10 总体功能布局规划及功能占比示意

(2)混合性功能业态

"社群聚落"采取高度混合的功能布局模式,每个聚落均具备居住、办公、休闲与公共服务等不同类型的用地,鼓励灵活的功能安排和混合型的空间利用。通过丰富多元的业态功能和高密度的"非正式"空间布局,让交往随时随地发生。例如,在研发、办公等建筑内部引入健身房、游戏室、咖啡角等交流空间,将工作、交流与健身、休闲、娱乐等活动相结合;将公共建筑、商业建筑和部分办公建筑的首层对外开放,引入茶餐厅、咖啡厅、奶茶店、零售店等多元业态;将街道、广场、绿地等公共空间与商业相结合,共同组成让创意工作者自由沟通、灵感迸发的活力场所。

3)和工作的人一起生活,和生活的人一起工作

针对创新活动的灵活性、偶发性特点,启动区打破传统的产业空间规划与布局模式,通过搭建原研创新、美学创意产业生态链,提出创新办公空间形态、活跃办公氛围,借助更新改造提供低成本的创新场所等设计策略,营造"和工作的人一起生活,和生活的人一起工作"的活力交往场景。

(1)打造创新产业生态链

围绕本地创意阶层创新创业的实际需求,打造"原研创新生态链"(图3-11)和"美学创意生态链"(图3-12)。其中,原研创新产业主要聚焦基础学科研究、前沿引领科技以及颠覆性技术的攻关;美学创意产业则包含艺术创作、新媒体运营、原创内容生产、快消文化及艺人经济等内容。需要注

图 3-11 三江汇地区原研创新生态链示意

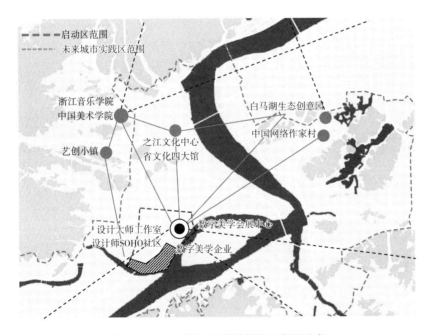

图 3-12 三江汇地区美学创意生态链示意

意的是,在科技爆炸时代,任何具体的产业门类都时刻面临迭代的风险,因此启动区的产业发展思路不再停留于传统的产业孵化、培育,而是着眼于锚定产业相关的本地人才资源。依靠创意阶层的创新创业活动,占据创新的源头优势;将源头创新通过系统性的中介平台进行催化,推动原研创新、美学创意的商业化,从而兑现其价值;同时,按照创新创业活动的需求定制产业链、搭建开放的产业创新平台,通过系统性"创新生态链"的形成来促进创新产业的本地根植。

(2) 无处不在的创新空间

随着创新的灵活性和偶发性大大提升,创新活动不再与传统的工业用地、科研设计用地甚至创新型产业用地相绑定,而是有可能在居住社区、商业中心、公园绿地以及周边乡村等更广大范围的空间中诞生,并在城乡之间形成了若干分散的"偶然性创新点",正所谓"创新无处不在"。因此,在集中的产业功能板块之外,规划布局形成"创新中心""创新微中心""偶然性创新点"等多层次的创新空间,构建"产业聚落＋创新中心＋创新微中心＋偶然性创新点"的产业空间体系(图3-13)。其中,"创新中心"是核心研发机构、设计机构、科学装置的所在地,具有最高的创新创意能量与密度,与集中型的产业空间一同构成创新产业发展的核心动力;"创新微中心"包括若干创业孵化器、众创空间、创意工作室,以及高科技企业、美学设计企业、中介服务企业等;"偶然性创新点"则包括大量的咖啡馆、茶馆、露天广场等非正式办公空间,其广泛分布于创新区的各个角落。

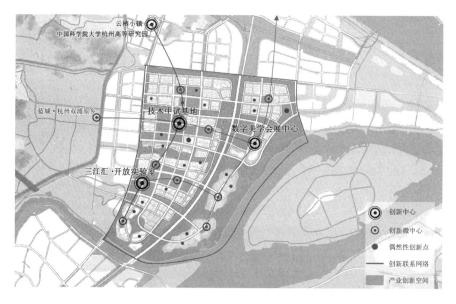

图 3-13 启动区创新产业空间体系规划

(3) 创意办公空间设计

通过休闲娱乐空间的植入,能够舒缓工作压力、有效放松心情,营造一种自由、开放的创意办公氛围,从而激发创意灵感的诞生(专栏3-3)。例如,在办公建筑内部设置一定比例的健身场所、娱乐场所;建造屋顶花园,形成适合放松、休息的户外空间。为创新创意人才提供共享办公空间、非正式办公空间等多样化的选择,包括但不限于将老旧厂房、仓库等改造成特色鲜明、风格时尚的科技企业孵化器;拓宽创新空间的供给渠道,允许住宅、商业、工业等用地类型适当兼容办公功能。此外,广场的露天咖啡座也可以为创意阶层提供非正式的办公场所。

专栏 3-3　深圳留仙洞总部基地采用街坊开发模式提升公共空间的交往连通度

在促进创新空间的开放共享营建方面,深圳通过鼓励以街坊为单元的一体化开发和整体管控模式,将相邻多个地块交由一家(或联合体)企业进行一体化开发,改变了过去以地块为单位的供地方式。街坊开发的控制性详细规划采用"街坊控制单元"进行管控,明确公共绿地、慢行通廊、地下空间等配置要求,允许地块指标在街坊内平衡。这不仅有利于以街坊为单位配套商业、公寓、技术服务平台等共享设施,提升空间的利用效率,而且便于形成内部连通的公共空间体系。深圳留仙洞总部基地即采用了这种街坊开发模式(专栏图 3-3-1)。此外,为进一步提高公共空间建设品质及其与周边空间的连贯渗透,在留仙洞总部基地开发中还推广了绿地和公共服务设施的捆绑开发:政府通过整体捆绑和就近捆绑两种方式将绿地和公共服务设施委托企业代建(专栏表 3-3-1),在有效减少财政压力的同时提升了公共空间的交往连通度,促进了公私空间的柔性融合。

专栏图 3-3-1　深圳市留仙洞总部基地街坊开发模式示意

注:M0 即新型产业用地;C 即商业服务业用地。

专栏表 3-3-1　深圳市留仙洞总部基地的捆绑开发方式

捆绑方式	适用范围	开发实例	开发说明
整体捆绑	线状设施或绿地，如主要绿色廊道等，通常与沿线实力最强的开发主体进行捆绑，以利于一体化设计、整体施工		"H"形绿廊为整体捆绑，由4街坊的开发主体进行建设
就近捆绑	点状、面状的设施，如大型绿地、学校等公共服务设施，由设施周边的某个开发商进行捆绑开发，与出入地块进行整体设计		3/4/5 街坊捆绑公共服务设施地块 a、b、c、d、e、f 共同出让，7 街坊捆绑绿地 i、j 共同出让

（4）闲置民居更新改造

通过对闲置民居、废弃厂房等存量空间的更新改造，不仅能够盘活利用存量空间，为创业者提供低成本的创意办公空间；而且可以给乡村注入文化、旅游、IT、设计、创意等新经济功能，让创意功能走进乡村。相关改造主要包括对基础设施尤其是网络设施的优化提升、对建筑风貌和景观的整体考虑，以及对内部空间的优化设计等。就启动区而言，由于村民长期外出务工或已搬至县、镇城区居住，一些村落（如双浦镇白鸟村、新浦沿村等）存在大量空置村居。在尊重和保护乡村文脉的基础上，引入文旅公司、孵化器、企业等市场化开发主体，统一收购村民住宅进行改造和运营，吸引知名艺术家、独立设计师、手工艺人等顶级创意阶层及其团队入驻，打造富春江畔的"艺术大师村"（专栏 3-4、专栏 3-5）。

专栏 3-4　武汉大李文创村

大李村的总面积约为 36 hm²，位于武汉东湖生态旅游风景区内。该村原本是一个传统的农业村落，在武汉快速城市化背景下逐渐被扩张的城市地域包围，成为一个典型的城中村。由于特殊的地理区位，长期以来大李村的第二产业发展受到了严格制约。在此背景下，村内许多青壮年人口流入武汉城内寻找就业机会，部分经济条件较好的村民也逐渐搬离。随着人口外流，村内闲置民居开始增多，这些空房由于缺乏维护和管理日益呈现出衰败之势。然而，在村内产业发展受限的同时，大李村较好地保留了传统乡村的独特风光，不断吸引着城内的草根艺术家和手工艺者前来（刘小琼等，2020）。

2011年,"依辉"⁷发现了大李村,并租下村内民居从事皮革设计工作。在"依辉"滚雪球式的带动下,陆续有更多艺术家和文艺工作者开始被大李村优美的自然风光和低廉的入驻成本所吸引。这些手工艺者和草根艺术家租用村民房屋开设艺术工作室、艺术培训机构等,并对租赁的房屋和乡村公共空间进行维修和改造,促进了大李村物质环境的更新,带动了大李村艺术氛围的形成(张立凡,2019)。2016年底"东湖绿道"开通,进一步扩大了大李村的影响力。凭借一群热爱手作的人、一批充满浪漫文艺气息的个性小店,大李文创村开始在网络走红,晋升为远近闻名的文创打卡地。目前,大李村已经发展成为东湖文旅产业的一张名片,村内瑜伽、陶吧、书舍、古琴房等各类文艺小店已逾50家,许多游客慕名前来探寻"诗和远方",几年来"房租整整涨了10倍,三层小楼的年租金已超过20万元"⁸。

专栏3-5　深圳大芬油画村

大芬村是深圳龙岗区布吉街道的一个居民小组,占地面积为0.4 km²,原住民仅300余人,改革开放前村民以种田为生。1980年代受香港地区租金大幅上涨的影响和深圳"三来一补"政策优惠的吸引(油画贸易属于"来料加工"),画商黄江需要寻找一处新的工厂,既要能满足距离罗湖口岸近,方便从香港地区带订单和样画,又要能满足房租和劳动力价格低廉的要求,于是1989年黄江带着20几个画工,在大芬村租用了一间民房开始从事油画加工、收购、出口的产业。此后,借着黄江的名气和大量从香港地区过来的订单,不断有莆田、潮汕地区的画工加入,大芬村成为画商、画工集聚的地方。1990年代,越来越多的画师、画商的集聚又引来了出售画布、画笔、颜料的商人。此后,随着知名度的提高,政府也开始加大对大芬村的扶持与引导,先是将其认定为首批国家级文化产业示范基地,并相继成立大芬油画村管理办公室与大芬美术产业协会,继而对其进行环境整改,拆除民居的院墙和乱搭建筑,优化村内道路交通设施和公共空间,并对产业发展做出专业规划(黄翠翠,2020)。经过30多年的发展,如今的大芬村已经从初期单纯的接单加工、临摹复制油画,形成了从油画生产、制作(创作)到销售、物流等环节齐备的产业链(詹双晖,2018)。村内现有画廊600多家,画家、画师1万余人,每年生产和销售的油画达到了100多万幅,被誉为"中国油画第一村"。

4)田园都市,诗与远方

针对创意阶层对田园牧歌、诗意生活的向往,规划提出以人体尺度为依据进行风貌管控,打造"山水中庭"作为创新区公共活动中心,利用原有的破碎农田打造"田园地景"等策略,共同营造"田园都市,诗与远方"的创意体验场景。

(1)人体尺度的风貌管控

从人的体验感知出发进行整体的风貌管控。通过对山体周边地区、滨水景观廊道、景观望点之间视线廊道、沿江天际线的空间建设行为管控(表3-1),达到"现山、乐水、瞰胜、入画"的风貌塑造要求,实现景随人迁、人随景移、步步可观的空间游览体验(图 3-14、图 3-15)。

表 3-1 启动区风貌管控要求

管控区域		管控要求
山体周边地区	山体保护区	建筑体量宜小不宜大,建筑高度不得超过 12 m,色彩以黑、白、灰为主
	近山协调区	注意处理好山城关系,建筑高度不得超过山体高度的 1/3,且原则上不超过 40 m
	外围影响区	建筑高度不得超过山体高度的 1/3,且原则上不超过 80 m
滨水景观廊道	北之江沿岸控制区	滨水控制区内的建筑高度不得超过 24 m
景观望点之间视线廊道	灵山视点等山顶望点,富春江中望点,艺趣水岸等江岸望点,城市望点	根据眺望视线分析结果,对相应空间高度提出具体的管控要求
沿江天际线	北之江沿江天际线	乡村建筑高度一般不应超过 12 m,乡镇建筑一般不应超过 24 m,核心区新建商业商务建筑控制在 60 m 以下

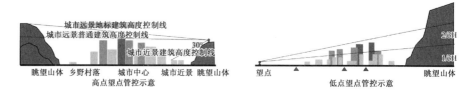

图 3-14 景观望点眺望视线分析

注:H 是指山体高度。

图 3-15 沿江天际线管控示意

(2)未来城市的"山水中庭"

利用本地区原有自西向东的"远山—近山—水岸—洲岛"山水空间序列,在启动区核心构筑"山水中庭"(图 3-16),形成一片集中的开放式绿色空间。同时将文化、教育、体育、休闲等功能植入其中,提升自然景观空间的使用频率,形成一个可赏、可游、可玩的公共活动中心和城市生活客厅。

(3)回归乡野的"田园地景"

结合本地区农田破碎、水网密布的特点,营造"田园地景"(图 3-17)。尽可能保留和延续水田、丘陵、湿地等原有自然地景,将基本农田、水体等转变为景观要素,形成自然景观渗透、城市与农田交融的"田园都市"风貌。呼应创意阶层对田园牧歌、诗意生活的向往,以田园地景渗透都市,让创新生活回归绿色原乡。

图 3-16 "山水中庭"设计示意

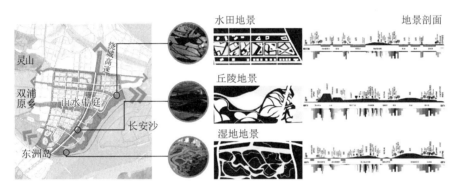

图 3-17 "田园地景"设计示意

5) 艺术创生地,科技试验场

针对创意阶层对自由、开放等城市创新文化氛围的偏好,规划提出打造一系列城市特色公共空间、建设特色"艺术街道"、将科技成果引入公共空间等策略,营造"艺术创生地,科技试验场"的创意体验场景。

(1) 公共空间"文艺触媒"

城市特色公共空间既是展示地区形象的绝佳名片,也是引领地区公共生活的精神象征。在启动区规划布局当代艺术公园、科技主题公园、运动主题公园等高品质城市特色公共空间,形成创新的"文艺触媒"。将特色公共空间的规划设计与城市公共艺术相结合,通过富有艺术品位的标志性建筑、文化景观、装置小品来营造创意文化氛围;引入本地美学创意孵化与实践成果,让城市特色公共空间成为本地艺术的展示平台(图3-18)。

此外,依托城市特色公共空间,策划打造永不落幕的"四季盛会"。借鉴西南偏南音乐节、上海城市空间艺术季等策划经验,结合不同季节特色举办一系列科技、文化、音乐活动,如草地音乐节、科技嘉年华、田园生活

图 3-18 特色公共空间规划

节、游戏动漫展会等,以大型公共事件作为触媒,为启动区集聚人气,以点带面推动地区活力的提升(专栏 3-6、专栏 3-7)。

专栏 3-6　小城奥斯汀:西南偏南音乐节与崛起的"硅山"

2020 年,随着硅谷的"科技大出走",特斯拉公司、甲骨文公司、惠普公司等 39 家科技企业迁入奥斯汀,使得这个得克萨斯州第四大城市"声名鹊起"。事实上,奥斯汀一直是美国最具活力的城市之一,2010—2019 年人口增长了近 25%,被福布斯评选为"最适合年轻职业者的城市"。大批高科技人才和企业的迁入使得奥斯汀成为知名的高新技术中心,因此也被称作"硅山"(Silicon Hill)。而在这背后,奥斯汀更为人所熟知的则是其"世界现场音乐之都"的称号。更准确地说,让年青一代记住并向往奥斯汀的是西南偏南音乐节(SXSW)这一将娱乐和高科技结合的盛会。

1987 年,以先锋、小众、摇滚为核心的第一届 SXSW 召开并大获成功;此后,为了进一步扩大对年轻人的吸引力,SXSW 的内容越来越多元,1994 年引入以新锐导演作品为主的电影节,1995 年又引入科技展环节(即西南偏南互动媒体节);如今的 SXSW 已经成为一场持续 10 天的属于年轻人的狂欢节,各行业均将这里作为与年轻人沟通的媒介。不仅音乐、电影、科技界的名人会参加这一盛会,2016 年时任美国总统的奥巴马以及时任副总统的拜登均在 SXSW 上发表演讲,拉近与年轻一代的距离。此外,很多初创小公司也将 SXSW 视为测试产品的平台。例如,2007 年,刚成立不久的推特(Twitter)公司就是借助 SXSW,使推文的日均阅读量在两日之内从 2 000 人次飙升到了 60 000 人次;2011 年,爱彼迎(Airbnb)度假公寓预订平台借助 SXSW 重新上演了 Twitter 公司的成功。通过音乐这一媒介,奥斯汀成功获取了年轻人的关注,制造了他们对城市的向往感,并最终吸引他们来到城市。奥斯汀商会主席迈克尔·罗林斯曾经说道:"很多人知道奥斯汀都是因为 SXSW,然后才被这里特殊的音乐氛围及生活环境所吸引,决定在此定居。"而正是"SXSW 的存在巩固了奥斯汀的城市品牌——一个创新和伟大思想萌芽的社区"。

专栏 3-7　上海城市空间艺术季

上海城市空间艺术季(SUSAS)于2014年10月由上海市政府批准，其由上海市城市雕塑委员会主办，上海市规划和国土资源管理局、上海市文化广播影视管理局以及当届主展览所在区政府共同承办，每两年举办一届。SUSAS区别于一般展览的最大特点是空间实践与展览的结合。在城市空间艺术季上展出的大批展品就是上海公共艺术最新的实践项目，甚至连主展区本身也是鲜活的实践展品。2015年首届SUSAS的主展区是位于徐汇区的西岸艺术中心，其是由原上海飞机制造厂的厂房改建而成。该建筑现在已经成为上海艺术文化传播的地标，定期承接艺术和设计博览会等各类大型文化艺术时尚活动。2017年第二届SUSAS的主展区是位于浦东新区的民生码头8万t筒仓及周边室内外空间。民生码头旧称英商蓝烟囱码头，曾经是上海港散货装卸码头，为了配合SUSAS的策展需要，启动了第一期的改造工程。2019年第三届SUSAS的主展区选择在杨浦区，以上海船厂旧址地区作为主展馆，以杨浦南段的5.5 km滨水公共空间作为户外公共艺术作品的延伸展场。一批经过修缮的工业老建筑和正在贯通改造的部分滨江岸线均在艺术季期间完成施工并对外开放，以此为契机打造了全新的滨江风貌，同时也展现了杨浦的创新形象。2021年第四届SUSAS的主展区位于长宁区的上生·新所，其既是上海新晋最洋气的时尚地标，也是经典的城市更新案例。通过多样化的城市更新策略，上生·新所为社区提供了喷泉广场、树阵花园、泳池游廊等公共空间，是15分钟社区生活圈构建的鲜活案例。除主展区外，新华社区、曹杨社区2个重点样本社区和其他18个体验社区共同构成了本届艺术季的实践案例展，在全市范围内实景展示打造"15分钟社区生活圈—人民城市"的方法、过程和成果，营造出人人关心、支持和参与社区生活圈建设的良好氛围。

文化创意活动的举办可以有效促进创新交往的发生，而用具有创意设计感的物质空间（创意符号）来承载创意设计的展览作品（创意知识）无疑是空间创意性的最充分体现。当前，上海城市空间艺术季已经成为国际创意交流的重要平台，伦敦、巴塞罗那、汉堡、釜山等多个市政府和国际一线的建筑师、艺术家都已经陆续参展。通过举办"城市空间艺术季"等活动将公共空间的建设改造与文化创意活动相结合，上海实现了打造品牌公共事件、塑造创意空间热点、沉淀大师艺术作品、美化城市公共空间和提升城市创意文化的复合效果。

（2）滨水艺趣长廊

改造北之江滨江岸线，打造展示本地艺术美学的滨水艺趣长廊。北之江滨江岸线是规划区的主要亲水界面，现状除交通型道路外，沿江基本为裸露的原始滩涂。在"艺趣水岸"聚落的详细设计中，通过原有机动车道的慢行化改造，将北之江沿岸的带状空间打造为滨水艺趣长廊，形成创新区居民亲水休闲的重要开敞空间（图3-19）。同时，将滨水艺趣长廊作为本地创意文化的展示窗口，让居民在游憩休闲的同时感受艺术的魅力。例如，结合现有农居布局小型艺术展馆，结合座椅、雨棚等设置艺术展廊，将滩涂设计改造为小型文艺活动广场。

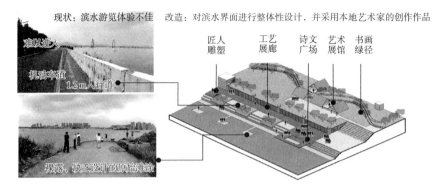

图 3-19 被改造为"艺趣长廊"的滨水岸线

(3) 高颜值"艺术街道"

通过个性、时尚的立面设计和艺术化改造,形成一批富有艺术气息的街道空间和高颜值的都市界面,从而吸引创意群体,激发创新创意灵感。在街道设计改造过程中,应充分发挥本地美学力量,邀请高校教师、设计大师、艺术家等顶尖创意阶层深度参与,协助制定街道美学设计导则,提供技术咨询和专业评审建议,形成公共空间的审美保证(专栏 3-8)。

(4) 未来科技试验场

将街道、广场等公共空间作为"未来科技试验场",率先应用、集中展现未来智慧生活场景(专栏 3-9)。孵化、测试阶段的创新技术(尤其是智慧管理、智慧服务、智慧基础设施等与城市生活密切相关的新技术)可率先应用于其中,使市民在公共空间中即可体验到实验室内的科技革命。例如,结合多媒体与虚拟现实(VR)等技术,搭建线上的"镜像孪生城市",形成与线下生活同步的线上社区;充分利用创新园区优势,谋划智慧交通系统,将无人驾驶、智慧接驳车、智慧停车等创新技术应用于内部交通,建设智慧轨道专线,以实现与高铁站、机场的直连直通。

专栏 3-8 同济大学设计创意学院参与"四平空间创生行动"

"四平空间创生行动"(OYS)是由上海市杨浦区四平路街道联合同济大学设计创意学院启动的社区"微更新"项目,其以社区公共空间的改造作为切入点,通过墙面涂鸦、互动灯光、景观雕塑、公共座椅等的设计,将老旧小区打造为处处充满艺术气息的街区。自 2015 年首次启动以来,OYS 成为一年一度的常设项目,每一季均有不同的主题和创意设计对象。在项目实施过程中,由街道政府提供实施场地、建设经费,并且为创意设计师和公众搭建沟通桥梁;以同济大学设计创意学院为主(牵头方)的创意设计团队负责创新合作网络的搭建,以及创意方案的输出;公众在营建过程中充分表达意见,与创意设计团队共同完善设计方案,因此也成为验收设计方案的主体。截至 2018 年底,OYS 在街道保留下了 11 个公共空间、40 余处微创意、数个创意集市①(专栏图 3-8-1),在优化社区环境、提升社区空间创意品位的同时,增强了社区对于创新人群生活和工作的吸引力,激发了社区新经济的生长。

专栏图 3-8-1　OYS部分微工程分布

专栏 3-9　波士顿南湾创新区将公共空间改造为"实验室"

　　波士顿于2010年启动"创新波士顿"战略,南湾创新区是这一战略的重要组成部分。在创新区的建设过程中,南湾按照城市作为引领者的理念,主动把道路、广场、绿地等公共设施转变为"实验室",为检验测试清洁能源、居民参与、交通和公共基础设施等领域的创新技术提供了实践场景,让城市成为创新的第一现场。其中,最负盛名的是D街草坪(The Lawn on D)广场。设计团队通过修建交互式的设施,不仅在广场中加入了演艺、会展、游戏、体育等非常现代化的元素,而且融合了先进的科技手段,让人们在休闲之余也能拥有沉浸科技的体验。

3.4.4　概念性空间设计:建设有机复合、弹性适应的宜居宜业新社区

　　为与宜居生活场景、活动交往场景、创意体验场景三类创新场景相适应,在整体空间组织方面,启动区自下而上分别由"混合单元""定制聚落""蔓藤组团"三个层次构成(图 3-20)。

　　1) 混合单元

　　创意阶层等新社会阶层弹性化的工作与生活方式,使得城市各个组团的功能与空间组织同步呈现出多元复合的特征。在此背景下,不同功能空间在同一地块内部相互交织渗透,甚至各种功能与活动在同一建筑空间内相互交叠成为"常态"。基于此,规划将布局紧凑、功能高度复合的混合单元作为构成创新区的基本细胞单元。混合单元的尺度由居民出行的时间长度和空间距离决定,以5分钟步行可达范围为标准,再参考传统里坊的尺度规模,最终确定其边长在400 m到500 m之间。在原

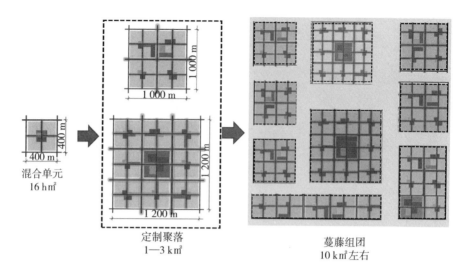

图 3-20　混合单元—定制聚落—蔓藤组团的空间结构示意

型单元内,可赋予多样化的功能、空间形态与风貌特色,营造丰富多元的场景体验(图 3-21)。

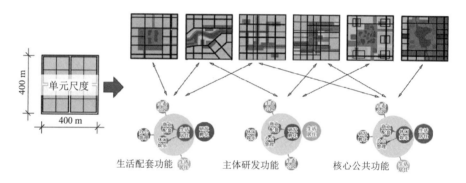

图 3-21　混合单元的概念性示意

2) 定制聚落

定制聚落是由一个或多个混合单元组合而成,并且有鲜明主题与风格特质的开放街区(图 3-22)。随着基于共同兴趣爱好的"社群聚集"成为创意阶层的重要聚集方式,面向不同社群的"空间聚落"将取代传统的居住社区成为未来创新区空间组织的另一种可能。参考城市开放街区和传统居住社区的规模,定制聚落的边长宜控制在 800 m 到 1 200 m 之间(对应的通勤时间约为步行 15 分钟或骑行 10 分钟),从而使其空间尺度符合低碳、宜人的绿色出行需求。定制聚落的公共服务则应重点突出"定制化"特点,根据其主流人群和主导功能的不同,针对性地布置高品质的科研、办公、文化、休闲等设施,满足社群个性化的工作、休闲和社交需求。

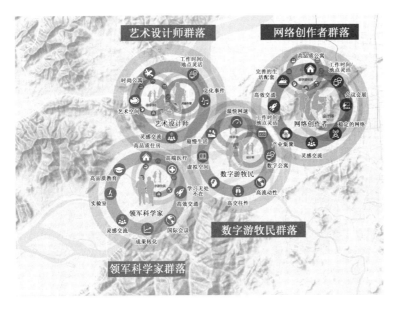

图 3-22　定制聚落的概念性示意

3) 蔓藤组团

借鉴"蔓藤城市"理念[①]（王建国，2017；崔愷等，2016），启动区未来的城市空间形态在总体布局上应以区域生态条件、资源环境约束为基础，在规划中应尽可能保留原有的农田、水系等自然基底，通过交通等基础设施联结多个空间聚落，从而使人工建设的定制聚落、混合单元以镶嵌的方式有机融于大自然本底之中，构筑生产空间集约高效、生活空间宜居适度、生态空间山清水秀的城市空间体系，最终形成尊重自然、顺应自然，城乡共生共荣、有机生长的"生命共同体"（张京祥等，2020）。

从"混合单元""定制聚落"到"蔓藤组团"，未来创新区的空间形态必将超越传统的产业园区模式，向更为有机、灵动、弹性的方向发展。由于创新和城市发展本身的不确定性，这一发展的结果同样存在着众多可能，空间规划也难以通过"蓝图"形式对其进行固定、精准地表达。可以肯定的是，相比于传统规划在图板上所描绘的"冰冷"蓝图，真正在城市空间内上演的、围绕创新的各类场景，反而更与人的感受和体验息息相关。因此，三江汇未来城市启动区的规划设计并不追求提供一种能够保证创新成功的终极空间方案，而是试图通过多种创新场景的塑造，尽可能提高创新的持续性与可能性，共同形成一个创新活跃、灵感迸发的生态系统，打造创新的"热带雨林"（图 3-23）。总而言之，笔者认为在面向城市创新发展的新趋势时，只有深刻洞察与把握"创新人"对城市空间的新需求，并采取与之相应的空间组织模式，才能真正创造出适合创新活动蓬勃发展的有力空间。

图 3-23 启动区规划概念性总平面

第 3 章注释

① 问卷结果来源于 2020 年 7 月对南京市江北新区研创园创新创业人群空间需求的调查问卷,共发放问卷 40 份,其中回收有效问卷 36 份。

② 参见李忠:《创新更新 赋能城市——迎接城市更新 2.0 时代》,"华高莱斯"公众号,2018 年 12 月 30 日。

③ 之江国家旅游度假区是首批国家级旅游度假区之一,拥有宋城、未来世界、杭州西湖国际高尔夫球场等主题项目,是杭州知名的旅游目的地;湘湖旅游度假区总规划面积达 35 km²,于 2006 年开放,因风景秀丽而被誉为杭州西湖的"姊妹湖";蓝城·杭州双浦原乡是由蓝城集团投资建设的大型生态观光型农业科技园,集农业科技研究、农业产品推广展示、市民农业观光休闲于一体,总占地约 5 000 亩（3.33 km²）,包含天堂花海、市民农园、实验田园、湿地菜园、农科专家工作室等体验和参观项目。

④ 白马湖生态创意城多次成功举办中国国际动漫节、杭州文化创意产业博览会等大型展会,有华数传媒网络有限公司、中南卡通股份有限公司、瑞德设计股份有限公司、电魂网络科技股份有限公司等数百家文化创意企业入驻,建有"中国动漫博物馆",拥有较高的业界知名度。中国网络作家村位于滨江区孔家里,知名网络文学作家唐家三少担任"村长",由承担网络作家孵化功能的"天马苑"和作为知名网络作家创作工作室的农居 SOHO"神仙居"共同组成,涉足作品创作、改编、项目孵化、版权交易、影视动漫等众多产业环节。截至 2020 年底,已有 179 名创作者入驻中国网络作家村。

⑤ 问卷结果来源于 2021 年 1 月对中国网络作家村入驻作家空间行为与需求的调查问卷,问卷通过网络作家村负责人向作家微信群发放。

⑥ 数据来源于对字节跳动科技有限公司技术中台员工的访谈。

⑦ "依辉"是第一位来到大李村的手艺人,2012年其在村内创立了"道无形"手工馆,吸引了10余位民间艺人。
⑧ 参见《武汉东湖大李村——从"吃生态亏"到"吃生态饭"》,《湖北日报》,2020年10月23日。
⑨ 参见《十多年223个项目落地,小社区如何借力大设计》,《洋浦时报》,2018年12月10日。
⑩ "蔓藤城市"的设计理念由崔愷院士提出,他建议城市采取组团式的规划结构,使城市发展融入风景、保护田园,强调城市发展的过程犹如植物藤蔓生长一样根植于当地生态环境、传承地域文化;王建国院士认为"蔓藤城市"并非简单的国际田园城市模式,而是基于在地性的中国城镇有机发展模式。

4 从标准统一到量体裁衣：探索适应创新企业需求的土地供给方式

> 产业革命以来，产业生产始终存在两种范式：一是从手工业作坊开始的那些"量体裁衣"、根据顾客需求定制的灵活的生产（柔性生产）；二是在工厂制以后发展起来的大批量标准化的生产。这两种生产此起彼落、此消彼长。
>
> ——迈克尔·皮奥里和查尔斯·萨贝尔《第二次产业分工：走向繁荣的可能性》

产业用地的供给与治理是推动城市创新发展的一种主动干预手段，在经济形态与城市空间的全新互动逻辑下，如何通过土地供给侧改革，提升产业用地供给体系、治理方式与创新企业发展需求间的适配性，从而形成"需求牵引供给、供给创造需求的更高水平动态平衡"，是关乎城市创新发展成功的关键。

4.1 面向传统企业的土地供给：以"标准"为导向

伴随着经济体制从计划经济向市场经济的转变，我国城市工业用地的供应制度也在不断地调整、完善，总体经历了从"无偿、无限期、无流动"到"有偿、有限期、有流动"的转变过程（楼佳俊等，2017）。在2007年之前，工业用地在土地管理的顶层制度设计中被界定为非经营性用地，地方政府可以通过协议出让的方式，将工业用地低价格、大规模地出让给企业（唐焱等，2012）。地方政府通过"多通一平"等高投入的方式将荒地变"熟"，再通过低地价创造出丰厚的工业用地"地租价差"，成为刺激、吸引企业投资和扩大再生产的重要治理手段。而随着工业用地粗放使用、过度供给等问题的暴露，2006年《国务院关于加强土地宏观调控有关问题的通知》中明确规定，从2007年1月1日起将工业用地纳入市场化配置范围，一律实行招标、拍卖、挂牌（即"招拍挂"）的出让方式。但总体而言，无论是行政划拨、协议出让还是"招拍挂"出让，我国的工业用地供应始终因循"无差别"的"标准化"模式。

具体而言，这种"标准化"的土地供给方式主要体现在用地性质、出让年期和价格三个方面。从用地性质来看，工业用地（M）上仅允许建设以产品的生产、制造等活动为主导功能的工业厂房和少量配套服务设施。以

2004年国土资源部发布和实施的《工业项目建设用地控制指标(试行)》为例,其提出"工业项目所需行政办公及生活服务设施用地面积不得超过工业项目总用地面积的7%"。虽然允许工业用地上建设一定比例的行政办公及生活服务设施,但7%的配建是一种满足基本生活需求的土地供给思维。从出让年期来看,早在1990年国务院颁布的《中华人民共和国城镇国有土地使用权出让和转让暂行条例》中,即明确规定工业用地使用权出让的最高年限为50年,然而在实际操作中由于招商引资环节存在激烈的地区竞争,因此片面追求经济增长的地方政府在地区博弈中存在一个"竞次"(Race to the Bottom)的占优策略①(王贺嘉等,2013)。而对于企业而言,土地作为固定资产,不仅可以进行抵押贷款以扩大资本运作空间,而且存在未来升值套现的寻租可能,因此普遍倾向于选择更大面积、更高出让年期的工业用地。在上述因素的共同作用下,为吸引企业入驻,地方政府在与企业的博弈过程中普遍采用"一刀切"的最高年期(即50年)出让。从出让价格来看,虽然工业用地的出让过程逐步的市场化和规范化,土地管理部门也通过工业用地出让最低价标准等相关规定来提高工业用地的地价回报,但由于工业化是城市经济发展的主要动力,而工业用地的供给则是保障城市产业持续发展、经济稳定增长的关键,因此在具体的工业用地出让环节中地方政府实行"竞次"出让的治理倾向并没有改变,表现为工业用地实际基本均以各地规定的最低价标准进行出让。

4.2 量体裁衣:集聚创新企业的制度设计

4.2.1 创新企业:作为创新产业化的关键主体

创新企业的概念是创新经济理论与企业理论的结合与衍生,彼得·德鲁克(2002)在《创新与创业精神》一书中提出了"创业型经济"的概念,将其定义为由大量创新型、成长型中小企业为主要支撑的经济形态,认为"创新企业是美国经济发展的主要动力"。当前已有众多学者围绕企业的创新行为特征展开了丰富的讨论。虽然相关研究尚未对创新企业形成统一具体的概念界定,但都是以具备创新能力、从事创新行为作为创新企业的基本标准(张海波等,2013),其中,以美国经济学家拉佐尼克对创新企业概念的界定影响最为突出。拉佐尼克(Lazonick,2005,2010)在继承了美国企业理论学者钱德勒对企业行为分类的基础上,重点研究了创新企业的行为规律,也就是企业如何从战略、组织和财务方面支持创新过程的实现,并提出创新企业与一般企业的区分标准,即源于新古典经济学的企业理论,往往假设企业在既定的技术和市场条件下以"利润最大化"为基本出发点,基于这种假设的研究是针对"最优化企业"(Optimizing Firm)而非"创新企业"(Innovative Enterprise)。最优化企业是在技术能力、市场价格约束下寻求利润最大化的企业;而创新企业则是致力于不断改进技术和市场条件,通过持续学习和培养创新能力来获得长期竞争优势,以更低的价格或更高质量的产品来和其他企业形成差异,体现出创新支撑下的更高绩效。

经典的创新经济学理论特别强调创新的市场化过程,也就是创新必须能够创造出新的市场价值,不能应用(产业化)的发明创造就不能被称为创新(Schumpeter,1942)。在封闭式创新时代,企业是创新的唯一主体,因而,早期的创新经济学研究主要集中于对创新企业的研究;随着开放式创新范式的确立,创新型经济的构成主体日益丰富,但企业仍然是创新产业化的关键:一方面,企业最接近市场,创新企业进入激烈的竞争市场并利用内部能力鉴别市场,不断在市场营销中取胜(王缉慈等,2019),是创新产业化、创新价值实现的必由主体;另一方面,创新企业拥有市场资源、资本积累、生产经验等优势,在创新合作、创新孵化等创新活动中同样承担着不可替代的作用。

4.2.2 适应创新企业需求的土地供给:遵循创新企业的变革本质

创新企业是创新产业化的关键主体,创新行为在城市空间中锚定的本质,是创新企业在适配的土地制度下占有具体空间并建立企业本地化联系的过程。由于脱胎于产业经济的创新行为具有明显的营利趋向特征,因此创新的产生不是各类生产要素在空间上不计成本的集聚投入,而是资本、技术、人才、市场经过"以足投票"和制度吸引,从而在特定时间、空间所形成的或然性结果(张鸣哲等,2019)。如果城市没有为创新企业提供适配的锚点(Anchoring)与制度黏性(Institution Stickiness),创新并不会必然与某一地理空间建立起对应的生产关系。对于一个具体的城市而言,尽管创新企业最终的空间选择要考虑诸多方面的因素,但是毫无疑问,创新企业在城市中的空间锚定,在很大程度上是创新企业空间使用需求与土地租金之间的博弈,并最终达成土地使用成本最低、营利期望最高的寻租过程。而理解创新企业的寻租行为,首先需要理解创新企业的空间需求偏好。前文已经提及,"建立新的生产函数""实现创造性破坏"等变革的本质是界定创新企业的共识性标准,无论是渐进性的还是颠覆性的,创新企业都需要持续保持内在的变革特征。创新企业个体的小变革,又将引发与之相关的企业群落的大变革,并最终反馈为密集调整、充满变化的产业发展状态。理解变革、拥抱变革是认知创新企业与创新型经济的基本前提,相应地,空间规划也应当给予创新发展更加开放的用地制度环境与更为适配的土地供给方式,以便更好地提升中国城市发展的核心竞争力。

综上所述,创新企业的寻租与城市用地的供给是一个相辅相成的过程,创新企业根据其可承受的土地租金、自身的行为偏好展开寻租;而城市政府则一方面通过土地用途管制为其提供适配的土地性质与地租价格,另一方面则通过创新扶持政策,给予创新企业一定的政策支持与偏扶,以其他形式来降低其地租成本。在这一过程中,创新扶持政策大多是"附着"在土地出让及其规划管制条件之上的,如土地使用的兼容许可、降低企业纳税、初创企业贷款等,只有企业在城市中获取用地、开展经营、发展创新产业,才能享受到这些扶持政策。在面向创新企业的用地环境中,传统的"标准化"土地供给方式难以适应创新企业个性化的用地需求,与激发创新、增强城市竞争力的城市发展目标不符,这种供需间的错配不仅体现在单一性质的工业用地无法实现研发、生产、销售等各类活动在同一空间内的高度融合,而且体现在逐渐缩短的产品和企业生命周期催生了对更加灵活多样的土地使用年期的需要。如此一来,以往地方政府通常采取的"一次性、长年期"的工业用地供应方式给"成本敏感"的创新企业带来了较大的经济负担,再加上用地出让年期与企业生命周期不符,导致了大量工业用地的闲置、低效利用。据统计,2014 年我国低效利用的城镇工矿用地面积高达 5 000 km^2,占全国城市建成区面积的 11%[②]。正因为如此,改革创新现行的工业用地供应制度势在必行,国家层面也极为关注并积极开展了与之相关的政策创新。

2014 年,国土资源部出台《节约集约利用土地规定》,允许"对不同用途高度关联、需要整体规划建设、确实难以分割供应的综合用途建设项目用地,市、县国土资源主管部门可以按照一宗土地实行整体出让供应",并强调"市、县国土资源主管部门可以采取先出租后出让、在法定最高年期内实行缩短出让年期等方式出让土地";2015 年,《国土资源部 发展改革委 科技部 工业和信息化部 住房城乡建设部 商务部关于支持新产业新业态发展促进大众创业万众创新用地的意见》印发,要求"城乡规划主管部门在符合控制性详细规划的前提下,按照用途相近、功能兼容、互无干扰、基础设施共享的原则,会同发展改革、国土资源主管部门,根据当地实际,研究制定有助于新产业、新业态发展的兼容性地类和相关控制指标",并提出"鼓励以租赁等多种方式向中小企业供应土地""积极推行先租后让、租让结合供应方式";2020 年,《中共中央 国务院关于构建更加完善的要素市场化配置体制机制的意见》又明确提出"健全长期租赁、先租后让、弹性年期供应、作价出资(入股)等工业用地市场供应体系""在符合国土空间规划和用途管制要求前提下,调整完善产业用地政策,创新使用方式,推动不同产业用地类型合理转换,探索增加混合产业用地供给"。

4.2.3 量体裁衣的空间供给与治理内涵

创新企业发展环境与自身发展的不确定性、生产经营与功能组织的灵活性等新特点,均对空间提出了新的要求。正如前文所述,变革的创新企业及其空间易变性,使得新一代创新企业对城市空间的利用形式更加"灵活与自由",而这种"灵活与自由"也将具体体现在土地利用中的诸多环节。一方面,新兴技术的快速变革促使企业和产品的生命周期逐渐缩短,创新企业的土地使用年期开始更加弹性、多元;另一方面,研发、生产、销售等各类活动的密切关联,使得创新企业对于空间功能多样性的要求更高,并展现出产业活动与生活居住、商业服务等功能的高度融合(曾堃等,2017)。同时,由于创新企业多具有高风险性和不确定性,许多企业在发展的初期阶段均面临资金紧张、拿地困难等问题。在各地方政府积极进取、开展"创新锦标赛"的政策环境下,针对创新企业的上述用地需求,为企业提供"度身定制"的产业用地,进而实现创新企业的锚定、增加创新原发的可能性,无疑是帮助地方政府在"创新锦标赛"中占据先机的有效手段。正是基于这一空间供给与治理思路,当前许多发达省市(如广东、浙江、上海)均发布了多个创新型经济导向的土地政策文件[③](表 4-1),并设计出涵盖准入、出让、监管等内容的新型产业用地(Ma、M0、M 创等)供应与管理体系(卢弘旻等,2020)。

表 4-1 国内部分城市出台的新型产业用地政策(截至 2021 年 12 月)

城市	时间	政策文件
南京	2013 年 1 月	《关于进一步规范工业及科技研发用地管理的意见》
	2018 年 2 月	《南京市关于创新名城建设土地保障政策实施办法(试行)》
	2021 年 1 月	《关于促进产业用地高质量利用的实施方案》
	2021 年 3 月	《南京市空间要素保障创新计划和若干配套政策》
杭州	2014 年 1 月	《杭州市人民政府办公厅关于规范创新型产业用地管理的实施意见(试行)》
	2019 年 8 月	《杭州市人民政府办公厅关于进一步规范全市创新型产业用地管理的意见》
上海	2016 年 3 月	《关于加强本市工业用地出让管理的若干规定》
	2019 年 11 月	《中国(上海)自由贸易试验区临港新片区管理委员会关于支持临港新片区园区平台提升创新服务能力工作的实施意见》
福州	2017 年 8 月	《福州市人民政府关于创新型产业用地管理的实施意见(试行)》
东莞	2018 年 9 月	《东莞市新型产业用地(M0)管理暂行办法》
	2020 年 9 月	《关于完善东莞市新型产业用地(M0)项目管理的补充规定》
郑州	2018 年 12 月	《郑州市人民政府关于高新技术产业开发区新型产业用地试点的实施意见》
	2019 年 3 月	《郑州市人民政府关于新型工业用地管理的实施意见(试行)》
广州	2019 年 3 月	《广州市提高工业用地利用效率实施办法》
	2020 年 4 月	《广州市新型产业用地(M0)准入退出实施指引(试行)》
深圳	2019 年 3 月	《深圳市工业及其他产业用地供应管理办法》

续表 4-1

城市	时间	政策文件
佛山（顺德）	2019 年 3 月	《顺德区村级工业园升级改造新型产业及综合型产业用地管理暂行办法（试行）》
济南	2019 年 3 月	《济南市人民政府办公厅关于支持新型产业发展用地的意见（暂行）》
济南	2021 年 3 月	《济南市人民政府办公厅关于支持新型产业发展用地的意见（暂行）》
苏州（昆山）	2019 年 7 月	《昆山市科创产业用地（Ma）管理办法（试行）》
苏州（昆山）	2019 年 12 月	《昆山市科创产业用地（Ma）项目资格准入和管理实施细则（试行）》
贵阳	2019 年 7 月	《贵阳市新型产业用地管理暂行办法》
贵阳	2021 年 9 月	《贵阳国家高新区新型产业用地项目实施管理办法》
无锡	2019 年 8 月	《关于调整市区科研设计用地和商业用地出让政策的通知》
成都	2020 年 4 月	《成都市人民政府办公厅关于加强新型产业用地（M0）管理的指导意见》
成都	2021 年 2 月	《成都市人民政府办公厅关于加强科研设计用地（A36）管理的指导意见》
青岛	2020 年 5 月	《青岛市自然资源和规划局关于加强新型产业规划用地管理的通知（试行）》
宁波	2020 年 8 月	《宁波甬江科创大走廊创新型产业用地（M0）管理办法（试行）》
武汉	2020 年 12 月	《武汉市人民政府关于支持开发区新型工业用地（M0）发展的意见》
武汉	2021 年 3 月	《关于开发区新型工业用地（M0）项目管理实施细则（试行）》
天津（滨海新区）	2020 年 11 月	《关于支持新型产业用地高效复合利用暂行办法》
重庆	2021 年 10 月	《重庆市规划和自然资源局 重庆市科学技术局 重庆市经济和信息化委员会关于加强中心城区新型产业用地（M0）管理的指导意见（试行）》
沈阳	2021 年 7 月	《关于支持创新型产业用地发展的实施意见》

从企业落地运营的全生命周期来看，其在城市空间中的土地占有过程至少需要经历产业招商、用地供应、项目建设、投产运行、停产退出（用地限制）五个阶段，因此，面向创新企业需求的土地供给方式同样需要聚焦招商立项、用地供应、开发利用、存量更新等环节，通过整体性改良思维予以系统破解。这也决定了产业用地的供应绝非"供出即可"，为实现"量体裁衣式"的精细化用地供应与管理，需要围绕供前、供时、供后等产业用地供给"全生命周期"的各个环节，分别提出相应的产业用地供给与治理策略，这也应该是现有土地供给方式改革创新的核心要义。

4.3 针对四个环节的土地供给逻辑

4.3.1 招商立项环节:精准识别企业的创新潜力

中国实施了最为严厉的耕地保护政策,土地资源的有限性决定了以往依托建设用地扩张的城市发展模式不可持续。在国家严控新增建设用地指标的形势下,如何将有限的土地资源投入到真正为创新发展服务的企业主体,更好地为优质创新企业提供相应的承载空间,是城市政府需要直面的首要难题。这就要求地方政府部门在招商立项环节即重视对企业创新潜力的识别,通过创新企业(项目)的认定来锁定吸引的目标对象。这一治理逻辑的核心在于遴选负责任的、有发展前景的、创新价值高的企业,继而为地方政府的"定向供地"提供可操作的前提。通过类似开发主体筛选的形式,创新企业的认定成为企业申请用地、参与竞价的门槛,继而保证了土地资源的精准投放,帮助实现以地招商、以商定地、优商特供。以宁波甬江科创大走廊为例,《宁波甬江科创大走廊创新型产业用地(M0)管理办法(试行)》第二章详细描述了项目准入制度,其中第五条、第六条分述了创新型产业用地(M0)的负面清单与正面清单,并辅以严格的项目准入审查流程。

相比于工业企业,创新企业的认定具有更大的难度。例如,对于一些已经集团化的成熟创新企业而言,其下属有众多的分支机构,地方政府需要辨别引进项目或分支机构是否属于企业的创新环节,筛选和排除一般性的生产或生产性服务环节。对于一些初创的企业而言,其发展的不确定性将会造成鉴别难度。因此,创新企业的识别往往需要结合多条线索进行综合判断(对此第4.4.1节将予以详细阐述),主要考虑以下因素:①行业类型。虽然创新企业并不局限于特定的行业类型,但是确实存在创新企业相对富集的行业,例如,工业设计行业、咨询行业等生产性服务业,与当今科技周期紧密结合的一些行业(如新一代信息技术、生命科技、人工智能等)。②资源利用效率、科研成果等创新性指标。一旦创新企业脱离孵化阶段,其对于包括空间在内的各种自然资源的利用绩效往往较一般企业更高,尤其是一些技术型企业通常具备创新技术、项目的专业认证。总体而言,创新企业(项目)的认定是一项复杂工程,充分考验着地方政府的治理能力,理想情况下应该由专门的政府组织和专业的评估团队协作完成。

4.3.2 用地供应环节:聚焦创新企业的用地规律

与传统制造型企业显著不同,位居产业链中上游环节的创新企业已经实现了由劳动密集向技术密集的转化,企业将从重资产、高投资需求的负担中解脱出来,逸出的资本则倾向于向产业高级化的方向进行投资,以谋求自身生产水平的迭代。由于技术研发、产品改进等创新相关的环节需要大量的资本投入，相对较轻的资产运行方式成为创新企业的首选。尤其对于处在初生期的创新企业而言，用地成本更是企业成长的关键制约因素。与此同时，从创意或科学研究到产业化的过程，需要跨越被称作"死亡峡谷"或"达尔文之海"（Darwinian Sea）的巨大阻碍，使得创新企业从初生到成长、成熟通常具有极大的风险，仅有少数创新企业能够真正成功地占据市场份额，大多数企业都会在成长过程中逐渐被淘汰。此外，诸多研究表明企业生命周期存在着行业、规模间的差异，从行业类型来看，由于不同行业之间的生产工艺存在差别，其投资、建设、生产等时间也不同；而技术研发能力和技术更新速度的不同，也会造成企业生命周期在不同行业间存在差异。从企业规模来看，一般而言企业生命周期与企业规模呈正相关，即企业规模越大，企业生命周期越长。这可能是因为大型企业一般投资较大，建设周期长，企业在制定战略时较为谨慎，抵御市场风险的能力相对较强，因此生命周期相对较长；而如果企业规模小，尤其是投资相对较低的微型企业，经营能力和抵御市场风险的能力都相对较低，所以生命周期相对较短（谢文婷等，2021）。

基于上述原因，以往通常采用的一次性供应50年工业用地的土地出让方式，既不符合市场经济的发展规律，也不符合创新企业的用地需求，同时还增加了企业的生产成本，更难以满足差别化和精细化土地管理的要求。正是因为如此，当前地方政府开始提出工业用地可结合不同的供应年限采用弹性年期出让、先租后让与租让结合、租赁等方式予以供应。以广泛推广的弹性年期出让为例，这一政策已经让部分创新企业受益，如2017年深圳市平湖金融与现代服务业基地集中挂牌出让了5宗新型产业用地，其中一宗用地面积为4 186 m^{2}的土地的出让年期为20年，评估出让底价约6 000万元，比此前出让模式底价便宜了近3/4[④]。但需要注意的是，现行工业用地供应制度的改革创新涉及土地开发建设的方方面面，离不开相关配套政策体系的密切配合，需要形成整体性、系统化的制度改良思路。以土地租赁为例，与出让形式相比，由于租赁权不是一种物权，其在报建、抵押融资等环节将会受到掣肘，因此，为了提高企业租赁工业用地的积极性，广东等省份已经相继明确在租赁期内，地上建筑物、构筑物及其附属设施可以转租和抵押，以保证相应的制度创新能够真正落地见效。

4.3.3 开发利用环节：满足企业的多元用地需求

传统福特制的生产组织通过对装配线上工人的严格管理，使其快速地、无休止地、机械地重复着专业化的大批量生产任务（王缉慈等，2019）。福特制的生产组织模式是有效率的，但是装配线和装配线上的工人均是刚性的，因此企业对于空间的需求也是标准统一的。这种标准化的生产组织模式与空间利用方式无法以不变应万变，将来只能付出较高的产品、产业调整成本。正如工业化与创新驱动在内涵上的本质差异一样，创新企业与惯常采用福特制生产的工业企业是两种判断标准截然不同的市场主体，创新企业开展创新活动的诉求也与工业生产有着巨大差别。

例如，生物医药企业不仅需要为研发提供无菌、常温的实验室，一些从事医疗设备研发的生物医药企业也需要配备用于医疗设备装配、检测和存储的生产车间。位于南京经济技术开发区红枫科技园的仁迈生物科技有限公司，是一家专注于即时检测（POCT）创新平台及特色试剂研发、生产和销售的生物医药企业，调研中发现该企业在同一楼层内即实现了办公、研发、制造等多种功能的融合；而针对大型药企（如南京江宁高新区的奥赛康药业有限公司、金斯瑞生物科技股份有限公司、正大天晴药业集团股份有限公司等制药企业）的调研结果表明，其对于高标准动物实验室、原料药生产和存储等多种功能空间均具有一定需求。

与之类似，集成电路相关企业也是一种融合制造业的研发生产型创新企业，在空间布局时需要考虑配备一定规模的装配车间。例如，同样位于南京经济技术开发区红枫科技园的晶能半导体科技有限公司虽然是一家科技型企业，但园区为其在办公楼宇的首层提供了层高为13 m的标准车间，以满足其空间使用需求；而有些企业虽然并不直接从事设备的生产制造，仅为服务商提供完成生产的工业流程解决方案［如位于南京麒麟科技创新园的美氪智能制造（江苏）有限公司，其主要为工业制造类企业提供工业自动控制系统装置设计、人工智能行业应用系统集成等服务］，但这些企业除了日常的商务办公空间外，同样需要工业样机的组装与存储空间（零部件一般为代工生产，企业负责样机的组装与调试）。此外，创新企业在不同发展阶段也会有不同的空间需求。一般而言，处于初创期的创新企业倾向于低成本、多功能、自由灵活的"灰色空间"（以众创空间为代表）；处于成长期的创新企业则倾向于专业化、规模化、集聚扩张的"正规空间"（以创新园区为代表）；而处于成熟期的创新企业则更多地倾向于承载企业总部功能和品牌形象的"优质空间"（以创新总部为代表）（表4-2）。

表4-2 处于不同发展阶段创新企业的空间需求

企业发展阶段	初创期	成长期	成熟期
空间需求	低成本、多功能、自由灵活的"灰色空间"	专业化、规模化、集聚扩张的"正规空间"	承载企业总部功能和品牌形象的"优质空间"
典型空间	众创空间	创新园区	创新总部
代表案例	创业咖啡馆	哥本哈根科技城	亚马逊总部

可以看到，无论是从企业类型来看还是从企业规模来看，不同创新企业的空间需求均存在显著差异，这就要求在开发利用环节能够释放一定的

功能弹性,以满足企业差异化的空间需求。也正因为如此,诸多学者认为,现状单一功能产业园区开发的模式并不能从空间上引导产业向高级化发展,而仅能促进其向规模化的方向发展(朱华友等,2015)。基于上述判断,为适应创新企业的多元用地需求,城市政府需要沿着更加弹性与开放的土地供给思路,通过为创新企业提供与其功能需求相适配的空间,促进创新企业的集聚和发展。

4.3.4 存量更新环节:把握企业创新的多元路径

创新的类型较为多元,不仅有技术门槛较高的研发创新,而且有类型丰富的非研发创新(专栏4-1),而企业内外条件的变化可能导致原有创新性的丧失,也可能重塑企业的创新性。基于这一理论启示,可以判断城市集聚创新企业的路径并非囿于单一源头,集聚创新企业既可能是吸引增量创新企业的过程,也可能是激发存量企业创新能力的过程,因此,把握创新的多元路径,是地方政府通过土地供给方式调整、推动存量企业创新升级的治理前提。政府应该充分看到传统企业在创新升级方面的潜力,激励和倒逼企业根据自身所处的行业类型、经营基础寻求合适的创新路径。针对城市的存量企业,地方政府一方面应该鼓励资金实力和技术储备能力较强的企业加强研发投入,通过扩容或并购研发机构的方式提升自主创新能力,形成研发创新驱动力;另一方面需要重塑存量企业的创新性(或称之为存量升级的路径),积极支持企业量力而行地进行非研发创新活动,包括技术和知识采用、反求工程与模仿创新、集成创新、市场创新等等(郑刚等,2014;Evangelista et al.,2006;仝允桓等,1998;经济合作与发展组织,2004)。不过,由于非研发创新的增效持续时间相对较短,企业往往需要高频率的创新行动来维持在行业中的创新性和领先地位;相应地,能够有效推动企业非研发创新的治理方式,往往也应该是高频、持续且动态变化的。

> 专栏4-1 创新类型的二分法:研发创新与非研发创新的区别
>
> 研发创新的特征是创新的资金和技术门槛相对较高,创新孕育和领先效应的持续时间都比较长,不易被赶超,创新所带来的变化往往是颠覆式的。相反,非研发创新的特征是资金和技术门槛相对较低,创新孕育和领先效应的持续时间都比较短,较易被模仿和赶超,创新所带来的变化往往是渐进式的。非研发创新依托的是企业(或企业家)现有的知识储备或者外部支援,并不通过企业内部系统化的研发活动来实现(专栏图4-1-1)。
>
> 研发创新与非研发创新是相互依存又截然不同的创新类型。在宏观经济的发展过程中,非研发创新往往是基于研发创新的运用,呈现研发与非研发的螺旋式互动。通常认为,两类创新的相互配合最有利于企业的创新发展,但是事实上,不同业务特点、规模的企业以及在企业的不同发展阶段,迫切需要和能够实现的创新侧重

点均会有所不同。值得一提的是,虽然服务业领域的非研发创新现象更为普遍,但创新类型与产业类型并不对应。例如,信息产业的研发创新部分就是算法架构;而制造业的非研发创新过程就是物联网运用等。相比于显示度较高、早已经形成广泛共识的研发创新,非研发创新在近年才开始受到重视。由于不需要高额和系统的研发投入,非研发创新被认为是传统中小企业实现创新升级的重要途径(杨桂菊等,2015)。2007年针对欧盟27个国家的"创新晴雨表调查"(Innobarometer)显示,有一半左右企业的创新活动是基于非研发(Non-R&D)的(Arundel et al.,2008)。在"传统"(发展历史悠久、产业门类出现较早)企业中,经常被提及的"工匠精神""隐形冠军"⑤均与非研发创新紧密相关。需要注意的是,在逆向创新浪潮中,非研发创新是后发企业和后发国家实现弯道超车的主要起步方式(徐雨森等,2016),当前中国的互联网企业就主要是以非研发创新见长(李舒等,2017)。

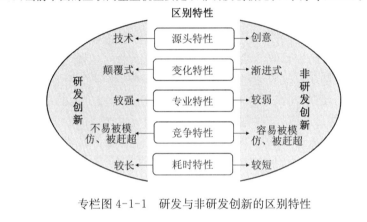

专栏图 4-1-1　研发与非研发创新的区别特性

此外,随着城市功能的创新转型,城市空间的功能和品质将不断向更加国际化、高端化的方向发展。与之相对应的是,原有城市旧区中的许多破旧空间将不可避免地被淘汰,而利用存量空间不仅能够有效支撑创新企业落地,减少土地资源的占用与浪费,同时在创新活动回归都市的趋势下还可以满足老城复兴的需求,可谓一个多赢的过程。有鉴于此,支持促进持续创新的存量空间盘活方式,是土地供给方式的重要改良方向。在这一过程中,地方政府的治理重点是通过鼓励多元主体参与的方式推进低效土地的利用,促进园区功能的创新升级;依托用地创新绩效考核的方式,挖掘存量企业创新潜力,促使存量企业克服路径依赖的发展惰性,加大创新投入、提升创新能力(对此第4.4.3节将予以详细阐述)。

4.4　国内先发地区适应创新型经济的产业用地供给与治理实践

适应创新型经济的产业用地供给与治理仍然是新兴事物,还处在不断地探索与完善阶段,相应的系统性政策框架也亟待建构。但我们也可以看到,在国家层面制度框架的指导下,近年来各地围绕适应创新型经济的产业用地供给与治理策略已经展开了广泛的实践,积累了丰富的经验,前文所提及的"新型产业用地"就是其中的典型代表。

毫无疑问,探索适应创新型经济的产业用地供给体系与治理方式改革,将成为当前及今后一段时间内规划实践和学术研究的重要议题。面向创新发展的新需求,需要有全新的思维和行动路径,通过产业用地供给政策与治理体系的改革、创新来激活、推动创新型经济的发展,不断提升国家、地方的创新竞争力。而建构与创新企业需求特性相匹配的产业用地供给体系与治理方式,需要确立全流程、陪伴式、定制化的土地供给与治理理念。结合近年来典型城市的实践探索,笔者试图从供前、供时、供后等土地供给"全生命周期"的各个环节,总结当前产业用地供给政策框架与配套治理体系的设计思路。需要说明的是,针对不同阶段产业用地供给典型模式的归纳与具体政策措施的介绍,我们仅是选取了一些典型案例,并未穷尽当前所有城市的政策实践。

4.4.1 供前:择优遴选,差别化配套优先政策

创新企业是推动创新型经济的核心主体,优质的创新企业善于在宏观经济周期中抓捕机遇,极易成为城市启动创新发展的关键锚点。然而,作为朝阳产业,创新企业具有中小微企业多、起步阶段竞争力弱等特征,需要针对性地重点扶持。在此背景下,建构面向创新企业的差别化土地供给政策,通过优先政策来培育、吸引具有更大产业带动效应的优质创新企业,是土地供给部门为创新企业专设的机会锚点,并日益成为地方政府参与城市创新竞争的主流思路。

当前,各地结合自身产业特点和创新发展需求,相继建立了面向特定创新型产业项目的土地供给优先政策。一个共同的趋向是在实践中均严格设置了创新型产业项目的遴选要求与新型产业用地的准入门槛,形成了高标准的土地利用"正面清单",并在此基础上探索与土地出让、地价评估、空间利用等环节有机衔接的优惠条件,旨在通过相应的政策倾斜,塑造出面向特定创新型产业项目的激励性用地政策环境,以实现对创新企业的定向激励。总体来看,主要有以下两种典型模式(表4-3):一是与重点产业项目遴选机制衔接,将特定创新型产业项目确定为重点产业项目,并提供优先政策。例如,深圳将符合若干条件、由市(区)政府组织遴选并认定的战略性产业项目作为重点产业项目,并针对重点产业项目实施定向的、优惠的土地供给(专栏4-2)。二是与新型产业用地准入标准衔接,在从严设置用地准入门槛的同时,提高土地供给的支持与优惠力度。例如,浙江、广东两省10多个城市正在探索实施的新型产业用地(M0)管理体系,即要求新型产业用地的供给对象要通过包括用地准入、产业准入、主体准入等在内的一系列高标准的准入评估,并在新型产业用地的使用与管理上呈现功能利用更多样、单位开发强度更大、拿地成本更低、供后监管更加严格等特点(专栏4-3)。

表 4-3　面向创新需求的差别化土地供给政策内涵与典型模式

政策内涵解析	典型模式	代表城市	具体政策措施	示意
地方政府有目的地塑造出面向特定创新型产业项目的激励性用地政策环境，通过相应的政策倾斜，实现对创新企业的定向激励	与重点产业项目遴选机制衔接	深圳	构建重点产业项目遴选机制，重点产业项目在土地出让方式、地价设定等方面可享受区别于一般产业项目的优惠条件	产业项目→是否通过重点产业项目遴选？是→重点产业项目；否→一般产业项目
	与新型产业用地准入标准衔接	杭州	严格创新型产业用地身份与准入标准，具体制定了创新型产业分类指导目录和创新型产业用地准入标准	产业项目→是否符合新型产业用地准入标准？是→供应土地；否→不予供应
		昆山	提出详细的科技创新产业用地开发主体资格准入认定程序和科技创新产业用地入驻企业资格准入认定程序	

可以看到，构建与创新型产业项目遴选、新型产业用地准入相衔接的产业用地供应管理体系，并结合项目遴选与用地准入结果探索差别化的土地供给优先政策，推动项目准入、土地出让、地价评估、空间利用、供后监管等环节的系统创新，可以切实提升产业用地供给的精准度和有效性。

专栏 4-2　深圳的重点产业项目遴选机制

根据《深圳市人民政府关于印发工业及其他产业用地供应管理办法的通知》的规定，产业项目分为重点产业项目和一般产业项目。所谓"重点产业项目"，是指由市政府或区政府组织遴选并认定的符合产业政策、环境保护等要求，对经济发展具有重大带动作用的产业项目，涵盖了各类产业用地（专栏表 4-2-1）。重点产业项目采用多部门遴选机制，遴选小组由发展和改革、规划和自然资源、生态环境、水务、司法等多部门及产业项目牵头单位、产业项目用地意向区位辖区政府的主要负责人共同组成。其中，文体设施用地（GIC2）、医疗卫生用地（GIC4）、教育设施用地（GIC5）上引进的产业项目均由市政府组织遴选。在出让方式上，对于重点产业项目可以采用"带产业项目"挂牌出让（租赁）或"先租后让"的方式供应，鼓励重点产业项目用地联合投标或竞买，以实现定向供给；在地价设定上，重点产业项目用地上除配套商业以外的建筑类型，出让底价应按照市场价格给予不同程度的优惠（专栏表 4-2-2）。

专栏表 4-2-1　深圳市重点产业项目所涵盖的产业用地类型

引进产业项目	普通工业用地（M1）	新型产业用地（M0）	物流用地（W0）	仓储用地（W1）
引进社会投资、用于产业化经营项目	文体设施用地（GIC2）	医疗卫生用地（GIC4）	教育设施用地（GIC5）	—

专栏表 4-2-2 深圳市产业项目类型修正系数表

产业分类		修正系数
重点产业项目	遴选方案确定有两个及两个以上意向用地单位联合申请	0.6
	遴选方案确定为单一意向用地单位	0.7
一般产业项目		1.0

注：(1) 修正对象为除配套商业以外的建筑类型，产业项目分类以《深圳市工业及其他产业用地供应管理办法》规定为准；(2) 本表不适用于城市更新项目、留用土地项目、棚户区改造项目。

专栏 4-3 杭州的创新型产业用地准入标准

根据《杭州市人民政府办公厅关于进一步规范全市创新型产业用地管理的意见》的规定，杭州市认定的创新型产业是指新旧动能接续转换的新业态，主要涵盖研发、设计、孵化、试验、检验、检测、认证等环节，具有知识技术密集、人才集聚等显著特征的产业，并具体制定了创新型产业分类指导目录（专栏表 4-3-1）；与此同时，在《杭州市企业投资创新型产业用地"标准地"指标》的基础上，进一步明确创新型产业用地的准入标准包括容积率、固定资产投资强度、单位用地税收、研发经费支出与主营业务收入比、研发人员与从业人员比、单位能耗增加值、单位排放增加值等指标（专栏表 4-3-2）。上述一系列指标凸显了"创新型"应有的标准，旨在从政策准入上淘汰低端、落后的产业。

专栏表 4-3-1 杭州市创新型产业分类指导目录

产业体系	产业名称	产业说明
战略性新兴产业	新一代信息技术及应用	以研发、设计、孵化、试验、检验、检测、认证等环节为主
	高端装备	
	生物医药	
	节能环保	
	数字安防	
	新能源新材料	
未来产业	人工智能、工业互联网、5G应用、智能网联汽车、航空航天、机器人、增材制造、工业设计等	
数字经济	以《浙江省数字经济核心产业统计分类目录》为准	

专栏表 4-3-2　杭州市创新型产业用地的准入标准

产业准入考核指标	具体指标要求
容积率	—
固定资产投资强度	≥7 500 万元/hm²（500 万元/亩）
单位用地税收	≥750 万元/hm²（50 万元/亩）
研发经费支出与主营业务收入比	≥0.05
研发人员与从业人员比	≥30%
单位能耗增加值	≥5 万元/t 标准煤
单位排放增加值	≥1 000 万元/t

4.4.2　供时：定制开发，多元化确定出让方式

1) 健全混合利用规则，满足用地需求⑥

伴随着创新企业生产经营、功能组织模式的变革，基于办公室的业务与制造业务之间的边界愈来愈模糊，并逐渐表现出同其他城市功能直接在街区、地块（乃至建筑）层面进行混合布局的趋势（许凯等，2020）。面对这种新的空间组织模式，传统意义上在城市建设用地中确定单一功能的规划方法日益暴露出其局限性。通过在横向或竖向空间中多种土地用途和建筑功能的合理、有效搭配，实现单一地块或建筑内部的多功能复合与多业态叠加，以契合创新企业的用地需求，是产业用地供给政策创新的一个重要方向。

当前许多城市都在探索实施有利于土地混合开发规模与程度不断提升的混合利用规则，并衍生出一些新的混合模式与相关规划管控方法（表4-4）：一是配建式混合。在保障用地性质主导用途的前提下，通过制定单一地类混合使用规则或提升特定地类配建混合比例的形式，实现单一地类的多用途使用。例如，深圳制定了"深圳市城市用地分类和使用表"，对单一用地性质的主导用途和其他用途做出了具体规定，并根据用地性质与所处区位的不同设置了差异化的混合开发控制指标（表4-5）⑦；杭州、昆山等地单独针对新型产业用地提出了配建式混合管理，强调对创新型产业的支持⑧。二是市场化混合。市场化混合即用地类别为两种或两种以上用地性质的组合，并针对同一地块的不同地类采取分类登记、管理。例如，上海制定了明确的混合用地管控规则，在《上海市控制性详细规划技术准则（2016年修订版）》中以"用地混合引导表"的形式规定了宜混合、有条件可混合与不宜混合的地类（表4-6），并在控制性详细规划编制中对混合用地

中不同建筑量的比例予以明确(表 4-7)。三是定制化混合。为适应城市发展转型和产业转型升级的需求,针对特定地类采取单一地类的多用途分类管理。例如,东莞和惠州等珠三角城市针对新型产业用地(M0)除了允许建设不超过项目总计容建筑面积 30%的配套用房外,还可同时配置一定比例的商业办公、配套型住宅和公共服务设施用地,并允许多个不同功能用途地块按一宗地整体出让;中国(上海)自由贸易试验区(以下简称"上海自贸区")在控制性详细规划编制中提出了"综合用地"的概念,将各街坊划分为服务分区、综合分区、物流分区三类,通过"服务分区土地用途和建筑功能引导表"的引入规定了每个分区内主导用途与附属功能的范围与比例,较好地实现了规划弹性、保障了用地混合(蒋姣龙,2018)(表 4-8);苏州则提出战略性产业项目可与商业和服务业用地合并,按综合用途供地,定制化解决了创新型产业项目兼容混合利用的需求。

表 4-4 面向创新需求的土地混合利用政策内涵与典型模式

政策内涵解析	典型模式	代表城市	具体政策措施	示意
通过多种土地类型的有效搭配或单一地类配套比例的合理放松,实现单一地块的多功能复合与多业态叠加,满足单一主体对多种功能的复合需求	配建式混合	深圳	制定单一地类的混合使用规则	主导用途 / 适建用途 用地类型:科创产业用地(Ma)(按主要用途管理)
		杭州、昆山	提升特定地类的配建混合比例	
	市场化混合	上海	制定"用地混合引导表",明确混合用地的管控规则	三类住宅组团用地(Rr3) / 商业服务业用地(C2) / 商务办公用地(C8) 用地类型:Rr3C2C8(多用途分类管理)
	定制化混合	东莞、惠州	新型产业用地(M0)允许多个不同功能用途地块按一宗地整体出让	M0 / 商业办公用地(C2) / 配套型住宅用地(R0) 用地类型:M0(单一地类的多用途分类管理)
		上海自贸区	提出"综合用地"的概念	
		苏州	战略性产业项目可采取综合用途供地	

注:表格中的代表城市只是为了以案例的形式更好地说明每种典型模式的具体内容,并不代表该城市仅有一种土地混合利用模式。例如,深圳市不仅有配建式混合,《深圳市城市规划标准与准则(2021 年)》中所规定的"混合用地的混合使用"则属于市场化混合。

表 4-5 深圳市部分用地的兼容适建用途

大类	中类	类别名称	范围	适建用途
M		工业用地	以产品的生产、制造、精加工等活动为主导,配套研发、设计、检测、管理等活动的用地	
	M1	普通工业用地	以生产制造为主的工业用地	主导用途:厂房 其他用途:仓库(堆场)、小型商业、宿舍、可附设的市政设施、可附设的交通设施、其他配套辅助设施。对周边居住、公共环境有影响或污染的工业不得建设小型商业、宿舍等
	M0	新型产业用地	融合研发、创意、设计、中试、无污染生产等创新型产业功能以及相关配套服务活动的用地	主导用途:厂房(无污染生产)、研发用房 其他用途:商业、宿舍、可附设的市政设施、可附设的交通设施、其他配套辅助设施
C		商业服务用地	从事各类商业销售、服务活动及容纳办公、旅游业、游乐等各类活动的用地	
	C1	商业用地	经营商业批发与零售、办公、服务业(含餐饮、娱乐)、旅馆等各类活动的用地	主导用途:商业、办公、旅馆业建筑 其他用途:商务公寓、可附设的市政设施、可附设的交通设施、其他配套辅助设施
	C5	游乐设施用地	设置有大型户外游乐设施或以人造景观为主的旅游景点的用地	主导用途:游乐设施 其他用途:小型商业、旅馆业建筑、宿舍、可附设的市政设施、可附设的交通设施、其他配套辅助设施

表 4-6 《上海市控制性详细规划技术准则(2016年修订版)》之用地混合引导表

用地性质	住宅组团用地			社区级公共服务设施用地			行政办公用地	商业服务业用地	文化/体育用地	科研设计用地	商务办公用地	一类工业用地	二类工业用地	工业研发用地	普通仓储/堆场用地	物流用地	轨道站线用地	社会停车场用地	综合交通枢纽用地
	一类住宅组团用地	二类/三类住宅组团用地	四类住宅组团用地	养老福利、医疗卫生用地	其他														
一类住宅组团用地																			
二类住宅组团用地	✓																		
三类住宅组团用地	×																		
四类住宅组团用地	×	✓																	
社区级养老福利、医疗卫生用地	×	○	×																

续表 4-6

用地性质	住宅组团用地			社区级公共服务设施用地		行政办公用地	商业服务业用地	文化/体育用地	科研设计用地	商务办公用地	一类工业用地	二类工业用地	工业研发用地	普通仓储/堆场用地	物流用地	轨道站线用地	社会停车场用地	综合交通枢纽用地
	一类住宅组团用地	二类/三类住宅组团用地	四类住宅组团用地	养老福利、医疗卫生用地	其他													
其他社区级公共服务设施用地	×	√	√	○														
行政办公用地	×	×	×	○		○												
商业服务业用地	×	○	√			√	○											
文化/体育用地	×	×	√					√										
科研设计用地	×	√	√			√	○	○										
商务办公用地	×	√	√	×		√	√	√	○									
一类工业用地	×	×	×	×		×	×	×	○	○								
二类工业用地	×	×	×	×		×	×	×	×	×	√							
工业研发用地	×	○	×	×		○	○	○	√	√	√							
普通仓储/堆场用地	×	×	×	×		×	×	×	×	×	√	√						
物流用地	×	×	×	×		×	×	×	×	×	×	√		√				
轨道站线用地	×	√	○	○		√	×	√	○	√	×	○		×	×			
社会停车场用地	×	×	○	×		√	√	√	√	√	√	×		√	√	√		
综合交通枢纽用地	×	√	○	○		√	√	√	√	√	×	×		×	×	√	√	

注:(1)"√"表示宜混合;"○"表示有条件可混合;"×"表示不宜混合。(2)表中未列用地一般不宜混合。

表 4-7　上海桃浦科技智慧城的混合用地地块控制表(部分)

地块编号	用地面积/m²	用地性质代码	混合用地建筑量占比/%	容积率	建筑高度/m
058-01	16 458	Rr3C2	Rr3≤85,C2≥15	2.0	50
062-01	8 515	C8C2	C8≤80,C2≥20	2.0	50
071-02	12 004	Rr3C2C8	Rr3≤60,C2≥25,C8≤15	3.0	80
073-05	16 877	C8C2Rr3	C8≤60,C2≥25,Rr3≤15	5.0	100

注:Rr3 是指三类住宅组团用地;C2 是指商业服务业用地;C8 是指商务办公用地。

实践表明,健全土地混合利用规则,对不同类型用地可以配套开发、复合建设的兼容设施予以明确,并设置差异化的混合开发控制指标,这样能够适应日益个性化的创新型经济发展需求。与此同时,对于创新发展潜力较大、不确定性较大的地区及具有较高创新价值的项目,探索或执行相对宽松的用途管制规则,也有利于更好地释放土地效益、激发创新活力。

表4-8 上海自贸区服务分区土地用途和建筑功能引导表

主导的土地用途		行政办公用地。 商业服务业用地(不包括以批发方式经营、销售各类商品物资和提供服务的用地,如农贸市场、小商品市场、工业品市场、综合市场、批发市场等;不包括溜冰场、摩托车场等大型室外康体场所)。 文化用地。 医疗卫生用地(不包括传染病医院、专科防治所、检验中心、血库、疗养院、疗休所)。 教育科研设计用地(不包括高等学校、中等专业学校、特殊学校)。 商务办公用地
兼容的土地用途和建筑功能	宜兼容	社会停车场/库; 绿地; 日常性公共服务设施
	有条件兼容	体育设施; 单身宿舍

注:(1)服务分区开发地块中主导土地用途的建筑面积(地上计容部分)占整个街坊地上总建筑面积(地上计容部分)的比重应达到70%以上;(2)日常性公共服务设施主要为园区就业人员服务,包括餐饮、商业、卫生、文化、体育和行政设施;(3)封关范围内用地功能的确定还需要符合海关监管规定。

2) 探索弹性出让方式,降低用地成本

创新企业在从初创走向成熟的过程中,往往既需要持续增加研发投入,又需要持有一定的土地进行生产或作为企业发展的融资资本,可谓成本敏感而又资产依赖。因此,在实践中如何能够降低用地成本,是吸引创新项目落地的关键环节;同时,如何避免一些企业以创新之名套取或长期低效占有宝贵的土地资源,确实是一个两难的问题。前文已经提及,不同规模大小、不同行业类型的创新企业对于土地使用年限的需求存在差异。随着城市经济发展模式的转型,地方政府也开始尝试摆脱"土地财政"的路径依赖,以可持续的税收收入替代土地出让金的一次性收益,这已经成为未来城市经营的重要手段(陈秉钊,2012)。在此背景下,针对不同创新企业实现土地出让年期与企业生命周期的精准匹配,成为产业用地供给政策创新的另一个重要方向。

当前,各地探索出了诸多弹性、多元的土地出让方式,主要有以下四种典型模式(表4-9):一是有限竞争模式。例如,深圳、上海等地针对通过遴选的重点产业项目,提出"带产业项目"挂牌的出让方式,强化了有限土地资源的精准投放。二是限价竞争模式。例如,杭州、宁波等地针对创新型产业用地采取"限地价、竞亩均税收""限地价、竞达标时限"的方式确定竞得人,在保障土地集约利用水平的同时,能够更好地服务于创新企业的高效发展。三是分时激励模式。例如,苏州针对生物医药、纳米技术应用、人工智能等技术变革快、投入周期长的新兴产业项目推动分段弹性年期(10+N)挂牌出让模式[①],通过产业用地出让"期中考"等配套政策的完善,将续期变为一项激励性政策,既降低了企业拿地的首次投入成本,又便于政府进行后期监管。四是以评定期模式。例如,无锡建立了统一的工业用地出让评审指标体系,从产业政策、投资规模、产出效益、环境影响和安全生产、科技创新、资源集约利用六个方面对工业项目进行综合评分,并将评审结果与土地出让方式挂钩,分档、分类设置不同的出让年期,得分越高的项目可以选择的土地出让年期越长(表4-10)。

表4-9 土地弹性出让方式的政策内涵与典型模式

政策内涵解析	典型模式	代表城市	具体政策措施	示意
将土地出让年期与出让方式作为一种推动创新发展的主动干预手段,通过弹性年期、多元化土地出让方式的设计,降低创新企业的用地成本	有限竞争	深圳、上海	"带产业项目"挂牌,通过对竞买申请人主体资格、行业类别、研发技术、产业标准、产品品质等的严格限定,减少竞价	
	限价竞争	杭州、宁波	"控地价、竞贡献",对出让用地设定上限价格,到达上限价格后转为在此价格基础上投报亩均年税收或达产时间	
	分时激励	苏州	"10+N"分段弹性年期出让,通过给产业用地出让设置"期中考"的形式,将续期变为一项激励性政策	
	以评定期	无锡	构建统一的工业用地出让评审指标体系,将出让年期与评审结果相挂钩	

表4-10 无锡市工业用地的弹性出让机制

工业项目综合评分		工业用地出让方式
80分以上	投资总额为3亿元(或等额外资)以上的项目	法定最高年期出让
	其余项目	弹性年期出让,出让年期不得超过30年
70—80分	土地面积大于1.5 hm²的地块	"10+N"年期出让,总出让年期不超过30年
	土地面积小于1.5 hm²且不适宜使用标准厂房的地块	先租后让("5+N"年期),总出让年期不得超过30年
70分以下	原则上不予供应	

综上所述,针对有明确创新价值的项目,探索实施"带产业项目"挂牌、"限地价、竞亩均税收""限地价、竞达标时限"等土地供给方式,可以在满足创新企业用地需求的同时有效降低企业的用地成本。此外,地方政府可以结合项目评价结果和企业实际需求,分时段弹性化地出让土地,以续期为激励,对绩效评价好的项目在土地首次出让年期和总租期上给予更大的支持。

4.4.3 供后:动态监管,精细化完善治理思路

1) 完善供后监管体系,倒逼转型升级

由于创新型产业项目在土地使用与管理上具有功能利用更多样、单位开发强度更大、拿地成本更低等优惠条件,因而给市场主体留有了一定的寻租空间。在产业用地供给的实践经验中,一些以创新为发展目的的楼宇型办公空间出现了公寓化、住宅化的倾向,而那些经由制度约束、调节的城市创新空间则较好地发育了创新功能,形成了以创新型产业为主的集群。可以看到,制度约束对于规范创新企业的行为具有重要的促进作用,因而针对此类产业用地的供后监管应该更加严格,以保证有限的土地资源真正服务于城市的创新发展,防止国有资产流失。

为实现对土地使用"全生命周期"的有效监管和动态治理,近年来,各地政府探索出了诸多产业用地供后监管方式(表4-11)。一方面,建立、完善"双合同"[10]出让方式与管理制度。企业在竞得土地时,需要同时与政府签订"土地出让(租赁)合同"与"产出监管协议"两份合同文件,对项目建设要求、投资规模、投产(用)时间、产出效益、分割转让与二次出让规则、违约责任及处罚措施、监管实施主体等考核指标予以明确,限定开发过程中的越界与违规行为,促进土地利用效益的最大化。例如,深圳市规定工业以及其他产业用地成交后,中标人或者竞得人应当于土地成交后的10个工作日内与区政府签订"产业发展监管协议";无锡市提出在新增工业用地挂牌成交后、市土地管理部门与竞得人签订"出让(租赁)合同"前,各区政府(管理委员会)或其指定机构应与土地竞得人签订"产出监管协议"。另一方面,一些城市建构了绩效综合评价体系与差异化"激励—倒逼"相结合的治理方式。最典型的是长三角地区的许多城市通过试点探索,摸索出了一套导向清晰、指标规范、分类分档、动态管理、应用衔接的工业企业绩效综合评价体系,把评价结果作为产业政策引导、资源要素配置和行政监管的重要依据,充分发挥政府"有形之手"与市场"无形之手"的合力,推动创新、淘汰落后(但俊,2020)。这其中,绍兴市作为全国企业用地绩效考核的实践缘起地,率先提出了"亩均论英雄"的战略思路,从评价企业到评价板块、从集约导向到创新导向,持续完善评价体系(表4-12);从差异的价格机制到全要素引导,持续完善实施机制(表4-13);通过多部门联合督察,加大对低效用地企业的考核、倒逼力度,塑造了推动低效企业主动创新的强大

外部动力,有效加快了产业创新升级的步伐。

表 4-11　产业用地供后监管的政策内涵与典型模式

政策内涵解析	典型模式	代表城市	具体政策措施
从"重准入批地、轻监督退出"向"全生命周期"管控转变,通过严格的供后监管来保证有限的土地资源能够真正服务于城市的创新发展,制定正向激励和反向倒逼的资源配置政策和操作细则,倒逼企业转型升级	"双合同"监管	深圳	针对工业以及其他产业用地的"产业发展监管协议"
		无锡	新增工业用地挂牌成交后,土地竞得人应与各区政府(管理委员会)或其指定机构签订"产出监管协议"
	绩效综合评价	上海临港、绍兴	根据评价结果将工业企业、园区平台等划分为 A、B、C、D 四类,对评价等级高的加大资源要素倾斜支持力度,对评价等级较低的在资源配置、土地供应方面进行一定的限制

表 4-12　绍兴市企业用地绩效考核的指标与对象

评价对象	基础指标	具体对象
工业企业	亩均税收、亩均增加值、全员劳动生产率、单位能耗增加值、单位排放增加值、研发经费支出占主营业务收入之比	规模以上工业企业和实际占用土地 5 亩(1 亩≈666.7 m²)以上(含)的规模以下工业企业
服务业企业	亩均税收、亩均营业收入	限额以上服务业企业
产业板块	亩均税收、亩均增加值、全员劳动生产率、单位能耗增加值、单位排放增加值、研发经费支出占主营业务收入之比	产业集聚区、经济开发区、高新园区、小微企业园区、特色小镇

表 4-13　绍兴市"亩均论英雄"改革的分类施策体系

评价对象	管理引导方向
A 类企业	加大正向激励力度,深化企业服务制度,落实领导联系重点企业制度,建立绿色服务通道,在政府性评先评优、试点示范项目申报、重点科技项目攻关、重大创新载体建设、人才引进等方面予以重点支持
B 类企业	针对指标短板,帮助其制订转型升级和绩效提升计划,采取针对性措施进行重点帮扶
C 类企业	帮助其制订限期整改和转型升级计划,开展政策咨询、税收辅导等专项服务,同时强化跟踪督查
D 类企业	不得享受各类补助奖励政策,责令限期整改,督促其制定切实可行的转型升级行动方案,对不符合产业政策的,坚决实施关停淘汰

总之,创新型经济的发展要求产业用地的监管向更加动态化、精细化的方向转变。建立"土地出让(租赁)合同"与"产出监管协议"并举的

"双合同"出让方式,完善以工业企业单位资源占用产出绩效为核心的综合评价制度,通过更加严格的供后监管来保障土地使用效益的最大化,再结合绩效综合评价引导资源要素的精准配置,能够有效推动城市的创新转型。

2) 支持多元主体参与,盘活存量空间

创新型经济导向的城市发展需要面对的是更加多元、快速流变的社会环境,这需要企业不断做出相应的灵活应对和变革调整,以满足来自方方面面的需求。但是与此同时,这时的城市环境往往已经被大规模工业生产所占用而趋于空间饱和,因而空间调整(更新)就成为当前城市发展的核心任务。尤其是在生态文明建设的大背景下,我国城市纷纷进入土地资源紧约束时代,内涵式发展逐渐替代扩张式发展,在有限空间里实现业态升级和增效将成为城市政府需要考虑的重要问题(卢弘旻等,2020),上述问题均带来了对存量产业空间更新与再利用的大量需求。通过对城市中既有"僵尸企业"土地资产等闲置低效工业用地的处置、盘活,能够在带动创新型产业集约高效发展的同时促进城市空间品质的提升,使旧有的产业空间适用于全新的、多元的、流变的当代城市生活。

在此背景下,通过对原有生产关系的改造升级,实现闲置低效产业与土地资源的有效盘活更凸显其迫切性。各地政府开始广泛动员、支持企业、园区等多主体共同参与新产业、新业态的存量再开发过程,存量产业用地更新的实施开始从以政府收储为主向政府—市场协同治理的模式转变。典型的实践探索经验主要如下(表 4-14):一是自主更新配建模式。例如,深圳市将城市更新与增加创新型产业用房供应相结合,提出城市更新项目需按照自主更新的权利主体(是否为高新技术企业)、开发模式的不同,配建不同比例的创新型产业用房,有效降低了创新创业成本,保障了较低成本创新空间的供给(表 4-15)。二是园区平台介入模式。例如,上海市强调发挥国有园区平台的创新服务潜力,鼓励园区平台收购企业节余工业用地用于建设标准厂房、通用类研发物业,以"以房换地""股权收购""异地等价置换"等方式推进低效土地的利用。三是领军企业带动模式。例如,昆山市鼓励国有企业收购利用企业土地,参与企业的兼并重组、股权收购,并规定国有企业收购土地实施科技创新转型的,将因土地性质发生改变而涉及的补地价款作为国有资本金注资国有企业。再例如,南通市提出支持优势企业兼并低效企业,通过联合、兼并重组、股权收购等市场化运作方式来盘活低效工业企业资产,实施新项目,提高亩均产出。

因此,改变原有存量产业用地更新中单一的"自上而下"模式,向"自上而下+自下而上"相结合的更新方式转变;通过细化企业参与产业用地更新的流程及要求,坚守更新的"公益"底线;并在此基础上鼓励国有园区平台主动作为、强化创新领军企业的带动作用,实现多主体参与的政企合作、综合开发,可以更好地融合政府战略意图和企业需求。

表4-14 多元主体参与产业用地更新的政策内涵与典型模式

政策内涵解析	典型模式	代表城市	具体政策措施
改变原有政府主导开发的模式,复合政府管理与市场化运作,将市场竞争引入存量土地更新,细化企业参与产业用地更新的流程及要求	自主更新配建	深圳	拆除重建类城市更新项目并将其升级改造为新型产业用地功能的,需配建创新型产业用房(建成后移交给政府、产权归政府所有),支持双创平台载体建设
	园区平台介入	上海	鼓励园区平台收购企业节余工业用地用于建设标准厂房、通用类研发物业,以"以房换地""股权收购""异地等价置换"等方式推进低效土地的利用
	领军企业带动	昆山	鼓励国有企业收购土地实施科技创新转型
		南通	支持优势企业通过联合、兼并重组、股权收购等市场化运作方式来盘活低效工业企业资产

表4-15 深圳市城市更新项目配建创新型产业用房占比标准

权利主体	开发模式	配建占比/%
高新技术企业	自行开发的产业升级改造项目	10
非高新技术企业	与高新技术企业合作开发的产业升级改造项目	12
	自行开发的产业升级改造项目	25

第4章注释

① 由于大多数制造业产品的消费市场不仅仅局限于本地,而是全国乃至全球市场,因此制造企业往往面临激烈的市场竞争,对土地、劳动力等成本异常敏感。在资本和劳动力价格给定的条件下,土地要素价格是制造业尤其是中国具有比较优势的中低端制造业进行区位选择的关键因素。因此,地方政府往往通过低价出让甚至亏本出让工业用地来吸引流动性极强的制造业资本,即通过将地租价差转化为工业企业的超额利润,以吸引工业企业的投资和扩大再生产。

② 参见胡存智:《5 000 km² 城镇工矿用地利用低效》,《新浪财经》,2014年3月22日。

③ 据不完全统计,截至2021年底,国内出台新型产业用地政策的城市已经达到40余个,并呈现出从东南沿海城市向中西部内陆城市的政策扩散趋势;部分城市的相关政策文件虽然不是直接冠以"(创)新型产业用地"之名,事实上也是在探索解决相关问题,如南京、深圳等城市的相关政策文件。

④ 参见《中国创新土地供给方式降低企业成本》,新华社,2018年1月15日。

⑤ "隐形冠军"这个概念由德国知名管理大师西蒙教授首次提出,据统计全球有3 000多家"隐形冠军"企业,仅德国就有1 300多家,占了近一半;其次是日本;中国仅有68家。其中,94%的"隐形冠军"产品都处于市场的成长期和成熟期,只有5%和1%的产品分别处于市场的进入期和衰退期。这说明,"隐形冠军"的产品均不是新产品,但是产品在市场上有长期的需求。

⑥ 有关"土地混合利用"与"混合用地"等概念的具体辨析详见本书第6章,此处不再赘述。

⑦ 《深圳市城市规划标准与准则(2021年)》中规定,单一用地性质允许建设、使用的功

能比例,应结合具体地块的建设条件与开发需求,综合考虑相关要求经专题研究确定。以商业用地为例,城市主中心和副中心区域内的商业用地,主导用途的建筑面积(或各项主导用途的建筑面积之和)不宜低于总建筑面积的 50%;其他区域的商业用地,主导用途的建筑面积(或各项主导用途的建筑面积之和)不宜低于 70%。

⑧ 杭州市规定创新型产业用地内的行政办公及生活服务设施的建设用地面积不得超过总用地面积的 7%,建筑面积不超过地上总建筑面积的 15%;昆山市将科创产业用地(Ma)允许建设的配套用房比例上限提高至 30%。

⑨ 分段弹性年期(10+N)挂牌出让是指产业用地出让时,同时签订"土地出让合同"和"产业发展协议"。根据"土地出让合同",政府先期出让 10 年期的土地使用权;10 年出让期满,受让人需按"产业发展协议"履约考核,经政府监管考核通过的,可以继续获得 N 年期土地使用权,但总出让年期不得超过 30 年。

⑩ 对于"双合同"的文件名称,各地有不同的表述。例如,深圳市将"土地出让(租赁)合同"之外的另一份"合同"称为"产业发展监管协议",南京市将其称为"投资发展监管协议",无锡市、常州市则将其称为"产出监管协议"。

5 从空间集聚到网络链接：探索适应创新网络需求的政策治理体系

> 随着企业全球化，客户需求变得复杂，将知识封锁在组织封闭的"暗箱"之内已不合时宜，不拘一格地运用来自企业内部或外部的创意和知识，显得比先前任何时候都重要。
> ——亨利·切萨布鲁夫，《开放式创新：从技术获取和创造价值的新规律》

在"产业跨界融合"的发展背景下，产业模块化走向产业生态化，由"链条"的思维进入网络化思维[①]。从独立创新到协同创新、从封闭式创新到开放式创新，创新活动的组织也越来越呈现出"网络化"的范式特征。如何通过合理、高效的政府治理"破链成网"，进而跨越低水平"集聚"的发展陷阱，打造高质量"集群"的创新共同体，需要相应治理方式的系统性变革与创新。

5.1 产业集群演进的阶段逻辑

关于产业集群的差异或演化，在学界尚未形成统一的共识，王缉慈等（2010）认为广义上的集群包含了两种类型：一是基于创新的集群，常见于北美、西欧等发达国家，是产业集群的高端路径；二是基于低成本的"生产集群"，常见于发展中国家，是产业集群的低端路径。日本产业组织经济学家大冢启二郎和园部哲史（Otsuka et al.，2011）在详细总结了亚洲和非洲19个产业集群的发展历程后，归纳出了产业集群演化的两阶段理论，即产业集群一般会经历数量扩张期与质量提升期两个阶段；阮建青（2014）等在此基础上提出了产业集群成长（或称之为成功）的三阶段理论，即数量扩张期、质量提升期和研发与品牌创新期。在此基础上，笔者认为产业集群的演进（或称之为升级）总体而言可以分为三个阶段（图5-1）：资源共用阶段、业务互惠阶段、创新互联阶段。

5.1.1 资源共用阶段

资源共用是指企业之间因为共同的资源利用诉求而集聚。资源共用是一种并不完整的"准集群"（Quasi-cluster）形态，是产业集群诞生的雏

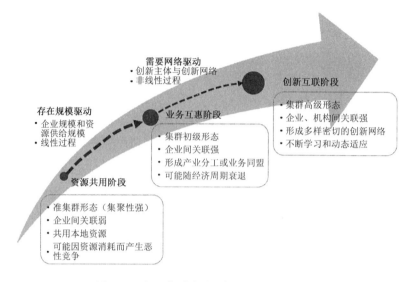

图 5-1　产业集群演进(升级)的阶段性特征

形,企业的集聚性强于集群性。这里论述的资源是广泛意义上有利于生产经营的客观条件(外部环境),包括了基础设施、生产资料、劳动力、客户市场、区域运输条件、公共政策、社会关系等等,这些资源构成了空间的经济性区位价值。企业或创业者基于可预见的更高的资源利用收益(相较于其他地区的成本优势),在空间上形成集聚。在资源共用阶段,集群中企业之间的关联有可能极为松散,甚至没有任何的业务交集,呈现地理邻近但生产组织不邻近的特点。部分资源稀缺性的存在,还有可能导致资源在不断利用过程中出现价值衰减。在资源总量不变的情况下,处于资源共用阶段的产业集群将受到明显的资源约束,在发展到一定阶段后有可能面临规模不经济的挑战,导致集群组织方式的再调整。

5.1.2　业务互惠阶段

业务互惠是指企业之间形成协作生产和经营的业务关系,其是产业集群的初级形态。业务互惠有两种形式:一种是贸易型互惠,企业之间以产业分工或同产业中的业务分工为基础,形成相对稳定的产品供求关系;另一种是联盟型互惠,企业之间经营相似或相关业务,虽然没有直接的贸易往来,但是能够形成某种战略联盟关系,例如,共同做大地区性产品标识,打开市场窗口,共同争取某一业务的市场定价权等。业务互惠阶段的产业集群本质上是集群中企业内化为地区"资源"的过程,企业之间彼此互为可以提升生产经营效率的重要市场资源,但该阶段的产业集群在较长的经济周期中也无法通过现有的集群组织方式内生性地避免企业竞争优势被削弱、产能过剩的危机。而一旦处于业务互惠网络核心的某一类或某一家企业出现经营问题,产业集群也将极为敏感地面临连锁式瓦解的风险。

5.1.3 创新互联阶段

创新互联是指集群中的企业与机构之间形成协同创新的合作关系,其是产业集群的高级形态,即创新集群。在动态变化的经济环境中,创新能力的高低和持续提升路径将成为企业发展需首要关注的问题;企业实现创新的组织方式,也将从封闭的、独立的线性创新模式转向开放的、网络化的非线性创新模式,以实现更加高效、多元的创新过程。产业集群对于企业的核心价值将不再是运输成本的节约,而是提供网络式创新协作的新范式,以孕育和提升企业的创新能力。相比于产业集群的前两个阶段,创新互联阶段的行为主体更加多元,除了企业以外还包括能够激发和参与创新合作的教育、研究、政府等机构及新型合作组织,这些机构和组织虽然不是产业化的主要力量,却是强化集体学习、协同创新的关键。此外,企业之间也会存在着创新孵化、研发设施共享、研发需求外包服务等形式多样的创新合作关系。创新互联的价值导向并不是生产或扩大再生产的业务合作,而是共同探索可以用于产业化的新"变量",进而变革传统的生产经营方式。创新互联实现的方式不仅仅局限于正式的交易活动,还将伴生于非正式的交流与知识溢出,进入创新互联阶段的产业集群将呈现出更强的开放性、可持续学习和动态适应能力。

5.2 面向传统产业集群的政策治理:以"集聚"为目的

传统产业经济学或者产业组织理论是建立在工业化条件下、工业经济形态基础之上的,反映的是"模块化"基因的产业发展规律,以及"链条化"形态的产业组织思维[①]。在工业化及工业经济条件下,产业类型按照大类、中类、小类被不断细分,以实现产品的"模块化"生产。可以看到,传统产业集群多为"生产集群",是较为初级的产业集群形态,这一阶段的产业集群更多的被认为是以降低成本为导向的企业生产组织形式,是企业经济理性的自主选择(Marshall,1890);特定区域中的企业借助产业集群等方式实现不同程度、不同形态的集聚,以实现生产的经济性(阿尔弗雷德·韦伯,1997)。由于集聚正外部性(Positive Externalities)的存在,在产业集群演进的初期(从资源共用到业务互惠阶段的集群演进过程)存在着规模驱动的递进可能,即假设本地资源的供给不存在约束条件或规模可以持续增大,那么企业集群的规模也将持续增大,进一步产生形成专业化分工和业务联盟的需求,有较大概率能够跨入业务互惠阶段,实现由线性集聚的量变引起组织模式的质变。而业务互惠阶段的集群同样存在显著的规模经济特征:一方面,企业集聚的规模越大,越有可能产生互通的业务需求。例如,核心制造企业的规模越大、数量越多,将进一步带动配套产品的制造商和副产品处理商的集聚;企业大规模集中,产生公共业务外包需求的概率也将增大，进而带动生产或服务承包企业的集聚发展。另一方面，企业集聚的规模越大，越有可能形成地区品牌效益，形成对于相似、相关业务的市场垄断，从而掌握市场的定价权。

这种以企业在地理空间上的集聚为目标的产业集群治理思路，一度是我国许多地方政府快速推进工业化的有效手段，其中最具代表性的即改革开放后的"开发区式"治理。在改革开放以来快速工业化的过程中，开发区一直是支撑产业集群形成和发展的重要空间载体和治理手段。作为政府为实现产业发展目标而创立的有地理界限的产业园区，开发区最初是国家批准的一类对外开放的特殊政策性区域（保税区、经济技术开发区），以促进外来企业在华有序的投资与集聚（大量的外商投资项目均直接落户于各级、各类开发区之中）。而后，开发区的内涵在实践过程中逐渐扩大，各级、各类开发区层出不穷，泛化为由政府进行统一管理、空间高度集聚的产业集群开发模式。与快速工业化的发展诉求相适应，开发区的管理和运作模式总体上是为了促进企业的集聚以及进一步的增长：一方面体现为依靠政策环境和基础设施的供给创造具有地租优势的共享性空间资源，进而吸引企业在特定的范围内集中布局，并且在产业集群发展的过程中不断增加供给力度，创造相对宽松的供给环境，以增量空间支撑增长过程，继而呈现出大量的开发区扩容、一区多园现象；另一方面体现为在企业的招引和布局中，侧重于将同类和相关产业进行就近布局和对龙头企业的引进，以形成规模化的链式产业分工，提高集群内企业之间业务合作的可能性。

以集聚和增长为导向的开发区治理实践，显著加速了中国产业集群融入全球化产业分工的进程，加快了城市的规模化增长与现代化建设过程，为国家、城市吸引新兴企业积累了可迁移、可借鉴的经验。然而，需要引起注意的是，这种以集聚与增长为导向的"开发区式"治理，虽然能够为产业集群提供最现代化的基础设施，但共享性资源供给和链式招商引资这两种治理特征分别作用于产业集群演化过程中的资源共用阶段和业务互惠阶段，其本质上仍然属于相对传统的集群治理方式。这种治理模式与其说是针对"集群"的治理，不如说更像是针对"集聚"的治理。"集聚"所带来的"集群"效应是间接且不可预知的，地理邻近有利于企业关联的形成，但地理邻近并不能保证企业关联网络的必然形成。在培育产业集群的过程中，通过供给共享性资源来促进产业的集聚是相对容易的治理方式，将松散的集聚关系转化为具有业务联系的集群也可以实现规模增长，但若要塑造出具有协作创新、动态繁衍、可持续发展的创新集群，则是对政府治理的全新挑战。

5.3 网络链接：锚固创新网络的治理模式

5.3.1 创新网络：作为创新集群的组织形态

产业集群是多个经济主体（企业、机构等）就近集聚并关联组织的地理现象。产业集群的形成有利于城市经济和集群内部企业的发展,其不仅仅是市场的自发组织结果,更应该被视为政府干预经济的空间治理手段。在不同的认知和发展阶段,学界对于产业集群特点与形成动力的认知呈现明显的深化过程(表5-1)。

表5-1 经典产业集群理论的演进

理论核心	基本主张	理论特点	代表性概念
外部经济	产业集群是以降低成本为导向的企业生产组织形式,企业通过邻近分工与共享本地资源以降低成本	从企业生产经营角度解释了地理集聚现象	产业区、工业区位
政府干预	产业集群应该作为政府干预经济发展的重要手段,通过产业集中布局,提升整体经济效益	具有较强的政策导向性,强调了产业集群的政府治理	地域生产综合体、增长极
地方网络	产业集群依托地方的各种社会关联网络,适应于"柔性专业化"生产模式的推广	从新的生产组织模式入手,确立了更丰富的网络观	新产业区
创新网络与系统	产业集群(创新集群)依托创新网络与系统,以创新为核心竞争力,是一种地域性的公共政策和政府治理行动	基于创新竞争力的导向,重新思考企业的集群价值与政府治理方式	创新集群

随着知识经济时代的来临和科学技术的不断进步,创新正在改变着企业的生产方式和经营理念,创新集群的概念应运而生。创新集群是具有创新特性的集群(经济合作与发展组织,2004),普遍被认为是产业集群的高级形态。王缉慈(2006)认为,创新集群是区别于低成本产业集群或低端产业集群而言的,是产业集群的升级或高端化。欧洲创新环境研究小组(European Research Group on Innovative Milieu, GREMI)的学者们基于对欧洲高新技术企业集群的研究,先后提出了"创新环境""创新网络""集群学习"等概念,并将"创新环境"界定为在有限的区域内,主要行为主体通过相互之间的协同作用和集体学习过程而建立的非正式的复杂的社会关系,其实质就是指创新所需要的软环境的核心构成,是一种网络系统,即"创新网络"(王缉慈等,2019)。

前文已经多次提及,随着知识、技术的规模性增长和流动,以及经济全球化、信息全球化的到来,产业集群内、企业间的创新活动已经不再是简单的、封闭的线性单向模式,而是呈现为有多方参与者和合作者的更加开放的多向网络模式。以南京江北新区的生物医药产业集群为例,龙头创新企业为节省开支、分散风险、提升效率,往往将医药研发、测试等环节外包,交由多个中小型企业承担或主动谋求与高校、研究机构的合作,从而降低自身的创新生产成本,这一生产方式已成为企业增强自身核心竞争力的战略选择。可以看到,创新网络逐渐成为实现创新的组织方式,创新集群是一个由企业、研究机构、大学、政府和中介组织等多方参与的创新网络(吕拉昌等,2017)。如此,产业集群对于企业的核心价值将不再是运输成本的节约,而是提供网络式创新协作的新范式,以孕育和提升企业的创新能力。据统计数据显示,2016年,在全国开展技术创新活动的19.2万家企业中有合作创新的企业为12万家,占62.5%;在成功实现技术创新的16万家企业中,有合作创新的企业占比为70.8%(其中产学研结合的占39.2%)②。这均表明协同创新已经成为企业开展技术创新活动的重要方式。

创新集群的出现并不是产业集群规模增长的线性结果,而是高度依赖于创新合作主体和创新网络的形成,这是由产业集群组织模式的演化阶段和转换特征所决定的。如果说从资源共用到业务互惠阶段的集群演进存在规模驱动的递进可能,那么要想实现产业集群从业务互惠到创新互联阶段的跃迁,则需要网络驱动。这其中,创新网络是产业集群升级成为创新集群的关键要素。因此,地方政府可以通过打造具有网络链接功能的载体和片区,促成开放、密集的创新网络,进而达到提升产业集群创新竞争力的治理效果。

5.3.2 适应创新网络需求的政策治理:把握网络演化的阶段特征

进入21世纪,随着全球化带来日益激烈的竞争,政府干预在推动经济可持续发展中的作用日益凸显。作为产业集聚演化的高级形态,创新集群同样不仅仅被视为一种自发的经济现象,更被广泛地视为一种地域性(或称之为空间性)的公共政策和政府治理行动。创新网络是创新集群发展的新模式,针对创新集群的治理就是面向创新网络的治理。前文已经提及,创新网络是各个行为主体通过与创新有关的正式或非正式关系连接所形成的系统(或称之为区域环境),因此,创新网络的构建过程可以看成是各行为主体相互结网及其根植的过程(杨寰,2006)。在创新网络演化的不同阶段,对应着不同的创新发展水平(特征)、创新网络状态以及政府治理方式(强度),准确判断不同阶段创新网络的特征与需求,有助于及时调整相应的创新发展路径和模式,精准选择政策手段,实现对创新网络的合理引导。

1) 创新网络的演化阶段

对于创新网络演化阶段的划分,既有文献已有一些相关讨论。有研究将创新网络演化阶段分为形成期、成长与巩固期(发展期)、根植期(成熟期,创新网络与当地创新的环境互动,共同形成区域创新系统)(杨寰,2006);也有研究利用复杂网络理论来剖析创新集群的本质问题和内在规律性,并选取中关村创新集群为案例,将复杂网络视角下中关村创新集群的演化过程分为四个阶段,即萌芽阶段(创新主体和创新资源出现)、雏形阶段(创新主体之间逐渐结网)、形成阶段(创新网络形成但结构比较松散)、发展阶段(网络规模与结构动态变化)(董微微,2013)。基于现有的研究成果,笔者认为创新网络的演化通常需要经历四个阶段:创新萌芽、网络初成、网络成熟和创新溢出(表5-2)。一是创新萌芽期,这一阶段少量企业因为一些偶然性的因素诞生在某一区域,但企业间的联系很少,更谈不上协同创新;二是网络初成期,这一阶段随着产业的发展,创新型企业和人才开始集聚并逐步增多,以科研院所为代表的创新主体也开始加入进来,形成以"科研院所—企业"合作为主的创新网络,初步建立产学研协同的创新体系;三是网络成熟期,这一阶段创新主体的数量和类型都进一步丰富,金融、技术等各类中介机构出现并逐渐繁荣,主体之间的联系日益密切、协同创新日益活跃,创新网络趋于成熟;四是创新溢出期,这一阶段区域创新活动高度密集,形成创新极并溢出带动周边区域,跨区域协同创新开始出现。

表5-2 创新网络演化的四个阶段及其特征

阶段	主体状态	网络状态	阶段特征
创新萌芽			少量企业诞生,但企业间的联系很少 区域协同创新几乎不存在
网络初成			企业和人才开始集聚,中小企业大量产生,创新网络开始形成,并以"科研院所—企业"合作为主 产学研协同创新体系初步建立
网络成熟			各类中介机构、协会组织出现,各主体间的联系日益密切,创新网络趋于成熟 区域的协同创新日益活跃
创新溢出			区域创新活动活跃,形成创新极,并溢出带动周边区域 区域协同创新密集,并开始带动周边区域

与创新网络的演化阶段相对应,针对创新网络的治理重点也应该呈现阶段性变化(图5-2),因此,适应创新网络需求的政策治理需要把握创新网络演化的阶段性特征,即应该实现创新网络与治理的"耦合"。在创新萌

芽期,治理的重点在于培育创新因子,以市场自发形成为起点,后续再跟进扶持政策,为创新发展集聚原始资源;在网络初成期,治理的重点在于吸引要素集聚,进一步加强政策鼓励扶持力度,通过压低创新要素的供应成本,形成要素流入洼地;在网络成熟期,治理的重点在于加强网络联系,通过法规政策推动主体间的合作创新,促进创新要素在网络间的流动;而在创新溢出期,治理的重点在于推动创新辐射,偏向于区域创新环境的优化和整体竞争力的提升,搭建平台鼓励多种形式的跨区域协作。

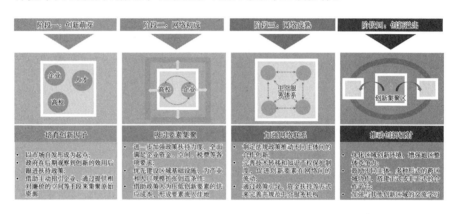

图 5-2　创新网络治理重点的阶段性变化

2）硅谷创新网络演化的历程与治理经验

硅谷是当今美国乃至全世界的信息技术产业先锋,孕育了包括苹果公司、谷歌公司、英特尔公司、惠普公司、思科公司、甲骨文公司、国际商业机器公司(IBM)等在内的大批知名高科技公司,是当之无愧的"全球科技圣地"。回顾硅谷的发展历程,其之所以能够从一个以军工需求为主的电子产业集群崛起为"全球科技圣地",并长期占据创新原发地的优势地位,很重要的一点就是其一直保持着治理方式与创新网络演化阶段之间的适配性。

(1) 创新萌芽期(1950年以前):国防工业的发展和龙头企业的出现

1900年代初,美国海军和国家航空咨询委员会[美国国家航空航天局(NASA)的前身]先后在硅谷附近成立基地,硅谷地区成为协助军事研发的中心。随之,一些科技公司(包括后来著名的洛克希德公司)开始在周边出现,以服务于军事部门的研发需求。二战期间,军事电子技术的迫切需求为硅谷带来了新一轮的发展契机,硅谷的电子类企业在国防需求的拉动下迅速发展。此外,1891年"硅谷的摇篮"斯坦福大学建立,在其产学融合路线的积极影响下,出现了以联邦电报公司和惠普公司为代表的龙头企业,斯坦福大学、联邦电报公司和惠普公司等创新龙头的出现奠定了硅谷创新发展的基础,通过人才培养、企业文化传播等方式为地区创新发展提供了持续动力。

在这一时期,适应于地区创新发展的设施基础、技术基础、制度基础以及文化基础基本形成(图5-3)。政府的治理重点主要是从自身需求出发,向企业和高校提供资金和项目支持,以此激活本地原生资源的价值,推动创新活动形成初始积累。一方面,政府通过军事采购的形式向企业提供订单,企业承接订单积累了企业发展的原始资本,同时为了满足军用项目的高要求,也在客观上促成了企业对技术创新与进步的追求;另一方面,政府资金(包括基础研发的资金支持和外包的军工标案)流向以斯坦福大学为代表的高校,斯坦福研究院和后来的斯坦福研究园都以此起步,第一批入驻斯坦福研究园的瓦里安公司、惠普公司和通用电气公司等企业均受惠于此。

图 5-3　支撑硅谷地区创新发展的各种要素基础

(2) 网络初成期(1950—1970 年):政企学合作初成,各项要素全面跟进集聚

1951 年斯坦福研究园设立,吸引了大量技术研发类企业在此聚集。1955 年晶体管发明者威廉·肖克利创立了肖克利晶体管公司,后来公司的 8 名员工创立了著名的仙童半导体公司,随后又先后离开各自创业,由此触发了硅谷半导体工业创业的连锁反应(详见专栏 1-1)。企业不断衍生、重组成为硅谷的潮流,既掀起了这一阶段硅谷此起彼伏的创新浪潮,也培育了企业广泛联系和开放的风气。在本地企业迅速衍生的同时,外部企业和相关机构也大量涌入,创新集群的规模迅速扩大,直接表现为斯坦福研究园的快速发展。在 1955—1970 年的 15 年间,斯坦福研究园的入驻企业由 7 家增至 70 家,不仅有力推动了整个地区的发展,而且成为其他地区竞相效尤的对象。

这一时期,政府、企业和高校之间的联系相较于前一阶段更加紧密,政企学合作创新的模式初具雏形,形成相互依托、互相促进的良性运作机制(图 5-4)。此时,政府的治理重点开始倾向于借助大量政策和资源的主动投入,实现创新主体的大量生成和要素环境的明显改善。其一,政府继续向高校和企业直接提供资金和项目支持,通过研究经费的倾斜以及外包项目给高校和企业推动技术的创新和应用。其二,政府通过移民制度改革等政策举措间接推动人才集聚。1965 年通过的《移民和国籍法》提出优先给予专业技术人才及其家人美国公民待遇,允许他们迁入美国,这一改革使得技术移民人数大幅上涨,迎合了硅谷对技术性人才的巨大需求。其三,在时任市长的推动下政府大力建设水利系统、公路系统、机场等基础设施，为人口和产业的快速扩容创造条件。从 1950 年到 1969 年，硅谷所在的圣何塞市用地面积扩大了 8 倍之多。

图 5-4　硅谷初具雏形的政企学合作创新网络

（3）网络成熟期（1971—2000 年）：创新体系趋于完善，网络联系不断加密

1970 年代伴随着衍生企业的不断出现，红杉资本等第一批风险投资公司成立，加利福尼亚州风险投资中心也从旧金山转移到硅谷，集聚在斯坦福大学附近的沙丘路，由此逐渐形成风险投资网络，并与硅谷原有的产业网络相结合，提供资金和信息服务，有效帮助企业解决创业初期的困难，推动了硅谷创新创业条件的优化。这一时期，硅谷的创新主体不断丰富，政府、大学、企业、风险投资机构等迅速围绕展开的创新网络填充了资源空白，产业内部分工不断细化，企业群落之间的横向和纵向协作关系不断建立和完善，经济内在联系更加高度互动（图 5-5）。

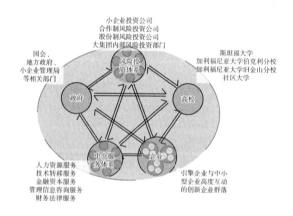

图 5-5　硅谷不断成熟的政企学金介合作创新网络

此时，政府的治理重点开始转向关注创新主体间的协调与关联，在这一阶段颁布了一系列专门性的创新政策，借助政策的精准化投放激励和规

范不同主体间的合作创新,进而促进创新网络的成长。例如,促进技术转移的相关法案,可以发挥高校作为技术创新源对推动创新发展的作用,帮助技术更快地从实验室向企业扩散,从而实现科研成果的应用开发与商业化,提升产业技术竞争力③;再例如,以促进小企业技术创新计划[小企业创新研究计划(SBIR)和小企业技术转移计划(STTR)]、先进技术计划(ATP)为代表的鼓励合作研发的相关法案,有力推动了政府与大学、科研机构、企业之间的合作创新,促进了重点领域共性技术的开发和企业技术创新能力的提升④。这些针对性的创新政策明确了企业、大学、科研机构、政府等不同创新主体在合作创新中的责任和权力,显著提升了创新主体之间的协同效应,极大地提高了创新的绩效。

(4) 创新溢出期(2000年以后):创新影响的全球化与龙头地位的不断巩固

进入21世纪,硅谷的全球影响力持续提升,日益成长为全球瞩目的创新中心,成为创新资源的集聚枢纽和对外创新投入的引擎。从波士顿到柏林再到班加罗尔,硅谷的经验、理念和科技技术广泛传播,无数的城市被称为"下一个硅谷",且在多个国家出现了一连串以"硅"作为称谓的创新集聚区域(图5-6)。随着产业的不断发展,硅谷的土地价值也同步攀升,近年来硅谷的空间成本已显著高于美国其他地区,但由于创新网络锚固在本地且不可替代,创新网络的价值外溢足够抵消空间成本的快速上升,硅谷的创新要素仍在不断集聚,创新活动也还在持续发展之中。

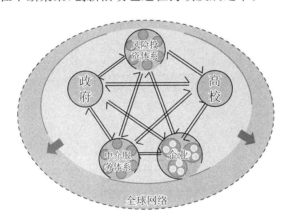

图5-6 硅谷创新网络链接到世界其他创新区域

这一时期,政府的治理重点开始转向形成创新品牌,扩大创新的联动效用,保持创新发展的顶端优势。从国家层面来看,美国开始高度重视面向全球竞争的整体创新能力提升和创新环境优化,相继提出了一系列创新战略计划。自2006年的《美国竞争力计划》到2007年的《美国竞争法案》,再到2009年、2011年、2015年连续三次发布的《美国创新战略》,在宏观层面一步步明确了美国创新发展的关键要素和重点领域,以此夯实创新基础,并引导美国在生物、纳米、能源等新兴领域抢占科技创新的制高点。美国创新实力的增强和创新品牌的打造,进一步推动了硅谷高科技产业集群的发展和其全球影响力的扩张。

5.3.3　网络链接的空间供给与治理内涵

集群在向创新互联阶段的发展过程中容易出现"市场失灵"的情况,即集群中的主体较难通过纯粹市场化的过程组织出创新网络。而"市场失灵"的主要表现可以分为两个方面:①创新网络的组织主体或功能缺失。有些产业集群处于创新要素的先天"稀薄区",集群中缺少高校、科研机构、风险投资机构等在集群组织初级阶段不需要的主体类型,导致集群创新网络的组织难度极大。②创新网络的协调失灵。不同主体之间由于存在信息不对称、交流机会不足、价值导向差异以及合作制度障碍等的约束,导致无法就创新合作达成有效共识。此外,由于创新的不确定性和对既有发展路径的依赖,集群中拥有创新网络组织潜力的主体也可能并没有形成创新发展、开放式合作的意识,导致其对创新网络的组织意愿较弱、参与度较低,造成功能性缺失。

网络链接即是指地方政府为了应对创新网络形成的"市场失灵",通过打造有利于创新网络形成的网络性载体或网络性片区,对创新合作模式进行干预,调动合作机构共同创新的积极性,进而形成创新孵化网络、创新合作网络以及潜在创新网络等多种创新网络。具体而言,针对创新孵化网络、创新合作网络以及潜在创新网络,应该形成三个维度的空间供给与治理方式(图5-7)。

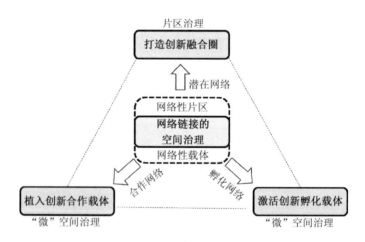

图5-7　三类创新网络链接方式的治理逻辑

①激活创新孵化载体。为了形成丰富、高效的创新孵化网络,地方政府需要积极鼓励和引导各类具有创新孵化能力的创新主体开展创新孵化,最大限度地提升创新的衍生效应。在这一过程中,地方政府应该充分利用各类创新孵化资源,了解主体的孵化诉求和能力,尊重并依托相关孵化主

体的专业判断。

②植入创新合作载体。为了促进创新合作网络(尤其是产学研创新网络)的形成,地方政府需要积极搭建集群内外之间、集群内部之间各主体的交流合作载体。在这个过程中,地方政府应该基于集群中创新主体的合作诉求,通过创新合作载体的打造,主动且精准地嫁接集群内外的创新资源。

③打造创新融合圈。为了促进各种潜在创新网络的形成,地方政府需要根据创新网络所形成的功能组织模式,打造具有创新网络适应性的网络性片区,从而创造尽可能多的交往机会,有效促进不同主体之间的信息交换,降低创新网络的交易成本,提高创新网络的形成概率。在这一过程中,地方政府应该基于创新网络形成的可能情景,满足潜在创新主体和创新网络的空间需求。

5.4 针对三类网络的政策治理逻辑

5.4.1 创新孵化网络:把握孵化网络的多元特征

创新孵化网络是存量创新资源充分整合和再利用的过程,是持续培育创新企业、推动创新主体不断裂变的核心网络体系,创新企业、高校、风险投资机构、综合服务机构等都是具有创新孵化能力的重要主体,创新孵化网络的存在有利于增加新企业的诞生率、提升企业创新创业的成功率。对于初创企业而言,创新孵化网络提供了一种成本和风险相对较低、创新创业价值更可预见的支撑环境。由于创新创业活动的高失败率,有意识地整合创新资源、构建高效的创新孵化网络,早已成为全球各地创新治理的重要共识。在已有的研究中,创新孵化网络通常被视为依附于孵化载体的创新网络(王国红等,2013),可见,孵化载体对于组织创新孵化网络具有重要意义。创新孵化网络按组织类型差异,主要可分为集成式、发散式两种类型(图5-8)。

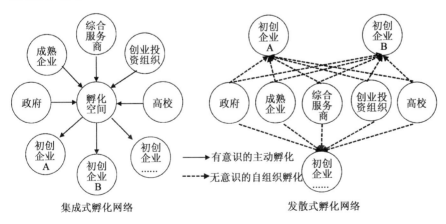

图 5-8 两种创新孵化网络的组织方式差异

其中,集成式创新孵化网络以孵化载体为中枢进行组织,有明确的运营和孵化目标。孵化载体的运营主体将自有或可协调的网络资源进行整合,为入孵企业提供系统、正式的创新孵化支持;集成式创新孵化网络在网络结构上呈现由专业孵化载体为枢纽,链接众多既有主体和初创企业的特征,孵化器、众创空间等都是专业孵化载体。

除了有意识运营的集成式创新孵化网络以外,更广泛存在的是无意识溢出的发散式创新孵化网络。发散式创新孵化网络是指既有创新主体与初创企业之间直接的、自组织的创新联动关系,包括创新主体在发展中无意识(非主动)、偶发性的资源外溢与衍生过程。发散式创新孵化网络的出现往往以密切的社交、商务互动为基础,通常是围绕具有突出创新溢出特质的主体进行组织,这类核心主体主要包括企业、高校和科研院所。孵化主体虽没有主动、有意识的建构孵化器,但是却成为催生创新企业出现和发展的重要源头。孵化主体的创新溢出特质体现为知识信息和创新人才的流动与互动,例如,成熟创新企业的技术人员可能在获得技术和灵感以后离开企业开始创业(如前文提及的杭州"阿里"系创新企业、硅谷仙童半导体公司衍生出的半导体企业群),高校学生和教授也可能在取得科研积累以后开始创业(如大疆创新科技有限公司研发的直升机飞行控制系统,即依托于创始人汪滔及其导师李泽湘在香港科技大学的研究课题)。这种自发形成的创新人才链(关联),虽然不是基于核心主体与初创企业之间的主动合作,但是有效形成了创新孵化的网络关系。

相比于集成式创新孵化网络,发散式创新孵化网络由于组织性较弱而呈现出更加草根的孵化状态,但这种自组织的成长过程同样富有生命力。值得注意的是,对于某个初创企业而言,可能同时身处集成式和发散式两种网络之中,例如,孵化空间中的在孵企业同样可能与孵化空间网络资源以外的主体存在一定的孵化关系,进而由两种基本组织形态叠加嵌套形成更为复杂的混合孵化形态。

5.4.2 创新合作网络:聚焦产学研创新网络的组织痛点

产学研创新网络通常是指企业、高校以及科研院所围绕技术创新而进行的多方合作,并由政府、金融机构、科技中介服务机构等作为辅助(张在群,2013)。一般而言,在产学研创新网络中,企业作为技术的需求和接收方,高校以及科研院所作为技术的产出和出让方,企业、高校以及科研机构以联合研发、成果共享、风险共担为基本原则,以创新资源共享、创新优势互补为基础,开展创新活动的协作,完成技术的创新和新产品的开发。产学研创新网络作为一种跨组织边界、跨组织类型的创新合作网络,实现了基础科学和产业发展的链接,既有利于企业快速获得创新的竞争优势、弥补自主研发弱的短板,也有利于高校以及科研机构将科学知识资本化,是产业集群激活创新潜力、持续提升创新能力的重要动力源泉。

然而,产学研创新网络也有其显著的组织痛点(图5-9)。首先,作为一种跨主体边界、跨主体类型的创新网络,不同主体之间的异质性使得产学研创新网络具有天然的组织难点。一方面,各类主体的机构性质和价值导向存在明显差异。企业是以获取收益最大化为目标,对于创新带来的经济效应尤为敏感;高校和科研机构则多强调学术产出,以论文、专利等科技产出作为评价学术成果的标准,对于应用研究和科技成果产业化的重视不足。另一方面,不同主体之间的信息不对称。由于主体之间价值导向和工作重心的差异,导致不同主体相互认知的不全面。高校和科研机构缺乏对于市场信息的收集与研究考证,而企业同样对高校和科研机构的研发行为了解甚少,因此,不同主体之间创新合作的交易成本通常较高。为了应对产学研创新网络的组织难点,发达国家凭借一套比较完善的科技中介服务体系来加速科技成果的转化,但是中国的科技中介服务体系尚不发达,政府的"中介型"治理角色则显得尤为重要。当前,从"产学研"向"政产学研用"的系统性升级,已经成为组织产学研创新网络的基本共识。"政产学研用"本质上就是强调产学研创新网络形成中的政府干预力量,强调政府主动介入创新合作的系统工程之中,加快不同主体之间的磨合,克服产学研创新网络自组织中的难点,使科技成果能更加高效地转化为产业发展的创新动力。

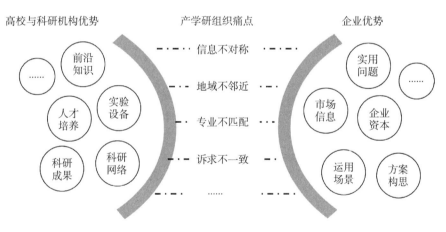

图5-9 产学研网络的各方优势与组织痛点

其次,在产业集群中组织产学研创新网络,还需要解决企业和高校、科研机构在地域上不邻近、不匹配的问题。由于产学研创新网络中不同主体合作的交易成本较高,对于频繁交流的依赖性也相对较高,即使是在信息网络和交通网络日益畅通的当下,地理邻近在促成产学研创新网络中的优势依旧凸显。然而,中国的高校、科研机构的布局与城市的行政层级有较强的相关性,整体上呈现自上而下、计划性的布局特征,相对集中地分布在少数重要的中心城市之中,与广泛分布的产业集群在空间上存在突出的不均衡状况。尤其是大量的产业集群是在以低成本为优势的草根环境中成长起来的,本地创新资源较为匮乏。即使在同城或邻近地区布局有高校、科研院所,也有极大可能在科研重点方向上与本地的产业集群不相匹配。产业集群中的企业固然可以通过直接与集群外的机构建立创新合作通道,解决在发展过程中的创新协作诉求,但无疑要支付较高的交易成本。跳出本地集群地域范围的链接方式,将极大地限制这些企业参与产学研合作的积极性,对中小企业的影响则更为明显。

5.4.3　潜在创新网络:识别创新网络的形成机理

从1980年代开始,在经济全球化、信息技术革命浪潮的推动下,生产要素的全球化流动过程日益加速,一些研究者认为信息技术革命将削弱资本、土地、劳动力等传统要素对于经济活动空间布局的影响,进而提出"地理已死"的观点(谭文柱,2012)。面对"地理已死"的质疑,更多的学者则敏锐地关注到,与日益全球化的经济相反,局部地区对于新兴的生产形式仍然重要,特别是创新活动倾向于在某些地理空间中"抱团"出现(Leamer et al.,2001;孙瑜康等,2017)。时至今日,硅谷、硅巷、硅环等少数地区,依然是世界范围内创新活动最为集中的区域。相关研究表明,上述现象的产生是由于地理邻近在知识传递过程中具有不可替代作用。英国哲学家迈克尔·波兰尼(2000)将知识分为显性知识(编码知识)和隐性知识(缄默知识)两大类型,相较于可以被人工编码、正式传达的显性知识,隐性知识无法进行编码化(Codification),只能依托于非正式的学习过程获取。由于隐性知识不能被清晰表述并只有在实践中掌握,使其具有难以远距离传递的特性。因此,创新主体间充分地面对面交流将有助于对相关知识的全面获取,成为高效开展创新协作、激发潜在合作可能的重要前提。此外,地理邻近往往是认知邻近、制度邻近的基础条件,并有利于多维邻近效果的达成(夏丽娟等,2014),而创新网络组织的复杂性决定了其对于多维邻近的系统性依赖。

从创新网络的组织方式来看,创新网络包含正式创新网络和非正式创新网络两种。其中,正式创新网络是指基于正式契约而建构的创新合作关系(van Aken et al.,2002),其通常是产出创新合作成果的直接网络,有明确的参与方、共性的创新目标,并以合作协议等方式清晰界定各主体在合作过程中的责权利。非正式创新网络则是指不同主体之间基于文化、习俗、管理、信任等而形成的非契约式的创新合作(马庆国等,2007),其通常不以具体、明确的创新目标为导向,广泛依托于科研圈、校友圈、社交圈等社会关系之中,在科技研讨会、企业俱乐部等开放式、随机性甚至无意识的交流场景中形成。正如美国社会学家格兰诺维特(Granovetter,1973)提出的社会"弱联系"(Weak Ties)理论中所指出的一样,"弱联系"是指一种联系范围较广、联系频率相对较低的人际交往纽带,区别于产生在家庭、工作搭档、商务活动中的"强联系","弱联系"往往作为跨行业、跨阶层的"信息桥"，能够帮助个体突破既有的资源界限。而在某些情境中，"弱联系"极有可能转变为"强联系"，如通过社交发现新的客户市场、新的创新合作者等等；与之类似，非正式创新网络同样可以促成正式网络的结成，也可以通过知识的交互创造出新的知识。因此，集群功能的组织不应该仅限于专业性的创新互动，也应该涉及多元化的社交过程，以充分激发各类非正式和正式创新网络关系的形成可能性。

鉴于地理邻近和社会交往对于创新网络形成所起到的积极作用，越来越多的主体在创新网络的牵引下、在与创新网络的共生互动中形成空间集聚。以美国的医药研发与制造企业为例，过去这些医药企业更多地分布于郊区飞地，在那里可以更加隐秘地保护它们的知识产权，而近年来多家医药研发与制造企业开始将其研发部门布局于领先的生物技术公司或麻省理工学院、哈佛大学等主要研究性大学附近，以更好地接受知识外溢并形成合作（如前文提及的剑桥肯德尔广场）。而随着创新活动向都市集聚，核心创新空间也将呈现出"功能复合"的网络都市性特征（图5-10）。有学者在分析硅谷创新生态时，引入了"创新的雨林法则"这一概念（维克多·黄等，2015），在创新网络的支配下，创新集群将更大概率出现在具备"雨林"特征的空间单元中。这些雨林型地区是兼具适宜密度、多样性以及生长性的都市型片区，也是潜在的创新网络密集区（图5-11），其空间基底往往具备如下具体的特点：生产和生活融合、机构与企业共生、高成本与低成本交织以及适应性变化。这些看似混沌的场景，却充分体现了创新网络的内在秩序，呈现出创新网络支配下空间的多样性和变化弹性。打造创新融合圈即是指地方政府以强化既有创新网络、激发潜在创新网络为目的，通过多元融合的功能组织、动态应变的功能管制，形成具有"雨林"特征的都市板块。

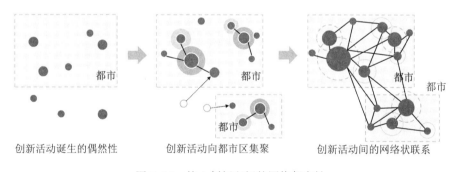

创新活动诞生的偶然性　　创新活动向都市区集聚　　创新活动间的网络状联系

图 5-10　核心创新空间的网络都市性

5.5 案例：杭州城西科创大走廊的创新网络构建机制及治理体系研究

杭州城西科创大走廊（以下简称"科创大走廊"）位于杭州主城西部，东起浙江大学玉泉校区，经西湖区紫金港科技城、余杭区未来科技城、临安区

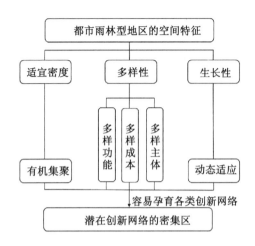

图 5-11　创新雨林型地区的空间特征及其网络效应

青山湖科技城,西至浙江农林大学,长约 33 km,总面积约为 224 km²⑤(图 5-12)。科创大走廊是浙江面向中国经济转型和全球经济重构、实施创新驱动发展战略的主平台,也是杭州建设世界名城的先行区和样板区,致力于打造全球领先的信息经济科创中心,成为国际水准的创新共同体、国家级科技创新策源地和浙江创新发展的主引擎。自 2016 年提出以来,依托杭州城西科创产业集聚区⑥的建设基础,科创大走廊日益显现出产城融合发展、创新创业活跃的科技新城雏形,已逐渐成为杭州创新资源的主要集聚地。

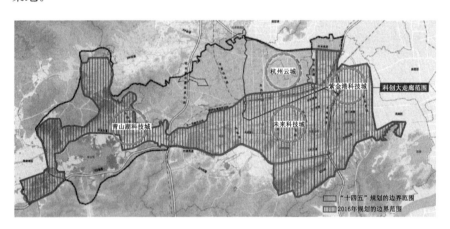

图 5-12　科创大走廊扩容前后范围

当前,随着各类创新政策区的密集投放,国家创新发展格局开始浮现,重点创新区域正在形成,而创新能力的高低将决定未来杭州在全国城镇体系中的地位。因此,科创大走廊凝结了杭州市、浙江省对于创新发展的全部期许,它的规划建设不仅将迅速成为整个东部沿海地区创新格局中的重要一极,而且可以为中国摸索符合自身创新发展的现实治理模式提供经验借鉴。

5.5.1 杭州城西科创大走廊创新网络的现状评估

1) 创新的集聚效用已经显现

科创大走廊近年来发展迅猛,创新要素规模增长明显,科研机构、孵化平台等各类创新载体快速集聚⑦(图5-13)。与创新载体的集聚同步,大量国家"千人计划"、浙江省"千人计划"、海外高层次人才等创新创业智力资源不断涌入⑧。与此同时,相比与省内的宁波杭州湾新区、台州湾循环经济产业集聚区等其他产业集聚区,科创大走廊的创新发展水平居领先地位;与北京中关村、上海张江等国内领先的创新型园区虽然还存有一定距离,但在电子商务、云计算等新兴服务业的带动下,其地区第三产业比重和人均产业增加值更具优势,未来发展潜力巨大(图5-14)。

图5-13 科创大走廊内的创新载体分布

注:海智即浙江海智投资管理有限公司;贝达安进即贝达安进制药有限公司;炬华科技即炬华科技股份有限公司;浙大网新即浙大网新科技股份有限公司;同花顺即同花顺网络信息股份有限公司;华策影视即华策影视股份有限公司;江南布衣即江南布衣服饰有限公司;海洋二所即自然资源部第二海洋研究所;珀莱雅即珀莱雅化妆品有限公司。

从创新企业来看,一方面,杭州民营经济实力雄厚,经过2001年开始的两轮民营经济"三年倍增"计划,以民营企业为主体的块状经济迅速生长,形成了创新发展源源不断的活力支持。以杭氧集团股份有限公司、杭叉集团股份有限公司、万马集团有限公司等为代表的本地民营大企业不仅自身拥有较强的科技创新能力,而且通过带动配套、衍生创业等形式,在企业周边集聚了一定规模的创新型中小企业。另一方面,以"阿里"为代表的企业向科创大走廊转移,带动了地区创新网络的成长和创业生态的提升。前文已经提及,诸如"阿里"等龙头企业对于地区的创新发展具有"锚"效应,不仅可以通过控股、投资等形式壮大企业群,更为重要的是其培养出了大量的创新人才、衍生出了大量的创业公司,有利于创新创业群落的形成。

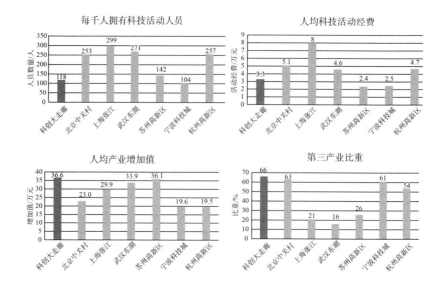

图 5-14 科创大走廊与六个国内领先创新型园区的科技活动和产业发展比较（2015 年）

注：由于杭州城西科创大走廊不是行政范围，缺乏相应的统计口径，因其物理空间以城西科创产业集聚区为主体，故分析数据以集聚区数据为主。

2）创新网络结构和机制的差异性显著

当前科创大走廊的创新动力具有"空投植入"和"本地升级"两种截然分化的体系。其中，空投创新以"阿里"为核心，吸引创新人才、创新企业、中介服务机构的集聚，孕育创新创业活动；本地创新则以传统大型制造业企业为主体，在技术改造升级、新产品开发等需求的驱动下，通过自身研发能力的提高，促成创新型制造业企业的出现和成长。不同的创新动力决定了各片区功能类型的差异化发展，具体来看：临安片区以工业经济为主，以青山湖科技城为主要载体，形成以先进装备制造业为主导，节能环保、新材料等新兴产业齐头并进的产业格局；余杭片区以服务经济为主，围绕未来科技城大力发展互联网经济，初步形成电子信息、健康医疗、智能制造、科技金融四大产业集群；西湖片区则以信息经济和文化创意经济为主，依托浙江大学科技城大力发展以云计算、互联网金融为代表的信息经济和以影视广告为主体的文化创意产业。

此外，创新要素的本地网络关联能力和嵌入度不足，创新功能的可替代性和可迁移性过高。在调研走访中同样发现，当前科创大走廊创新主体间的网络联系和合作互动不足，不少企业仍然倾向于与地区外的企业、科研机构进行协作，基于当地创新网络的协同创新尚未成熟[⑨]。而受政策优惠吸引到本地的创新要素如果不能与其他创新主体形成嵌入本地的创新网络，则可能因为力度更大的扶持政策而迁移到其他地区。上述问题的存在，进一步导致科创大走廊内的局部创新网络虽然已经形成，但整体的创新网络关联仍未建立，突出表现为临安、余杭和西湖三个片区呈现出不同的创新网络特征，相互之间缺乏联动、创新要素整合不够（图 5-15）。

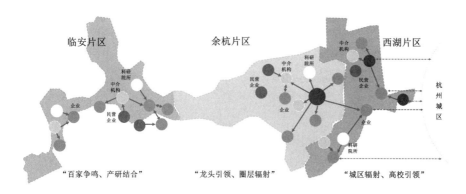

图 5-15　科创大走廊内各片区创新网络特征示意

(1) 临安片区：百家争鸣、产研结合，但各自为政、两头在外

临安片区的产业功能以制造业为主，与之相应，创新空间也多服务于生产制造：一类是直接用于生产，推动制造环节技术创新的制造车间；一类是专注于研发，促进重点行业共性关键技术突破的研发单元。该片区创新网络呈现出"百家争鸣、产研结合"的发展特征(图5-16)，片区内创新型制造业企业众多、自主研发能力较强，在装备制造、节能环保等领域走在行业技术创新的前沿，重点企业都拥有自己的科技研发平台。随着入驻科研院所的相继投用[①]，产研结合的创新模式正在积极推进。但当前创新网络的关联性和根植性仍待强化，企业之间各自为政，供应链和创新链大量外置。从创新网络的形成机制(图5-17)来看，片区创新网络的形成主要依靠政府强大的先导和助推作用，政府不仅制定了各类优惠和鼓励政策来引进大企业、科研机构和相关人才，并且积极打造和扶持孵化器、保障用地供应、完善服务配套设施，以此促进创新资源的快速集聚。但当前本地企业与外来科研资源的结合还不够紧密，合作的范围和深度不足：片区的大企业往往实力强劲，均已具备自身的创新链条，而中小企业更加需要专而精的技术支撑，相对狭窄的需求面与科研机构追求共性技术突破的特性不吻合，造成两者之间难以建立真实的协作关系。与此同时，片区的市场活跃度不高、社会资本介入不够，金融服务等中介机构的缺失使得创新体系不够健全，制约了创新网络的进一步成长。

(2) 余杭片区：龙头引领、圈层辐射，但依附性强、共享不足

余杭片区以服务经济为主，因此，创新载体的形式主要是迎合互联网企业、投资服务机构等创新创业主体需求特征的楼宇型空间。该片区创新网络呈现出"龙头引领、圈层辐射"的发展特征(图5-18)，"阿里"对于创新网络的形成和发展起着核心引领的作用，向外圈层辐射带动创新主体的繁荣和创新体系的完善。然而，"阿里"带动的创新企业主要依托其细分业务进行发展，以"阿里"与企业之间一对一的单向链接为主，难以形成相对独立、根植本地的功能。此外，由于互联网企业进入门槛较低，多数企业主要瞄准市场创新以期尽早抢占先机，而较少关注同类企业间的联系，致使共享式创新难以形成。从创新网络的形成机制(图5-19)来看，片区创新网

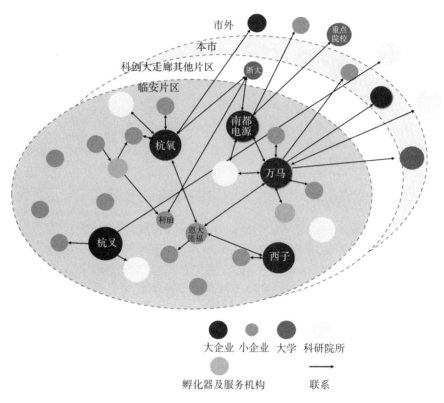

图 5-16 临安片区创新网络的发展特征

注：浙大即浙江大学；杭氧即杭氧集团股份有限公司；南都电源即南都电源动力股份有限公司；万马即万马集团有限公司；杭叉即杭叉集团股份有限公司；利珀即利珀科技有限公司；恩大施福即恩大施福软件科技有限公司；西子即西子集团有限公司。

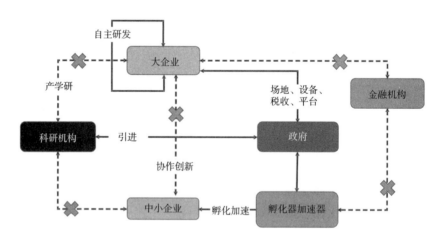

图 5-17 临安片区创新网络的形成机制

络的形成主要来自龙头企业的辐射带动，在核心企业周边形成紧密的创新圈层，各相关中小企业基于核心企业的细分需求延伸价值链，不断寻找创新创业的空间，中心极化效用明显。这种单中心创新网络与本区域内其他

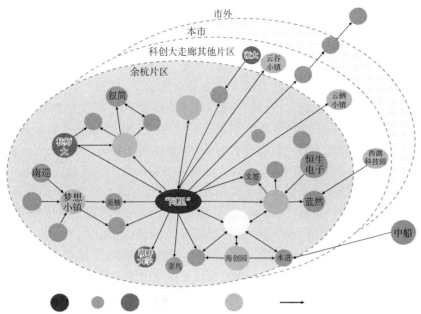

图 5-18 余杭片区创新网络的发展特征

注:浙大即浙江大学;叙简即叙简科技股份有限公司;杭师大即杭州师范大学;南巡即南巡信息技术有限公司;美柚即美柚科技有限公司;菜鸟即菜鸟物流信息科技有限公司;水进即水进环境科技有限公司;中船即中船(浙江)海洋科技有限公司;文签即文签网络技术有限公司;恒生电子即恒生电子股份有限公司;蓝然即蓝然技术股份有限公司。

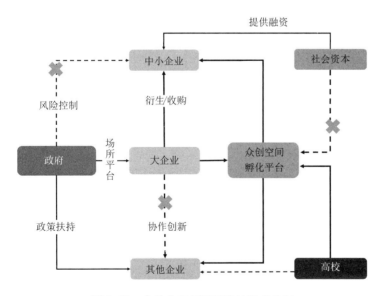

图 5-19 余杭片区创新网络的形成机制

类型创新载体的关联不强,互联网、信息化对于创新发展的正向效用尚未完全发挥。但在互联网经济的影响下,轻资产的商业模式创新对资本规模的需求较低,较易撬动社会资本的运作,因而市场活跃度较高。

(3) 西湖片区：城区辐射、高校引领，但体系分散、转化不足

西湖片区邻靠杭州主城核心区，高校、旅游、生活服务等城市其他功能板块嵌入其中，没有相对独立、成规模的产业集聚区，创新载体以商务楼宇等都市型创新空间为主。该片区的创新网络呈现出"城区辐射、高校引领"的发展特征（图5-20）。作为城区的重要功能板块，西湖片区享有较好的城市服务配套，加上相对便捷的交通条件，使得片区新兴服务业领域的创新发展卓有成效，依托西溪谷吸引了支付宝（中国）网络技术有限公司、蚂蚁金融服务集团、芝麻信用管理有限公司、浙江网商银行股份有限公司等一批互联网金融的先行者；以浙江大学为首的高校源源不断地向外输送人才、技术、理念等，引领创新创业活动在片区内的集聚。然而，西湖片区主要承接城区辐射，而非完整、独立的功能单元，因此在创新要素的空间分布上主要呈现出以主城为中心的放射廊道发展特征；此外，浙江大学虽已在创新网络中发挥重要作用，但目前高校的创新引领作用主要局限于基础创业人才的供给，在技术转化方面存在短板。从创新网络的形成机制（图5-21）来看，片区创新网络的形成主要依托高校资源与社会资本的结合。该片区高校资源丰富、浙商资本雄厚、金融产业发达，高校培育出的创新人才可以通过浙江大学科技园、浙大网新软件园、西湖科技园等不同类型的孵化平台，利用金融机构提供的社会资本，借助创新理念或技术，相对便捷地实现轻资产创业。与此同时，片区当前的创新多为大学生创业形成的小微互联网企业，产学研合作形式较为单一，真正意义上的技术协作与联动效应尚未形成；随着浙商资本的大量进驻（以建设总部基地、提供创新创业空间等

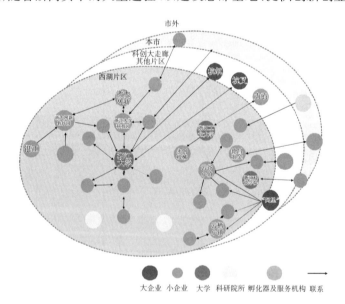

图5-20 西湖片区创新网络的发展特征

注：银江即银江环保科技有限公司；浙大网新即浙大网新科技股份有限公司；杭氧即杭氧集团股份有限公司；杭叉即杭叉集团股份有限公司；力石即力石科技股份有限公司；永创机械即永创机械有限公司；德昌五金即德昌五金家具有限公司。

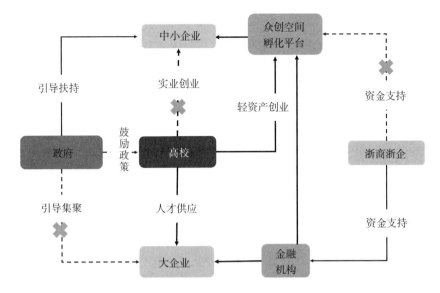

图 5-21 西湖片区创新网络的形成机制

形式广泛参与创新),未来也需对其进行规范引导,以扩大资本对创新创业的带动效应。

3) 创新网络发展的阶段判别

目前科创大走廊内的创新要素大量集聚,创新网络在一些"锚"企业的引领下开始衍生和壮大,正在向进一步成熟化的方向持续演进。但正如前文所述,目前科创大走廊内部片区化特征明显,现有创新网络的关联性和在地化程度仍然不足,大量的创新要素仅仅实现了"本地集聚",还尚未形成真正的"集群效用",部分中介机构和创新组织初显雏形,创新网络整体处于第二阶段向第三阶段过渡的演化阶段(图5-22)。

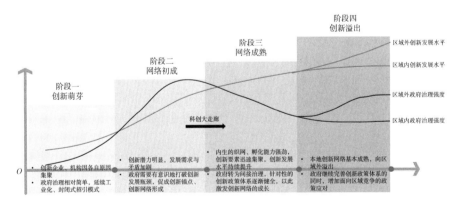

图 5-22 科创大走廊创新网络的演化阶段

随着创新网络从第二阶段向第三阶段的演化,科创大走廊的创新治理重点也应从吸引要素集聚转向加强网络联系。在创新网络演化的第二阶段,为了加速创新要素的集聚,向科创大走廊投放各种特殊政策并配套相应资金,大量建设供给低成本创新空间具有正面效应;但当上述举措边际效用已经达到极值的情况下,创新治理的重点应该转变面上投政策、投空间的惯性做法,逐步转向促进创新主体关系建立(关注网络)的政策体系,以此挖掘创新网络内部集聚的更大增长潜力。

5.5.2 杭州城西科创大走廊现状治理体系评估

1) 管理体系基本建立,但创新协调和空间统筹不足

在创新管理方面,科创大走廊目前已经初步建立三级体系(图5-23),其中第一级为杭州城西科创大走廊规划建设领导小组办公室(以下简称"大走廊办")和杭州城西科创产业集聚区管理委员会(以下简称"集聚区管委会"),其职能主要在于重大建设事项的协调,但缺少能够有效制约各级建设主体行为的手段⑪;第二级为科创大走廊内部的浙江大学科技城、未来科技城、青山湖科技城等建设主体,偏重重点项目的建设和创新要素集聚政策的落实,形成相互间的平行竞争关系;第三级为承担具体创新职能的孵化器、办公楼宇等相关市场主体,此类市场主体在自身发展层面需要创新要素的协调。总体来看,科创大走廊在创新管理方面存在自上而下诉求的不一致,政府层面更加偏重空间和政策的"给",而较少关注市场主体更加需要的"用",创新要素的单向投入现象明显。

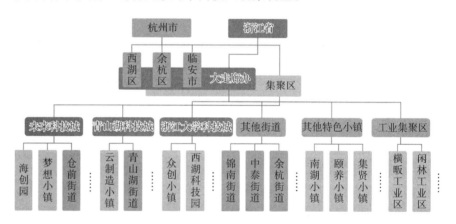

图5-23 科创大走廊创新管理的三级体系

在空间建设方面,科创大走廊虽然名义上已经成为1个整合主体,但实际上跨2区1市(西湖区、余杭区、临安市)3个行政主体,辖3个各具特色的科技城(浙江大学科技城、未来科技城、青山湖科技城),由为数众多的街道、特色小镇、工业集聚区等共同构成⑫。众多空间主体之间相互嵌套,空间建设职能整体下沉、较为分散。当前,科创大走廊范围内具有不同级别自主发展能力的园区、街道、高校、特色小镇等超过40个,主体数量众多客观上给科创大走廊的空间、功能等方面的一体化协调带来了更大的难度。在创新网络发展的快速扩容阶段,依靠大量低成本、具有竞争性的空

间供给有助于在较短时间内实现创新要素的快速集聚,但随着科创大走廊自身创新网络的深度演化,上述状态将不利于创新要素的进一步互动与协作。

2) 政策数量多、力度大,但整体体系仍有缺失

在2006年《中共杭州市委、杭州市人民政府关于进一步打造"天堂硅谷"推进创新型城市建设的决定》推出之前,相应的创新政策主要集中在高科技发展、专利管理等传统领域;2006—2013年杭州市进一步完善创新体系,在总体战略层面明确了建设创新型城市的方向,同时针对青山湖科技城、未来科技城等主体出台了专项政策,奠定了科创大走廊政策驱动下创新资源集聚的雏形;2014年国家"万众创新"政策出台后,杭州市在短短2—3年内出台了超过60项创新相关政策,为创新发展提供了极大便利(详见附录)。

从政策重点上看,科创大走廊现有适用政策主要围绕人才、平台、载体、资金等核心内容,以大量创新基础要素的投放为导向。据统计,现有近90%的创新政策集中在上述环节,其中资金奖励方面的政策数量最多[13]。从政策内容上看,相应政策的覆盖面也在不断扩展:资金奖励政策逐步从单一政府补贴向市场广泛参与、从普适性补贴向竞争性资金转变,希望借助资金分配方式的创新,进一步提高资金的使用效率;人才引进政策从传统的高新技术人才转向更加多元的人才体系;为呼应当前创新发展的新趋势,载体建设政策也开始在传统的科研院所、孵化器基础上补充新型众创载体,形成了恒生科技园、海创园、梦想小镇等不同类型的载体运行模式。

可以看到,科创大走廊现有要素供给政策体系基本完整,尤其是人才、平台、项目、资金等相关政策的扶持力度已经较大。以资金类政策为例,据不完全统计,在相关政策均得到落实的情况下,科创大走廊内的企业可申请的创新资金总量超过30亿元,而2015年西湖区、余杭区、临安市三地每年的科技财政支出总额才仅仅略超10亿元,诸多资金扶持政策实际上并未被有效使用。与之相应的是,现有政策缺少对创新网络发育的引导,尚未关注到创新网络演化过程中对于政策扶持需求的转变[14]。此外,政策精准度不足,资源投放与空间主体特征间存在错配。前文已经提及,科创大走廊内部各片区的创新基础和动力有明显差异,所产生的政策治理需求也较为多元,导致一些面上政策虽然力度较大,但由于各片区适用性不同,造成创新政策的"空头化",较难起到真正的创新支撑作用。

5.5.3 杭州城西科创大走廊的创新治理思路

1) 创新发展路径

(1) 立足区域视野,构建闭环态创新

正视当前科创大走廊内部三大片区差异性的创新网络基础,整合浙江

大学科技城、未来科技城、青山湖科技城，形成分工有序、一体联动的创新网络新格局。在区域层面，借助区域性科创走廊相互功能的打通，引领杭州向西形成长三角"第四边"新经济动脉，拓展创新型经济发展的腹地，最大化挖掘苏浙皖三省交界地区的生态、景观和成本优势（图 5-24）；在省域层面，构建"大闭环"，利用西湖片区统合导入浙商资本，利用余杭片区加速企业成长、吸纳新技术，利用临安片区鼓励企业落地扩容，以期在整体上形成促进浙江本土企业转型升级的动力引擎（图 5-25）；在科创大走廊层面，构建"小闭环"，明晰三大片区的职能分工，形成面向创新型企业全生命周期的格局形态，保障不同阶段企业的发展可能（图 5-26）。具体而言，利用浙江大学的创新引擎功能和西湖片区良好的城市配套环境，促进浙江大学的技术转移与浙企总部的集聚，打通浙江大学在科创大走廊内部人才和技术的两大出口——既为初创企业提供人才团队和初始技术，也为成熟企业提供高素质人才的就业和成熟技术的合作；促进余杭片区进一步成长为科创大走廊创新成长链条上的重要孵化器和服务平台，进一步发挥"阿里"的带动作用，一方面借助"阿里"创新创业的品牌效用，为大量初创企业提供理念、信息、模式等层面的交流，另一方面借助大数据、信息产业的基础优势，为科创大走廊乃至整个区域的企业资源整合服务平台，提升整体产业创新效率；推动青山湖科技城成为省内最大的创新成果转化与试验平台，形成初创企业进一步加速成长的助推器。

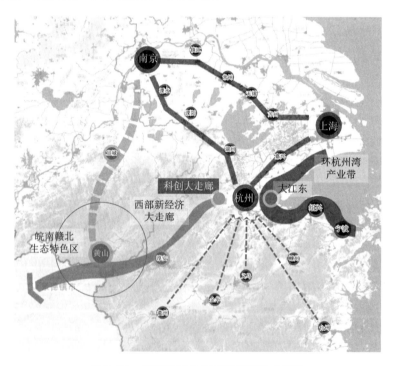

图 5-24　区域层面的创新"闭环"模式示意

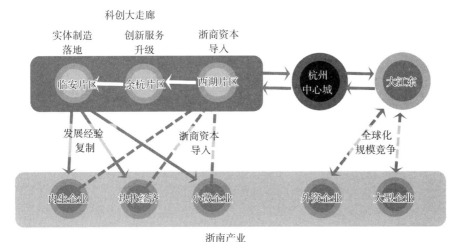

图 5-25 省域层面的创新"闭环"模式示意

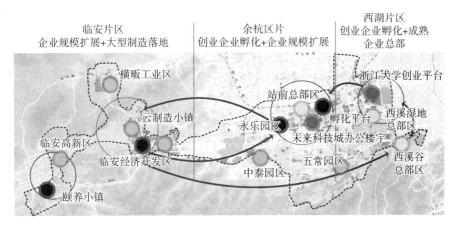

图 5-26 科创大走廊层面的创新"闭环"模式示意

(2) 破解离散格局,实现总线型创新

当前科创大走廊内部创新主体间的关联较弱,在很大程度上是因为差异化的片区创新基础和创新成果之间缺乏基本的标准,不利于技术、成果乃至知识的交流、共享。硅谷创新发展的成功恰恰在于其模块化的创新组织关系,虽然创新的领域、环节、重点各有不同,但都预留有清晰的标准化接口,例如,不同产品相似零部件的共享标准、不同服务间业务模块和流程的一致标准等。只有实现了创新活动的标准化组织,才能促进所有创新需求、创新服务供给之间的便捷交流,最大化提升创新互动的效率。因此,应该促进现有各类创新主体共享自身资源,形成创新要素的公共平台,并在此基础上将各类创新需求和服务通过平台进行汇集,然后整合分解,最大化破解个体创新需求和创新服务供给之间的信息不对称问题,实现各项创新功能的整合发展。

(3) 壮大集群效用,推进协同式创新

一方面,打造具备中间转化、中间协同功能的空间单元,串联不同板块、不同主体创新网络。通过国家实验室、产品中试服务平台、创新公共服务平台、知识产权交易展示平台、企业大数据服务平台等中间型载体的建设,为相对分散的创新网络的整合提供空间载体支撑。另一方面,实现簇群化、集群化的创新发展格局,促进本地创新网络的深度发育。基于不同片区创新集聚特征的差异,强化集群化创新发展思路,把握创新交往的规模尺度,针对不同创新主体布局合适的创新基础设施服务半径,围绕浙江大学、"阿里"等核心创新主体形成圈层式的创新群落;以特色小镇、创新园区等为载体,形成特色化的创新社区、创新园区。

2) 特色治理模式

(1) 树立全国示范,打造双层治理结构

形成政府引导、市场主导的双层治理结构,政府借助规划、政策来引导与规范市场行为,市场集聚资源、扩大效用,实现发展提升。根据科创大走廊的实际需要,充分发挥"政府—市场"双层治理结构相互补充的优势,形成创新要素的两种集聚路径:一方面政府借助自身的资金能力和信用保障,针对最为重要且市场回报率不高的创新领域进行直接投入;另一方面在投入产出预期相对明确的创新领域,充分发挥市场的主导作用,借助规划和其他相应政策,引导市场资本和资源按照合理的创新规律进行投入和布局。既要避免政府过度干预造成盲目投资、抑制创新,也要避免过度放任市场造成成本过速上涨、重点空间单元和优质资源被过早占用。通过创新活动和创新空间"软硬结合"、政府和市场"双向互动"的新型治理体系的构建,为中国创新发展提供地方治理经验。

(2) 顺应阶段变化,突出"间接治理"转型

根据创新网络演化的一般规律,即便在创新活动的早期阶段,政府也需要通过主动引导甚至直接参与的方式来提升创新活动的强度和水平,但从创新的可持续发展角度来看,一旦创新主体之间能够依托市场建立起更加紧密的网络关系,形成分工清晰的创新群体,则政府必须停止对创新活动本身的干预,转向对于创新前后端等战略环节的投入和引导,实现"间接治理"。在"间接治理"过程中,政府将不再通过行政手段向创新链条内部直接投入资源,而是通过对于前端专项技术研发的支持和后端创新产品的采购来把控创新的总体方向。向前端研发投入有助于降低重大技术的初期研发成本,避免因研发投入和后续收益不匹配而导致的创新动力不足;而向后端采购投入,既能够避免新产品投入市场后短期需求的不足,为创新成果提供"第一桶金",又可以通过采购量、采购价格给市场释放明确信号。

(3) 面向现实需要,构建差异化治理体系

针对不同类型空间单元的功能特性,实行差异化、精细化的治理策略跟进。生态、公共服务平台等公共责任型空间(水乡湿地地区、高铁枢纽地

区、国家实验室、创新服务平台、创新中试单元等)对于科创大走廊的创新发展具有重要的引领和支撑作用,但市场开发、保护的动力不足,应由平台统一统筹,形成明确的刚性管控边界;其他片区及相应的创新载体单元,则应以"准入清单+特色政策配套"的方式,在符合科创大走廊创新发展总体导向的情况下,赋予市场一定的弹性建设空间,形成"刚性+弹性"的管控措施组合。

5.5.4 杭州城西科创大走廊的治理创新手段

1) 构建适于创新的空间治理体系

其一,做实区域创新发展治理平台。增设专门针对创新活动协调的柔性服务部门,重组空间治理的权责体系。在大走廊办下设置大走廊创新发展指挥部(以下简称"指挥部")作为唯一执行主体,其管理职能由创新管理和空间管理两个部分构成(图5-27)。在创新管理方面,顺应科创大走廊创新网络演化阶段,吸取中关村部门设置的经验,匹配创新协调需求,建立以创新引导、创新协作为主要职能的工作组;在空间管理方面,集中平台、市区层面的部分建设发展职能,重点针对规划协调,重大交通、公共服务设施建设,生态空间保护和维育等执行完整的空间管理、建设职能,提升空间建设统筹能力。

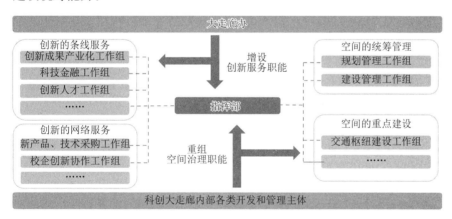

图5-27 科创大走廊创新发展指挥部的管理职能

其二,建立创新活动的专业化、柔性化治理模式。作为创新型区域,相关部门设置的初衷不应仅仅面向具体的项目落地和空间建设,更应该充分尊重创新的特有属性,真正构建适于创新活动发展的治理框架。瑞典、日本、韩国、新加坡等国家均在推进创新的过程中通过建立专业化的创新协调性机构,突破传统的政府条线,形成更具针对性的管理支持[15]。北京中关村同样在科技成果转化、新产品采购等方面设立专门工作组,以此为基础促进创新产出的协同[16]。因此,在指挥部下面除了设置传统的科技、资金、人才等条线部门外,还应设置具体面向创新方向和创新协作的专项机构(产品采购、技术采购、校企合作等),以此促进创新网络的进一步生成和协作。

其三,强化重点空间单元和要素的刚性管控,避免核心要素分散化建设。划定生态边界、控制线,明确重大项目建设清单,对于具有重大公共价值的功能载体、生态单元的建设保护实行统一管理,变全部空间的"三统三分"为重点空间与一般空间的"统分结合"(图 5-28)。

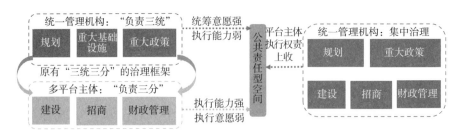

图 5-28 公共责任型空间的治理调整

其四,提升重点空间、重点领域发展的资金保障能力。整合各级政府现有用于扶持创新发展的相关资金项目,形成省级、市级及相关平台联合投资的科创大走廊发展公共投资基金,制定合理比例,分担建设资金压力,避免各专项资金分别使用造成的投入分散问题。公共投资基金主要用于重大共享性项目的建设以及基础支撑性空间的开发和保护,对于面向创新主体的基础公共性创新服务空间,应统一布局、统一建设,保证此类空间的共享性;对于区域重大基础设施,应统一规划、统一建设,项目涉及的其他各类建设主体均需按比例分担成本,避免多主体导致空间协调的不足;生态空间也应由公共投资基金负责维育,以从整体上提升科创大走廊创新发展的环境品质。

2) 力促本地创新网络关联形成

其一,共享空间。建设专业化的创新孵化器和共性研发平台,如共性技术研发中心、创新驿站、公共中试车间等。强化创新网络关联:首先,应强化技术之间的交流协作,共性技术研发中心[典型的如美国国家标准与技术研究院(National Institute of Standards and Technology, NIST)]通过共性技术研发,避免不同技术独立研发导致的技术鸿沟(如利用共性技术研发中心的建设,帮助完成企业生产专用技术和高校、科研院所基础技术之间的转化),节约技术创新成本,加快创新协作速度(图 5-29,专栏 5-1)。其次,强化创新网络关联还应强化企业与技术服务之间的紧密互动,创新驿站(Innovation Relay Centre, IRC)通过专业化机构代替企业寻找合适的技术、服务供应商,进而促成其深入合作,通过变"成果供给—企业吸纳"模式为"企业需求—解决方案"模式,避免企业和服务商之间信息沟通不充分、服务商和企业需求之间的脱节问题(图 5-30,专栏 5-2)。最后,强化创新网络关联应立足于进一步提升企业之间的正式与非正式交流,公共中试车间(Public Pilot Workshop, PPW)可供大量中小企业开展产品小试、中试,同时交换产品信息、寻找配套合作伙伴、展示产品原型等

(图 5-31)。目前科创大走廊内部的存量创新载体主要以楼宇型和厂房型为主,对于大量创新型企业而言,楼宇型空间难以容纳大型设备,厂房型空间又不具备严格的中试条件,而公共中试车间的建设不仅可以填补此类空间的空缺,而且能够在中试过程中促成企业相互学习、合作,联合攻关技术难点。

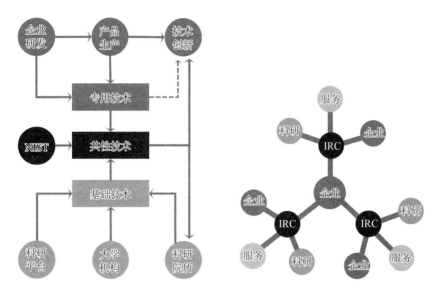

图 5-29　共性技术研发中心(NIST)模式示意　　图 5-30　创新驿站(IRC)模式示意

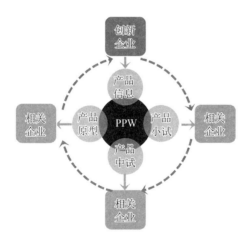

图 5-31　公共中试车间(PPW)模式示意

专栏 5-1　美国 NIST 建设

总部位于马里兰州盖瑟斯堡(Gaitliersburg)的美国 NIST 在建设初期,其动力来自于军事技术向民用技术的转化,旨在以标准化平台为突破口,降低企业在产品标准化方面的成本及相关技术共享上的门槛。据统计,经过 NIST 促成的共性技术,其研究成果的平均社会回报率高达 144%,是美国研发平均社会回报率 50% 的近 3 倍。

> **专栏 5-2　欧盟 IRC 建设**
>
> 　　欧盟 IRC 是覆盖全球 48 个国家、570 家商务机构的创新支持网络。2002—2006 年的 4 年时间,仅在欧盟地区就建设了 71 个创新驿站,形成了 12 500 份技术转移协议,覆盖了 55 000 余位客户。创新驿站提供服务主要分五个步骤,分别是走访企业、识别技术需求或技术潜力、寻找欧洲合作者、提供进一步的支持和意见、帮助签订合同等。目前,我国江苏等省份已经逐步建成创新驿站体系(被称作企业购买服务产品的"淘宝网"),并且该体系已开始在创新过程中发挥重要支撑作用。

　　其二,共通成果。一方面,参考美国小企业技术转移计划(Small Business Technology Transfer Research Program, STTR)的实施方式,通过设立企业技术转移专项资金,要求企业申请资金补贴时必须与研发机构联合,且必须明确企业和研发机构的具体工作内容和预期达成效用,促成企业与研发机构的合作(专栏 5-3)。另一方面,调整、完善技术转移规章制度,确保技术转移门槛下降。此外,目前科创大走廊内孵化器的营利模式相对单一,主要依靠对孵化企业的股权投资或者是创新载体的出售。未来可以在政府的引导和补贴下输出自身的创新团队和服务,既实现针对一般企业的创业创新指导,提升大量非孵化器内企业的创业成功率,又可以为孵化器提供新的营利模式。与此同时,制定明确的产业导引清单,重点产业发展方向要求必须设定交叉授权,确保各项新技术在科创大走廊内部快速地传递与推广。

> **专栏 5-3　美国 STTR**
>
> 　　STTR 是按照 1992 年的《加强小企业研究与发展法》而设立的,是专门为促进研究机构向小企业实施技术转移而制订的直接财政援助计划,是美国政府支持小企业技术创新最重要的计划之一。不同于传统政府向研究机构单向进行科研投入,也不同于研究机构与市场企业自发开展的产研合作,更不同于政府向企业进行直接的研发投资等方式,STTR 旨在通过政府创新门槛和导向的设置,强制性要求企业与研究机构必须实现有机合作,才能作为共同获益人共享资金支持。根据相关要求,企业进行 STTR 项目的申请必须与大学、研究机构等进行合作,由双方共同提出,且申请项目中至少有 40% 的工作由小企业完成,至少 30% 的工作由大学、研究机构完成,剩余 30% 的工作可由其中任何一方或顾问、转包商完成。

　　其三,共同标准。建立产品、技术、人才的公共认证体系。一方面,制定产品、技术的标准化体系,促进企业各类新产品、新技术、新服务按照统一模块标准设置接口,最大化降低企业、服务商之间的协同成本(图 5-32);引进标准制定机构,鼓励领军企业积极参与制定行业标准,通过行业标准的制定来促进创新后端产品链条的进一步延伸;建设一批标准化的生产服务企业孵化器,转变传统孵化器仅孵化创新企业的做法,为大量的专业化生产服务企业提供专门的孵化平台,扶持、培养一批能够为企业提供标准化服务解决方案的新型生产服务企业。另一方面,建立人才履历互认机制,促进人才在主体间的双向流动。形成人才工作经历、社会职称与学历的转化机制,在淘宝大学等机构试点实行一线员工在岗深造、工作经历抵扣学分等制度,为不同身份、不同来源的创新人才提供共同认可的资历转化体系;鼓励有过社会创业创新经验的人群返校进修,提升创业者的综合素质;利用科创大走廊互联网、信息技术产业的领先优势,尝试推进慕课(MOOC)等多元社会学习方式,为大量自主创业的非正规大学毕业生提供补充知识、交流创新设想的良好平台;鼓励在校师生与校外企业合作创新,同时授权创新成果以学校为平台进行转让;允许在校学生保留学籍暂停学业(不超过2年)进行创业,学生在校获得科技成果转让的,学校收取必要费用后其他收益均返还学生。

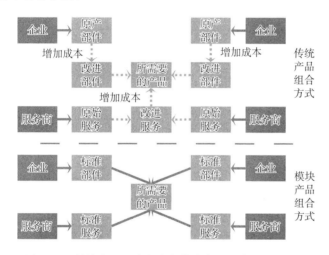

图 5-32 传统产品组合方式向模块产品组合方式的转变

3)逐步建立"间接治理"框架

其一,活用金融手段,刺激前端创新投入。一方面,落实政府公共引导基金和担保政策,运用资金手段引导科创大走廊的发展方向。具体而言,在科创大走廊层面由省、市、区三级政府联合建立政府公共引导基金,在具体运作过程中,应在指挥部基础上成立专门的资产管理公司和投资运营公司,并将基金保存在托管银行,保证资金专款专用;同时积极引进社会资本方参与投资,允许社会资本方在有条件阶段参股,在投资对象达到预期发展效果后回购退出。扩大政府公共引导基金范畴,不仅针对创新创业投资方,而且向产业、民生、基础设施等领域延伸,借助公共引导基金撬动各类市场主体进入科创大走廊发展的各个领域。建立政府担保体制,由担保公司和各级政府按一定比例注册成立风险池资金,保障创新型企业资金来源稳定、风险可控;对于企业发生偿还违约的,担保公司由银行代偿后领取政府补贴、与银行共担风险与责任。另一方面,率先开展新型投融资模式试点,变政府单向补钱为市场自主调节。充分借鉴广东省互联网股权试点方案经验(表5-3),探索科技众筹、互联网运营、一站式创业综合服务、新三板股权投资等多种模式,帮助中小企业借助互联网方式实现便捷融资。关注中小企业融资风险,规范资金的性质和来源,避免系统性风险的发生。此外,复制北京中关村、武汉东湖、上海张江等地的试点经验,积极争取"投贷联动"[12],在丰富中小企业融资手段的同时丰富银行投资手段,变传统金融服务为创新型金融服务。

表 5-3 广东省开展互联网股权众筹试点工作方案

鼓励开展的模式	股权众筹的具体内容
科技众筹模式	以种子期、初创期的科技型、创新型企业和项目为主要对象,对接高新区、工业园、转移产业园、创意产业园,为创新型企业和创业项目提供项目展示、路演、创业辅导、投融资对接、众筹融资、业务拓展等全方位服务,打造以股权众筹平台为中心的创业创新生态圈
纯互联网运营模式	突破传统"线上+线下"的方式,完全依托互联网技术完成投融信息交互,将项目判断、风控交由网络上的投资人,通过众人智慧汇集产生投资决策,完成股权众筹
一站式创业综合服务模式	股权众筹平台在为创业项目进行股权融资的同时,利用专业优势为创业者和投资者提供投前、投中、投后系列综合服务,如对创业者投前进行融资指导、创业规划,投中进行项目对接、宣传,投后进行项目营销、资源匹配;对投资者投前进行项目推荐、第三方评价,投中进行项目对接、尽职调查,投后进行项目管理、股权退出等
互联网众筹交易中心模式	作为第三方公共服务平台,不设物理网点和柜台,运用互联网和大数据技术,为股权众筹平台和投资者提供资金监管、准入、估值、尽调等服务,并通过登记确权实现非标权益流转、损益认定、收益兑付、税费缴纳等平台功能,以此汇聚大量金融投资资源,为各类创业创新项目、个人、企业提供综合金融服务和孵化加速
专注新三板股权投资模式	聚焦成长期的股权投资项目,与券商、私募股权投资/风险投资(PE/VC)机构合作选择优质项目,帮助项目迅速融得资金,并登陆新三板
依托区域性股权交易市场的股权众筹综合服务模式	区域性股权交易市场作为中小微企业融资服务平台,由区域性股权交易市场牵头搭建股权众筹平台,利用其资金、信息、管理等优势,为股权众筹平台及创业项目提供投前、投后的信息管理、股权登记托管和交易转让、配套引导基金等综合服务
与公益众筹相结合模式	通过互联网方式发布筹款项目并募集资金,扩大影响,汇聚人气,传播公益理念,探索公益众筹实践。建立一套量化体系,对参与者根据其参与的具体表现给予相应的积分等回报,兑换商家提供的商品或服务优惠,将公益和众筹结合起来,调动社会参与的积极性,培育公众的公益观念
综合金融服务模式	鼓励持牌金融机构、大型金融集团等向股权众筹领域延伸,突破传统单一业务发展模式,与其他金融业务板块形成联动,为股权众筹项目提供综合金融服务
其他创新模式	鼓励各试点平台在风险可控的前提下,结合实际和自身特点,探索新的运营模式

其二,深化创新券制度,扩大适用范围,丰富使用方式[18]。在强化监管的基础上,允许企业以创新券作为众筹、众包回报抵押的操作方式,即企业可以以创新券实际金额为标定回报,如果其所需技术难题被解决,则解决人或机构可获得创新券的使用权,并在严格审查众包程序的基础上允许其提现作为直接回报。逐步尝试准许个人登记领取创新券,建立一套适用于个体"草根"创新者、创客群体的项目评估和创新券兑现体系。允许多家企业通过合并创新券的方式扩大额度,用于较大规模的研发、检测等服务。此外,对共享科研器材的科研机构进行考核并给予补助。大量科研机构的现有设备并不具备广泛向社会开放的能力,因此需要改良、采购设备,同时对设备进行维护,上述成本难以由创新券完全覆盖,需要政府进一步给予支持。

其三,大力加强政府采购,以市场后端需求倒逼企业实现创新竞争。完善政府采购名录,借助政府采购明晰创新扶持的方向,以采购名单的不断调整向市场传递政府需要的创新转变;在政府采购中将采购任务更多地向创新基础扎实、可持续性强的企业倾斜,并给予自主创新产品相应的价格倾斜;扩大政府采购内涵,不仅支持技术创新、产品创新,而且对创新服务进行采购,从多个维度全面鼓励各类科技创新创业企业的发展。

4) 促进创新活动实体转化

其一,严格保障实体制造业空间,腾退低效、不合理的工业用地。划定制造业发展区,在制造业发展区内部限定制造业保留比例,保持各个片区间制造业用地的总量联动,保障创新型产业落地扩容的基本空间;设定新型制造业转移区,享受特定的补贴政策,引导创新型企业按照市场规律逐步集中集聚(图 5-33);提高存量低效工业厂房的持有成本,倒逼原业主调整空间使用策略,逐步促进区内大型企业实现空间扩容与整合。

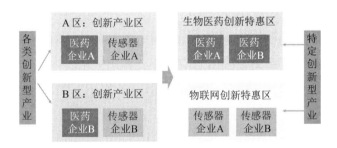

图 5-33 新型制造业转移区制度示意

其二,建构跨区利税分享机制,保障实体企业在正常迁移过程中的收益分成。实体产业的创新发展将经历从孵化到产业化的不同阶段,一般而言,创新企业对于孵化地的利税贡献有限,但是进入产业化阶段后,孵化地的空间条件往往不能满足相应需求或不是产业化的最适宜地区。当前科创大走廊内各片区的产业发展条件差异明显,单一片区较难满足企业的全生命周期需求,同时科创大走廊与全市乃至全省其他产业化地区相比在实体企业扩容方面也存在竞争。因此，依据科创大走廊闭环态创新的发展路径，通过建构跨区税收分享机制，有助于保障孵化地的创新回报，提高孵化器腾换毕业企业的积极性，加速实现科创大走廊的产业转型与创新发展(图 5-34)。

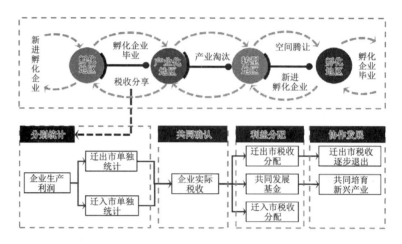

图 5-34　跨区税收分享机制示意

其三，创新用地管控方式(专栏 5-4)，为创新载体的弹性发展预留可能。率先尝试引入基于形态的用地管控，弱化对于用地功能的明确限定，激励创新空间的弹性增长[19]；区分"一般规划区"和"重点意图区"，其中"重点意图区"可以附带额外开发规则，借助额外开发规则进一步明确重点创新单元、板块的功能开发要求；探索采用创新功能的清单式管理模式，搭建"刚性＋弹性"的用地管理体系。

专栏 5-4　硅谷地区的用地管控方式

硅谷各地方政府的区划条例虽各不相同，但其主体结构基本一致，多采用"叠加区划"方法或"组合区划"方法，其中与"创新"联系紧密的用地管控方式可以总结为以下三点：

一是刚性与弹性相结合的分区构成。具体而言，采用规划基底区(刚性)与混合叠加区(弹性)结合的方式对土地进行分区控制，其中规划基底区对土地进行全覆盖，而混合叠加区仅覆盖特定区域。混合叠加区并非提出独立的开发管理规则，而是在规划基底区的基础上提出额外的开放规则或限制规则。例如，帕罗奥图(Palo Alto)中心区大学街周边以及斯坦福大学科研园是硅谷最为活跃的地区之一，因此部分被划定为中心商业区(CD-C)的地块，叠加人行商业混合区(P)以限制机动交通进入，使大学街成为步行街，激发街道空间的公共活动功能(专栏图 5-4-1)。此外，在规划基底区中还有一类特殊基底区。区别于以功能为主划分的规划基底区，特殊基底区通常为某一特定区域，根据该区域的特殊情况实行规划管控，不受其他基本用途分区的规则限制(专栏表 5-4-1)。例如，斯坦福大学位于圣克拉拉郡(County of Santa Clara)管辖范围内的大部分区域被划分为一般用途区(A1)和开放空间与野外考察区(OS/F)。其中一般用途区(A1)具有较高的用地兼容性,斯坦福大学可根据需求在其中设置教育、研发办公、公共设施等多种用途,为科技创新提供机会。

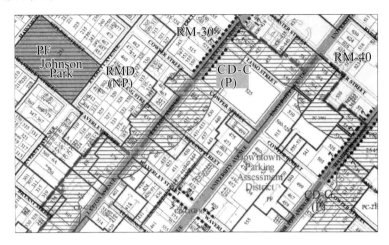

专栏图 5-4-1　硅谷帕罗奥图中心区区划示意

注:PF 为公共设施区;RM-40 为高密度多户住宅区;RM-30 为中密度多户住宅区;RMD 为低密度住宅区的一种;NP 为邻里保护组合区;Johnson Park 为约翰逊公园。

专栏表 5-4-1　硅谷地区的三类管控分区

区划大类	目的与内容
规划基底区	以用地功能划分的区域,需进行严格管控
特殊基底区	特定区域实施特殊管控,不受用途分区限制(例如,A1 为一般用途区,有较高的用地兼容性)
混合叠加区	在基底区上提出额外的开放规则与限制规则(例如,在人行商业混合区限制机动交通进入)

二是预留弹性的创新规划基底区。各地方政府在保证区划基本框架与控制要素的同时,设置了一些与创新相关的弹性分区,在该类区域放宽了功能的准入机制,从而为功能复合、研发空间以及新功能的诞生预留了很大的弹性。如规划社区(Planning Community District,PC)是帕罗奥图区划中规划基底区的一种,为满足用地的过渡性与灵活性而设立。在经过相应的规划许可后,PC 内可布置几乎所有的土地用途,尤其是各类新型用途。基于该规划基底区的较大弹性,其成为很好的过渡性基底区。当原有用地分区弹性不足,限制了创新产业发展时,可将其变更为PC 以利于各种土地用途的混合;当对用地有了具体的规划与设想后,同样可对该区域进行变更(专栏图 5-4-2)。城市中心区规划用地的弹性问题可由 PC 解决,而对于郊区独立的科技园区(如斯坦福大学科研园),帕罗奥图区划中则采用了另一种规划基底区的类型——研究园区(Research Park District,RP)来进行产业集群及相关服务功能的布局。研究园区(RP)主要为满足研究与制造用途而设立,可设置金融服务、高校与培训机构、基础研究型办公、创新产业、多家庭居住(满足创新产业对居家办公的需要)等用途。

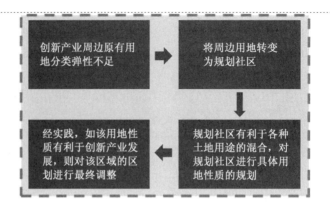

专栏图 5-4-2　规划社区发展流程

三是设置为创新产业服务的土地用途分类。硅谷各地方政府区划均对土地用途进行分类,其规划管控的基本思路是将各类用途通过不同程度的许可后布局在上述各土地利用分区内,一般来说,包含以下几种许可模式:①明确规定不需要经过规划自由裁量;②需要经过一定的评审程序或获得相应许可证;③明确规定不给予许可。除设置常规的办公、制造等用途外,硅谷区划还设置了多种为创新产业服务的用途。例如,在帕罗奥图区划中商务服务(Business Services)用途专为商业活动提供服务,不仅包括会计、税务、文档与图片处理、打印等服务,而且包括在线股票发售和其他相关服务;机械与装备服务(Machinery & Equipment Services)用途用于机械与装备的租赁、储存与打折出售;艺术与工艺品工作室(Studios-Arts & Crafts)是专门为艺术家、摄影师等提供艺术展示与实践的区域(专栏表 5-4-2)。上述用途经过许可后均可在特殊基底区中的一般用途区(A1)设置。

专栏表 5-4-2　圣克拉拉郡区划中与创新产业相关的用地分类

大类	中类	小类
居住 (Residential)	家庭办公 (Home Occupations)	一般:仅限家庭成员在住所办公
		扩展:允许一名雇员和部分户外仓储
商业 (Commercial)	办公(Office)	—
	实验室与测试服务 (Laboratories & Testing Services)	
	机械与装备服务 (Machinery & Equipment Services)	
	艺术与工艺品工作室 (Studios-Arts & Crafts)	
	商务服务(Business Services)	
工业 (Industrial)	生产制造 (Manufacturing / Industry)	小规模郊区
		限制型:包括规模较大的实验室
		一般型:不易燃易爆,对环境有影响
		密集型:易燃易爆,对环境影响较大

续表 5-4-2

大类	中类	小类
机构 (Institutional)	高校与语言学校 (College & Vocational Schools)	—
	户外科研场地(Field Research)	—
农业 (Agricultural)	农业研发 (Agricultural Research)	—

第 5 章注释

① 参见徐苏涛、谢盼盼、岳渤:《产业组织创新中的认识论与方法论问题》,"GEI 新经济瞭望"公众号,2021 年 11 月 6 日。

② 数据来源于国家统计局社会科技和文化产业统计司编撰的《全国企业创新调查年鉴:2017》。

③ 为了促进技术转移,美国先后制定了一系列法规制度,如 1980 年出台的《史蒂文森—怀德勒技术创新法》提出联邦政府机构要从研发预算中提取一定比例用于技术转移,并成立"联邦技术应用中心";1980 年出台的《贝耶—多尔大学及小企业专利法》提出放松对联邦资助和与政府签订合同所产生的发明专利的政策限制,允许大学和小企业进行专利许可和转让;1986 年出台的《联邦技术转移法》提出将参加技术转移活动纳入对科研人员的绩效评估,并为联邦实验室技术转让联盟(全国性的技术转移机构)提供资助机制;1988 年出台的《综合贸易与竞争力法》提出成立"区域制造技术转移中心";2000 年出台的《技术转移商业化法》提出简化归属联邦政府的科技成果转化程序;等等。

④ 为了鼓励合作研发,这一时期,美国同样制定了一系列法规制度,如 1982 年出台的《小企业创新发展法》提出建立小企业创新研究计划(SBIR),并对小企业商业化潜力研究提供政府资助;1986 年出台的《联邦技术转移法》提出确立联邦实验室和其他联邦政府机构、州和地方政府、大学、非营利组织以及企业之间的合作研究和开发协议(CRADAs);1989 年出台的《国家竞争力技术转移法》提出允许政府所有、委托运行的实验室参与 CRADAs 计划;1992 年出台的《加强小企业研究与发展法》提出建立小企业技术转移计划(STTR);1993 年出台的《国家合作研究与生产法》提出允许企业在生产活动中进行合作;等等。

⑤ 根据《杭州城西科创大走廊发展"十四五"规划》,科创大走廊由 224 km² 扩至 398 km²,承继"一带三城多镇"布局基础,形成"一廊四城两翼"联动发展新格局。

⑥ 杭州城西科创大走廊的前身为 2012 年 9 月成立的杭州城西科创产业集聚区。

⑦ 据统计,截至 2015 年 10 月,杭州城西科创大走廊范围内共有孵化器 50 家以上,特色小镇 18 个,高校 9 所,大院名所 51 家,院士和博士后科研工作站 18 家,省级以上科研机构 77 家,省级以上高新技术企业 80 家。

⑧ 2015 年杭州城西科创大走廊内共引进两院院士 25 人、海外院士 6 人、国家"千人计划"人才 90 人、浙江省"千人计划"人才 112 人、杭州市"521"计划人才 25 人,海内外高层次人才总计 2 000 余人。

⑨ 针对科创大走廊内科创企业的调研走访结果显示,在受访的 18 家科创企业中(全部位于未来科技城和青山湖科技城),没有任何一家受访企业与未来科技城或青山湖科技城内的企业有业务往来,也没有任何一家受访企业与临安其他地区(除青山湖科技城外)的企业有业务往来,仅有 2 家受访企业和 1 家受访企业与余杭区其他地区(除未来科技城外)、杭州市其他地区(除余杭区、临安区外)的企业有业务往来;与此同时,在浙江省其他地区(除杭州市外)、长三角地区(除浙江省外)、全国其他地区(除长三角地区外)、国外拥有合作企业的受访企业分别有 8 家(占比为 44%)、8 家(占比为 44%)、11 家(占比为 61%)、6 家(占比为 33%)。

⑩ 临安片区依托浙江省科创基地,陆续吸引了自然资源部第二海洋研究所、香港大学浙江科学技术研究院、中国科学院长春应用化学研究所等多家国内实力雄厚的科研院所。

⑪ 大走廊办和集聚区管委会合署办公。

⑫ 2021 年 4 月,杭州市部分行政区划优化调整,本书所用杭州市相关行政区的文字表述和相应图纸均为行政区划优化调整前。

⑬ 人才引进方面的政策数量约占 15%,载体建设方面的政策数量约占 17%,项目管理方面的政策数量约占 22%,资金奖励方面的政策数量约占 36%。

⑭ 在现有的 110 余条适用政策中,涉及创新网络关联建立的仅有 6 条。

⑮ 瑞典创新局负责调控研发方向并促进创新机构之间、创新与应用之间的链接;日本综合科学技术创新会议为最高科技决策机构,负责科技政策评估和资金协调;韩国未来创造科学部以重点科技资源投放方式促进科技和创新经济统筹发展;新加坡研究、创新和创业理事会与标准、生产力与创新局协同为战略项目提供资源并投资创新协作。

⑯ 中关村科技创新和产业化促进中心(简称"中关村创新平台")由国家有关部门和北京市共同组建,其下设重大科技成果产业化项目审批联席会议办公室、科技金融工作组、人才工作组、新技术新产品政府采购和应用推广工作组、政策先行先试工作组、规划建设工作组、中关村科学城工作组和现代服务业工作组等工作机构。

⑰ 所谓"投贷联动",是指银行采用成立类似风险投资公司或基金的方式,对创新企业给予资金支持,并建立在严格的风险隔离基础上,以实现银行业的资本性资金早期介入。"投贷联动"既考虑了科创企业的融资需求,又考虑了中国以银行为主的金融体系特点,能够有效增加科创企业的金融供给,目前的试点地区包括北京中关村国家自主创新示范区、武汉东湖国家自主创新示范区、上海张江国家自主创新示范区、天津滨海国家自主创新示范区、西安国家自主创新示范区等。

⑱ 创新券是由政府向科技型中小企业和创新创业团队免费发放的权益凭证,主要用于鼓励科技型中小企业和创新创业团队充分利用高等院校、科研院所等创新服务提供机构的资源开展研发活动和科技创新。收取创新券的单位持创新券到指定单位兑换。

⑲ 1979 年起,旧金山地区最早将形态控制引入区划条例。相对于传统区划创造适用特定功能的区块,基于形态的区划对于用地功能的规定更具弹性,对建筑、景观、道路等设计要素则有更严格的要求。基于形态的区划对开发基地采用规范性的开发标准,并辅以自由裁量的弹性标准。这些标准一般根据地块尺寸、区位、邻近关系和其他各类基地和使用之间特定的关系特征确定(陈鑫等,2015)。

6 从刚性约束到弹性引导：探索适应城市空间转型的规划监管手段

> 城市的本质在于其多样性，城市的活力来源于多样性，多样性是城市的天性。
>
> ——简·雅各布斯《美国大城市的死与生》

创新型经济与传统经济的增长模式有着巨大差别，创新型经济的发展极大地改变了城市空间生长、利用的基本逻辑，也必将重构空间规划的基本逻辑。面对创新型经济形态的新需求及城市空间发展的新逻辑，需要超越工业化时代的增长主义思维、简单的规划管控逻辑，通过建构更加柔性化、弹性化的城市空间供给与治理模式，提升城市对创新不确定性的应变能力。

6.1 面向传统城市空间利用模式的规划监管：以"管控"为原则

中国在1990年代推进了分税制、分权化、城乡土地使用制度、住房市场化等一系列重大改革，中央政府在赋予地方政府更多权力、更多可支配资源的同时，也将更多的增长压力转移至地方，促成了"增长主义"政策体制与整体环境的全面形成（张京祥等，2019）。此后，在"增长主义"理念与土地财政制度的选择下，中国城镇化取得了举世瞩目的成就（张京祥等，2013）。与此同时，我国的城市规划事业也得到了极大的发展，但主体思路还是促进地方的分权、竞争和以国内生产总值（GDP）增长为导向的经济发展。这一时期，城市规划的主要功能是扮演"地方增长机器"，服务于地方经济增长的目标，而不是实现对空间资源的合理统筹与集约利用。因此，这一时期规划监管的思维逻辑、技术规则相对稳定，这种规范性的思维有利于空间利用模式的快速复制和大面积推广，代表着快速发展过程中追求的规模效应和管理效率（任俊宇等，2020）。

其中，最具代表性的便是控制性详细规划体系的建构。控制性详细规划（以下简称"控规"）作为指导城市开发建设活动的重要法定规划依据，从编制、审批、实施过程中可以明显看出其存在的"技术逻辑＋行政逻辑"主导的规划思路。我国控规的探索始于1980年代中后期，初创阶段主要用作政府项目的规划设计与对市场化开发的管控；此后，随着土地出让规模的不断扩大,控规成为管控城市发展节奏与公共服务设施保障的有效底线,并在经过长期探索后形成了一套全面覆盖、严谨细致的控规编制与调整体系(高捷等,2021)。从技术角度来看,传承于计划经济的现有控规体系习惯于采用强制性内容、实线管控等方式描绘城市发展的"蓝图"。其中,土地用途分类是控规编制的首要任务。以控规对土地类型的限定为例,此前的《城乡用地分类与规划建设用地标准》(GB 50137—2011)将城市建设用地分为8大类、35中类、44小类,这一制度设计的初始意图是希望通过细化的城市用地分类标准保障控规的制度化和刚性,它也确实在快速城镇化、工业化时期有力支撑了城市空间扩张型的增长并保障了空间基本秩序。然而,这种确定性、终极式的用地规划,实质代表了对城市功能发展的主观判断。需要注意的是,我国最早一版的《城市用地分类与规划建设用地标准》(GBJ 137—90)诞生于中共十四大确立社会主义市场经济体制之前的两年。计划经济时代城市规划的最显著特征是建设主体的单一性(高捷等,2021),由于从中央政府到地方的高度统一,城市的发展目标直接转化成具体的工程项目,落实在年度国民经济计划中并得以实施,地块功能成为具体项目的有效载体与限定(周剑云等,2008)。但是,城市规划本身即存在着唯一性(一解)与不确定性(多解)的悖论(徐兵,2006),也正是因为如此,不论是学术研究还是规划实践,对于控规"刚性"与"弹性"的讨论均已延续多年(高捷,2020)。尤其是随着创新需求的不断升级,现行控规编制与管理中强调的全面覆盖、精确管控更是无法满足创新型经济的多样性、不确定性需求,与当前城市的发展要求间产生了众多复杂的矛盾与冲突。

6.2 弹性引导:培育创新空间的规划思路

6.2.1 城市空间:作为创新活动的重要载体

作为创新原发、创新转化、创新扩散与创新锚固的空间"主战场",城市是创新要素集聚与经济增长的重要平台(方创琳,2013)。创新作为一种经济活动,需要相应的物质空间予以承载,城市空间则是创新型经济发展最重要的基础载体和生产要素。创新发展与城市空间不可分割,创新空间大都具有美国著名城市学者萨森提出的"城市特质",即复杂性、高密度、文化与人口结构的多样性,以及新旧事物的层次性。虽然创新不必然萌芽于城市空间,但城市空间有利于创新萌芽,创新发展必然依托城市空间。在前文的论述中笔者也已经多次强调,先要有舒适宜人、有生机、有活力的城市特质空间,而后才是创新的空间孵育成长。

创新型经济导向下城市空间的适应性变化,其本质是由于产业人群及其需求的变化和产业自身的结构性发展(许凯等,2020)。面向创意阶层、创新企业、创新网络等创新型经济的构成要素,及其生活指向性、空间易变性、多维邻近性等空间特性,城市空间应该为创新型经济发展提供承载创意阶层的多元混合空间、承载创新企业的灵活动态空间、承载创新网络的弹性开放空间,以适应于创意阶层的人本需求、创新企业的应变需求和创新网络的开放需求。

6.2.2 适应城市空间转型的规划监管:正视发展的不确定性规律

城市规划(国土空间规划),尤其是涉及创新项目落地的控规,从城市的空间管制目的来看,实际上是一种对未来空间利用形式的科学性、计划性、先验性预测(周子航等,2020);以控规为基础的针对城市空间的规划监管,其科学性来源于对城市空间品质的经验性总结。而对于创新而言,偶然性、不确定性是创新原发的重要特性,因此,"先验难料"成为传统规划监管手段在应对创新型经济发展中需要面临的首要难题。预先留好的地块大小、地块性质、使用特征、城市设计方案都只不过是规划者的美好图景(闫岩等,2020),由于创新原发的多样可能与详细规划的"唯一解法"之间存在先天矛盾,在实际的创新引进、政企招商、科创落户过程中必然会发生供给与需求间的错配。以华为技术有限公司、小米科技有限责任公司、"阿里"、大疆创新科技有限公司等成功企业的后发经验来看,原发创新的空间选择确实存在诸多意外与偶然。此外,由于城市发展、市场经济的不可预见,面对新行业、新功能、新需求对空间的新要求,具有先验特性的城市规划(国土空间规划)不可避免地难以跟上时代发展需求,例如,快递用地近年的需求激增、九年一贯制学校与中小学分离设置的变迁、垃圾分类、防疫社区构建等等。尤其是在创新驱动的发展环境中,创新的生产经营模式层出不穷,空间生长、演化的逻辑将更为易变,其对于空间的需求也将大大超出职业规划师的预想,这就需要克服路径依赖的思维惯性,与时俱进地改变传统粗放化、绝对化的空间管控体系,以更加精细化、弹性化的空间管控方式来动态适应创新型经济的空间新需求。

同样以用地类型的管控为例,当前控规大多是以单一用地类型对附着在土地上的建筑功能进行严格控制,在实践中通常将建设用地分成大类、中类和小类,且每种小类用地性质对应一种土地开发建设的用途(陈敦鹏等,2011)。但是在城市发展转型的宏观环境下,过于精细的城市用地分类直接导致了土地用途的单一化和排他性,且基于传统城市功能划定的地类不一定能满足新时代创新项目的具体需求,使得多种新型、混合的城市功能或产业功能难以落地。如南京大量供应的科研设计用地(B29a),虽然能够有效承接有科教研发、商业商务属性的非生产型创新企业,但是随着芯片与半导体研发等融合高新制造业的新产业类型的出现,这类用地难以布局小试、中试等试验车间,导致地块使用与功能管控之间错位的矛盾。对于这些项目而言,只能通过调整控规成果的方式来获得相应的规划许可,其带来的直接影响便是随着土地混合利用需求的普遍增加,控规成果调整的频次逐年增加。以中国(江苏)自由贸易试验区南京片区(以下简称"南京自贸区")的控规调整为例,近年来该自贸区内的控规调整次数共计 68 次,与用地性质相关的调整多达 47 次①(图 6-1),这其中有大量的调整涉及在原规划功能的基础上申请混合建设其他功能。然而,按照相关法律法规的要求,控规成果的调整需要经过程序复杂、耗时极长的行政审批流程,这不仅严重制约了土地混合利用工作的开展、降低了政府行政效率,而且削弱了控规的权威性,导致控规制度体系长期以来饱受争议。

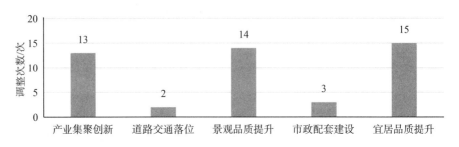

图 6-1 南京自贸区控规用地性质调整需求统计

6.2.3 弹性引导的空间供给与治理内涵

随着创新成为新一轮城市发展的核心驱动力,新的产业人群、产业业态对城市空间产生了新的使用需求,激发了城市空间的迭代升级,也对城市空间的规划监管提出了新的要求。面对监管需求与城市空间的全新逻辑关系,深入解析与发展作为城市空间开发建设直接管控工具的控规,能够有效保障城市创新空间的供给,促使创新在城市空间中的锚定。正如前文所述,顺应计划经济与传统市场经济需求而诞生的控规由于仅能为入驻企业提供固定形制的"萝卜坑",使得相应规划成果也只能具有唯一的适配性,与激发创新、增强城市竞争力的发展初衷不符。尤其是对于具有偶然性、不确定性特征的创新活动而言,控规的相关技术标准、编制技术和规划管理更加显得"刚性有余、弹性不足",已经越来越不适应创新经济时代空间治理的现实需要。

控规作为国土空间规划"五级三类"体系中的一种类型,在创新型经济发展的目标环境中,需要改变其原有用强制性内容、实线管控等方式描绘"蓝图"的规划属性,并逐步向规则化的公共政策方向发展(黄明华等,2020)。近年来,一些城市也已经开始探索适应创新不确定性的控规体系的试点改革,主要体现在两个方面:一方面,完善控规技术标准,通过允许地块用途和容量指标"在限制的可控范围内灵活调整",适度放松控规的功能管制刚性、提高混合弹性。具体而言,拓宽单一土地用途的适建范围,明确在主导用地功能不变的情况下,不同类型用地、项目可以配套开发的兼容设施以及可以混合利用的比例上限,尽可能多地覆盖土地混合利用的不同情景,增加功能弹性;通过建立"混合用地引导表"的方式规范市场化混合,针对具有大量混合利用需求(或难以明确用地性质)的新兴业态增设"专有地类",在促进城市用地弹性发展的同时,满足创新活动多样化的土地混合利用需要(对于这一方面的典型实践探索,在第 4.4.2 节的第 1)点中已有详细阐述)。另一方面,优化控规编制和管理方式,包括:①拓展现有规划表达方式,在图则中采用实线控制、虚线控制、虚位控制与点位控制等多种表达方式(分别代表空间位置不得更改、边界可以微调、可在管理单元进行位移,以及允许同周边地块进行联合建设四种管控深度),实现针对控制内容刚性与弹性的分程度控制,典型的如武汉、杭州等城市的实践(汤海孺,2009)(表6-1);②强调对控规编制与管理进行分层分级式的改革,即在原有"地块控规"的基础上,增加"单元控规"与现有法律法规相衔接,在单元层面进行总体容量、底线要素等重要内容的刚性控制,而把具体地块的规划灵活性交给面向项目开发的一线规划管理主体(表 6-2)。典型的如深圳前海蛇口自贸区和佛山等地探索的分层编制、分级审批的控规编制与管理改革创新方案(张建荣等,2018)。

表 6-1 武汉市控规图则表达分级示意

管控方式	图示表达	管控说明
实线控制	图中彩色实心填充	进行实线控制的地块及线网设施,其位置、(边界)线型、建设规模、设施控制要求等原则上不得更改,确须更改的,要经过相应的调整、论证及审查程序,报原审批机关审批同意
虚线控制	图中彩色斜线填充	进行虚线控制的地块,其位置、规模及设施要求等原则上不得更改,用地边界可以根据具体方案深化确定
虚位控制	图中虚线线框及彩色方格填充	进行虚位控制的地块,在满足服务半径和相关控制要求(交通、日照、消防、安全、用地权属等条件)的前提下,可根据项目建设情况对设施位置在管理单元内做出适当位移;进行虚位控制的线网设施,其线型可根据相关规划依据做出相应调整 以上变更须经过相应的论证及审查程序,报武汉市城乡规划行政主管部门审批同意
点位控制	图中虚线线框	进行点位控制的设施不单独占地,在确保规模的前提下,结合相邻地块开发与其他项目进行联合建设

表 6-2 控规的分层编制与相应管控内容

层次	对象	控制内容	编制时间	组织编制单位	审批权
单元管控(针对编制单元)	编制单元	主导功能、开发总量、公益性用地(设施)、重要底线(红、蓝、绿、紫、黄、建设边界线等)	前置编制	市级规划部门	市级政府

续表 6-2

层次	对象	控制内容	编制时间	组织编制单位	审批权
地块管控（针对具体地块）	街坊、地块	细化单元管控要求，重点对经营性用地的地块提出具体要求	随项目滚动编制和调整	区级规划部门	区级政府

总之，在一个多变的不确定时代，唯一可以确定的就是未来的不确定性。面对新业态、新空间的不断涌现，规划者无法预知潜在甲方的空间需求，传统控规前置编制、功能具体的管制方式日益暴露出不适应性。为此，必须重构高效应变的规划监管体系，在保证空间规划底线刚性的同时，有效提升实践中对创新型经济丰富多样需求的适应性和及时应变性。

6.3 针对两种行为的规划监管逻辑

6.3.1 规划管控行为：应对混合利用的需求升级与功能组织的尺度收缩

1) 创新活动发展规律下土地混合利用的需求升级[②]

在创新经济时代，产业业态的交叉融合、弹性工作和生活模式的动态重塑成为"常态"，功能单一的传统用地供给方式已经无法满足创新活动的空间需求。正如前文所述，一方面，创意阶层对于工作、生活、娱乐功能的融合和集成需求尤为迫切，这也带动了园区的社区（城市）化。例如，荷兰埃因霍温高科技产业园，其前身是飞利浦科研中心，如今已经打造出功能综合的"拉斯维加斯大道"，作为员工的生活中心、灵感创意中心；谷歌（Google）公司之所以选择在纽约硅巷设立总部，就是因为这里的城市功能高度混合：方便的交通配上高密度的居住、零售、娱乐和商业，使硅巷本身就成为一个高品质社区（夏天慈等，2020）。另一方面，研发、服务和制造的边界开始融合，规模化的研发、服务和小规模的测试生产开始紧密结合，催生了大量都市工业的新形态。例如，因应电子信息革命发展需求，新加坡早在1991年就提出了商业园用地（BP）模式，兼具"研发＋无污染制造＋商务办公"三种功能，被大量布局在环境优越、交通便利的地区，并催生了新加坡科学园、纬壹科技城、樟宜商务园等一批科技创新地标式园区。可见，土地的混合利用是国内外高品质创新园区的最突出特点，"楼上孵化器、楼下普拉达"的硅巷模式也已经成为诸多城市打造创新城区或创新街区的新潮流、新时尚。当前，在创新活动这一发展规律的推动下，土地混合利用无论是在混合程度上还是在混合种类上，抑或是在混合方式上，均产生了一定程度的发展演进。而且可以预见的是，随着经济、社会的不断发展，未来不确定的市场环境还会推动城市产生更为复杂多样的土地混合利用需求。

（1）混合程度：从小面积、低比例的配建式混合向大规模、高容量的市场化混合发展

随着产业组织模式的更加灵活化和人群生活需求的更加多样化，土地

混合利用的程度也在逐渐加大、规模持续突破。事实上,我国的用地管控并非绝对化的一种用地类型仅能对应一种建筑功能。前文已经提及,早在2004年国土资源部发布和实施的《工业项目建设用地控制指标(试行)》中即提出了允许在工业项目用地中建设不超过总用地面积7%的行政办公及生活服务设施。此后,各地在这一标准下也有相应的具体规定,例如,南京市在《关于进一步规范工业及科技研发用地管理意见的通知》中提出,严格控制工业用地中非生产性用地(含行政管理、生活服务、研发设施等)规模,其占地比例不得高于项目用地的7%,建筑面积比例不得高于总建筑面积的15%。但面对创新型经济"生活、工作、娱乐、学习于一体"的空间需求,诸如上述7%的用地混合比例已经无法满足,在此背景下,许多城市的土地混合利用都在向规模与程度不断提升的方向发展。一方面,通过不断提高单一用地允许的配建比例来实现更高容量的混合使用,部分城市为此专门设立了 M0、Ma 等新型产业用地类型,并针对专属地类放大功能弹性[3](表 6-3);另一方面,开始探索混合用地的规划编制与管理,试图采取市场化混合的方式给予土地使用更大程度的自由,如上海市、深圳市采用两种或两种以上用地性质组合的形式来表达混合用地的用地性质。

表 6-3 部分城市新型产业用地的配套面积占比与可兼容功能

城市	配套面积占比/%	可兼容功能
昆山	≤30	可配套小型商业、宿舍等服务设施(不得建设大型商场、酒店等,配套宿舍限定出租给入驻企业)
绍兴	≤25	配套用房包括小型商业、配套宿舍等(配套宿舍可参照公租房标准进行设计,套型面积控制在 70 m² 以下)
杭州	≤15	行政办公及生活服务设施
台州	≤15	小型商业、餐饮及公共服务设施等,不得配建住宅(含宿舍、公寓等)
东莞	≤30	配套用房包括小型商业、配套宿舍等(配套宿舍可参照公租房标准进行设计)
广州	≤30	行政办公及生活服务设施,严禁建造商品住宅、专家楼、宾馆、招待所和培训中心等非生产性配套设施
中山	≤30	配套服务设施包括生产服务、行政办公及生活服务设施等
惠州	≤30	配套用房包括小型商业、配套人才公寓及宿舍等
顺德	≤30	配套用房指生产服务、行政办公、生活服务等配套设施

(2)混合种类:从相对单一的少数用地性质间混合向多用途用地的多维混合发展

工业化时期的产业活动相对简单,城市功能远不及如今复杂,这一时期土地混合利用的需求也相对单一,局限于传统的"商住混合""商办混合"等少数类型的用地性质,对其他类型的土地混合利用少有涉及。以南京市为例,《南京市城市用地分类和代码标准》长期以来仅存在"Rb 商住混合用地""Bb 商办混合用地"两种类型的混合用地分类。显而易见的是,产业活动与人群需求的日趋复杂多样,使得城市中需要混合的地类越来越多。对于创新项目而言,研发、中试与生产都是创新全链条中不可或缺的一环(图6-2),传统研发机构与生产厂房相互孤立的布局模式已经不再适合新的生产组织方式,同时创新企业与市场的紧密关系使得商业商务等城市传统功能也紧密复合其中。上述这些变化,都使得当前的城市用地不仅存在产业与居住、产业与产业间的混合发展,融合研发、办公、制造、物流、居住、商业等多元功能于一体的产业社区或产业综合体,逐渐成为城市产业空间开发的共同选择。国际上一些先进城市的用地管控经验,同样反映了这一土地混合利用的演进趋势。以我国香港地区为例,从最早的"商业/住宅用途"到 1980 年代的"综合发展区"、1990 年代的"商贸地带",再到近年来更加灵活弹性的"混合用途地带",香港地区一直在对土地混合利用的类型进行优化调整,并呈现出混合种类不断增加的趋势(黄鹭新,2002)。新加坡的"白地"也经历了从仅有居住、商业、办公和酒店四种可选用地功能,不断增加至如今的九种可选用地功能的发展历程④(黎子铭等,2021)。

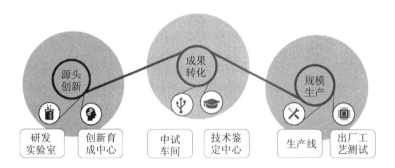

图 6-2 创新项目的研发—中试—生产全链条

(3)混合方式:从水平方向的用地性质混合向垂直方向的建筑功能混合发展

早期的城市土地混合利用主要关注水平方向上的用地性质混合,通过在平面上各种功能空间的混合安排来满足混合利用的需求。在城市用地较为富余、项目发展水平相对较低的阶段,这种以地块为基本尺度进行土地混合利用的方式已经足够满足城市发展的实际需要。然而,随着科学技术的进步、生产工艺流程的改进,一些生产设备较轻、生产过程噪音与污染较小的高端制造业,以及以生物医药为代表的高科技新兴产业可以实现"工业上楼";建筑工程建造技术的进步,使得城市地下部分也成为可开发利用的空间(地下停车场、地下商业空间等是实现垂直空间利用的常见形式)(张梦竹等,2015);人群生活活动的丰富化和时间利用的多元化,又进一步模糊了工作、生活、休闲的空间边界,带来了"一栋建筑就是一个创新社区"的崭新理念(王德等,2019)。因此,土地混合利用也呈现出更为多样化的特点,垂直方向上的建筑功能混合甚至同一建筑空间的分时使用与功能切换,在土地混合利用场景中开始频繁出现(图6-3)。上述趋势催生了在立体维度上混合多元功能以形成楼宇综合体的新型建筑形式,并最终与平面维度上不同功能空间的横向布局共同实现整个街区在垂直和水平方向上的功能混合,这一发展趋势使得我国城市目前常用的用地兼容性管理模式难以适配相应的用地需求⑤。

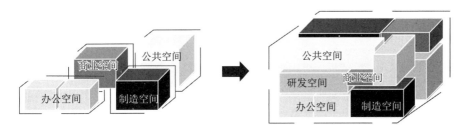

图6-3 混合交互式的建筑功能布局

从国际经验来看,面向土地混合利用的规划管控体系也已经细化到了建筑尺度。例如,德国建造规划通过设立许可管理正面清单的方式来实现建筑功能的灵活兼容(刘姝宇等,2014);日本在土地规划中采用配套的建筑用途兼容控制导则来推动建筑功能复合开发的落实(徐颖,2012);《新加坡开发控制手册》则将功能用途划分为土地区划用途(Land Use Zoning)和建筑功能类型(Building Use Type)两大类,共划分出居住、商住混合、商业等31类土地区划用途,一种区划用途往往可以混合若干种许可的建筑用途类型(孟祥懿等,2021)(表6-4)。近年来,国内创新型经济较为活跃的城市(以香港、深圳为代表)也相继开展了一系列适应于创新需求的用地供应与管理制度探索,这其中就包括促进建筑功能混合的用地管控方式。例如,香港地区的法定图则中将兼容性建筑功能用途划分为经常许可(第一栏)和特殊许可(第二栏)两类,平衡混合使用的刚性与弹性(黄鹭新,2002;林强等,2014)(表6-5);深圳在2013年通过的《深圳市城市规划标准与准则》即制定了鼓励土地混合利用的开发控制规则,在精简城市用地分类的基础上⑥,对于单一性质用地,可以在符合用地兼容性要求的前提下,根据地块出让时的实际需求配套15%—50%的其他用途设施。这种控制主导功能的方式,满足了城市创新活动多样化的土地混合利用需求。

表6-4 《新加坡开发控制手册》中规定的土地区划用途(部分)

用地类型	主导功能	占比控制/%	辅助/第二功能	占比控制/%
商住用地	居住	≥60	商业	≤40
商业用地	商业	≥60	居住	主管部门确定
旅馆用地	旅馆,旅馆相关用途(仅客人或工作人员使用)	≥60	商业(如商店、餐厅、酒吧)	≤40

续表 6-4

用地类型	主导功能	占比控制/%	辅助/第二功能	占比控制/%
商务1(工业)用地(B1)	制造业(轻工业),食品工业(包装),核心媒体,印刷/出版,电子商务	≥60	辅助办公室,展厅,托儿所,工人宿舍,会议室,工业食堂,辅助展示区,选定的商业用途(偏远地区)	≤40
商务2(工业)用地(B2)	制造业(一般工业),生产,装配,核心媒体,维修与保养,化学品、油类储存,针织厂,电子商务	≥60	辅助办公室,病房,机电服务,工业食堂,会议室,柴油泵点,展厅,选定的商业用途	≤40
商务园用地(BP)	先进工艺高科技产品制造,测试实验室,研究与开发,产品设计/开发,数据处理,工业培训,电子商务,核心媒体活动,中央配送中心	≥60	辅助办公室,会议室,病房/急救室,工业食堂,展厅,育儿中心	≤40
健康与医疗用地	住院/门诊设施,诊所/套房,诊断治疗设施,护理床区,药房,临床研究设施,面向患者的管理空间	≥60	护士宿舍,一般管理和员工设施(辅助访客旅馆取≤10%或1 500 m²中的低值,商业用途≤5%)	≤40

注:根据规定,新加坡在商务园用地(BP)的开发中允许将≤15%的总建筑面积用于"白地"功能,因此表中针对这一用地类型主导功能的占比控制仅适用于除"白地"功能外的其余部分。

表 6-5 我国香港地区法定图则中"商业"用地第一栏和第二栏的用途

商业	第一栏	救护站,商营浴室/按摩院,食肆,教育机构,展览或会议室,政府用途(未另有列明者),酒店,资讯科技及电信业,机构用途(未另有列明者),图书馆,场外投注站,办公室,娱乐场所,康体文娱场所,私人会所,政府诊所,公厕设施,公共车辆总站或车站,公共事业设施装置,公众停车场(货柜车除外),可循环再造物料回收中心,宗教机构,乡事委员会会所/乡公所,学校,商店及服务行业,社会福利设施,训练中心,私人发展计划的公用设施装置,批发行业
	第二栏	播音室、电视制作室/电影制作室,分层住宅,政府垃圾收集站,医院,屋宇,香港铁路通风塔/高出路面的其他构筑物(入口除外),加油站,住宿机构

注:"第一栏"为经常准许的用途;"第二栏"为需先向城市规划委员会申请,可能在有附加条件或无附加条件下获准的用途。

2)创新要素集聚趋势下空间功能组织的尺度收缩

随着"创新内城化"趋势的发展,创新创业企业集聚在中心城区的现象愈加广泛显现。由于创意阶层对品质生活的需求,以及位居价值链顶端且附加值高的高新技术企业对中心城区的土地租金具有较强的支付能力,新一代创新型经济一改以往主要在郊区办公园区、独立产业园区集聚的传统路径,转而向大都市中心地区集聚。与此同时,在微观的建筑尺度上,创新产业与建筑综合体的耦合形成了创新型产业综合体,以提供更加复合集约的产业空间。例如,深圳的创新型产业综合体在引进电子信息、生物医学、新能源、新材料等新型产业之外,还引入了产业配套与生活配套,形成了功能高度混合的空间布局。如此一来,不仅仅是地块内部的混合,建筑内部不同功能间的混合交互更是成为创新活动空间功能组织的新选择,进而形成了依托楼宇经济的创新型经济发展模式(专栏6-1)。为应对创新要素集聚趋势下城市空间功能组织的尺度收缩,空间规划需要积极营造创新融合的空间场景,以功能混合、紧凑的空间组织方式和弹性灵活的空间管控方式,形成有利于城市创新经济发展的微生态、子系统。

城市空间功能组织的尺度收缩必然带来规划管理对象和行为的尺度收缩,从这一角度来看,土地混合利用等创新活动的新空间需求之所以难以通过传统的规划管控方式予以引导和实践,主要并不是因为以前的规划编制存在问题,而是因为此前规划编制和管理所遵循的法规、标准体系主要建立在满足"快速城市化+工业化"时期的发展需求,其核心管控尺度是地块而非功能单元。然而,在楼宇集聚等创新要素新空间需求的作用下,未来城市发展的核心尺度必然将收缩到地块内部,各类功能在建筑单元等更小尺度内的不断融合演化将成为城市活力的主要支撑。在这一重大转变的驱动下,规划编制方法和管理体系必须紧跟时代需求,尝试通过规划端弹性的释放,为城市未来发展保障更多的可能性。

专栏6-1 南京江北新区各类创新要素分布的板块化、楼宇化趋势

截至2019年底,南京江北新区(直管区)内共有各类核心创新要素①882家,其中540家分布在创新要素高密度地块(集聚5家以上各类核心创新要素)内,占总数的61.2%(专栏图6-1-1)。以高新技术企业为例,直管区内的740家高新技术企业集聚在约11 km²的地块内,其中在不到1 km²的典型楼宇(集聚10家以上高新技术企业)内集聚了超过40%(324家)的高新技术企业;2015年以来新成立的205家高新技术企业中更是有高达84.9%(174家)分布在创新要素高密度地块内,展现出板块化的集聚趋势。研创园内的孵鹰大厦、腾飞大厦、扬子科创中心一期、集成电路(IC)设计大厦地块和新材料科技园的研发中心地块内的创新要素最为密集,分别集聚了76家、68家各类核心创新要素。

此外,楼宇经济的特征尤为显著,典型的有软件大厦、动漫大厦、创智大厦、孵鹰大厦、腾飞大厦、新材料科技园研发中心等。以孵鹰大厦为例,现状大厦内集聚了29家高新技术企业、4家新兴科技企业、2家科技企业孵化器、4家众创空间和5家新型研发机构。可以看到,各类核心创新要素在垂直空间(建筑尺度)内的分布高度密集,创新单元由传统厂区与园区收缩到楼宇与楼层,呈现出明显的空间尺度收缩特征。

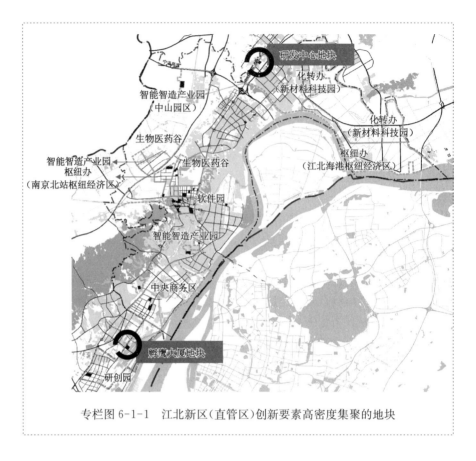

专栏图 6-1-1　江北新区（直管区）创新要素高密度集聚的地块

6.3.2　建设管理行为：匹配空间利用的精细需求

　　规划编制和管理体系的创新，实质上凸显的是城市治理精细化水平的提高，考验的是一个城市政府空间管理部门的行政能力。随着规划管控尺度向更加精细化的地块内部（建筑尺度）收缩，为实现空间供给与创新需求的耦合适配、营造创新要素融合发展的空间场景，不仅需要提升规划编制技术、改革传统的控规管理体系，而且需要同步提升城市建设管理的精细化水平。以其中最为突出的土地混合利用为例，土地开发建设是一个较长的过程，不仅包括规划的编制、审批与管理，而且涵盖土地管理、开发建设管理以及产权登记等诸多方面，这些环节共同构成了从规划土地性质到建筑使用功能的整个流程（图6-4）。因此，土地混合利用不仅仅是规划编制的技术问题，也是规划管理的问题，更是土地管理、开发建设管理和产权管理的问题（陈敦鹏等，2011），理顺与衔接上述环节的整体链条，并完善相应的配套政策体系，是顺利推进土地混合利用的关键。在实践中，推动"规划、土地、建管"的全生命周期管理，进一步凸显项目建设过程中的精细化治理以及对功能发展的动态监管能力，也将成为空间规划管理部门实现自身治理能力提升的重要任务。然而，现有配套政策体系并未形成对土地混合利用的有效支撑，在具体落地实施的过程中存在诸多的政策矛盾点，主

要表现为以下三个方面:

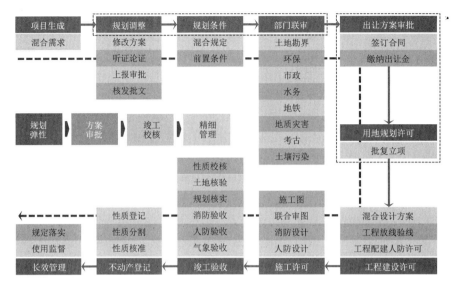

图6-4　土地混合利用落地实施的全流程示意

　　首先,针对土地混合利用的地价评估方法尚待规范。用地性质直接决定土地价值,土地混合利用(尤其是混合用地)的出现②,意味着土地价格评定的复杂化,合理的土地地价应在能够基本反映土地使用价值的基础上对创新型企业有所优惠——地价过高会打击企业的投资积极性,地价过低则会导致国有资产流失。当前,各地对于涉及混合利用的土地地价评估方式并不统一,例如,针对同一宗地包含多种建筑类型的,深圳按照不同建筑类型和建筑面积分别测算地价后合计;苏州效仿深圳根据不同开发类型进行分类累计;南京针对科研用地,在不分割出让和特定配建比例之下,按照主导用途计价;等等。目前,江苏也已经出台了省级相关政策文件,利用现有房屋和土地兴办文化创意、科技研发、健康养老、工业旅游、众创空间、生产性服务业、"互联网+"等新业态的,可实行继续按原用途和土地权利类型使用土地的过渡期政策,过渡期为5年;期满或涉及转让须办理相关用地手续的,同样需要利用合理的地价评估方式进行地价补缴。

　　其次,面向土地混合利用的产权登记系统有待完善。我国现有的土地权属登记多采用二维地籍登记模式,权属登记证书中的土地用途按照《土地利用现状分类》(GB/T 21010—2017)中的用地分类标准填写(不能在一宗地上进行多种类型的土地性质登记)。在这种情况下,面对难以切分的地块混合以及垂直空间上的混合实际上很难做到房地对应,存在着确权的漏洞。如果仅是允许配建式使用而不在土地产权证上予以明确,则会使土地混合利用的市场价值和市场接受度受到一定程度的制约⑧。对此,有些地方政府在办证过程中不得不采用"机打"与"手动"相结合的方式,通过手写添加并以盖章的形式进行办证,但这种模式实际上也难以支撑垂直混合等精细化确权和管理的需求。

最后，与土地混合利用相匹配的跨部门审批机制尚未形成。工程建设项目的实施除了需要自然资源和规划部门的行政批准外，还需要通过环保部门的环评、住房和城乡建设部门的消防审验等诸多程序[⑨]。跨部门的前置联审与政策联动机制并未形成，导致一些涉及土地混合利用的建设项目在取得规划许可后，往往还将面临二次消防报验等后期审查难以通过的尴尬局面。以南京经济开发区红枫科技园为例，相关规划与土地利用政策已经允许在科研设计用地上配建一定比例的酒店，但由于做不了二次消防报验，因此无法招商；在南京江宁高新区药谷，大量的生物医药企业希望能够在科研设计用地上布局高标准的动物实验室等新型实验空间，这些新型实验空间的环保条件是技术可控的，但环评方面却无法通过。面对创新型经济发展的实际需求，深圳等先行城市已经陆续开始建筑消防的分层、分类验收以及环评告知承诺制等政策探索。以深圳深业上城为例，其是一座混合了产业研发、公寓、酒店、商业等多种功能于一体的大型城市综合体，一期总建筑面积为50.3万m^2，包括2层地下车库、4层集中商业、3栋高层办公用房和创新型产业研发用房建筑群及LOFT式（复合接待、办公、生活等多重功能于一体）商业小镇，该项目的消防验收一次报建即达到了验收所规定的条件，并且被列为深圳市消防局的验收样板工地。

6.4 案例：南京自贸区控规整合[⑩]

南京自贸区位于南京市江北新区[⑪]（图6-5），具有国家级新区和自贸试验区的"双区"叠加优势，根据《中国（江苏）自由贸易试验区总体方案》，南京自贸区实施范围为39.55 km^2，将建设具有国际影响力的自主创新先导区、现代产业示范区和对外开放合作重要平台。自2019年设立以来，南京自贸区发展全面提速，大量具备国际水准的总部经济、新金融、健康医疗、科技研发、自贸服务等功能持续涌入，使得当前片区功能面临创新转型的迫切需求。与此同时，作为江北新区"现代化新主城"的核心载体，南京自贸区必须顺应当前全球科技创新空间发展的总体导向和趋势，肩负起探索创新空间要素配置模式的关键责任，以创新空间供给来提升人才集聚能力和服务水平[⑫]；进一步优化城市空间服务品质、提升空间资源利用效率，从而最大化激活空间要素配置的资源潜力。

从上海、深圳等国内较早获批自贸区城市的先进经验来看[⑬]，自贸区改革创新的方向普遍集中在土地利用方面，而规划的重新编制和管理机制的适应改良无疑都是其中的必备选项。控规是调控城市土地要素供给水平的重要工具，一直以来在我国的规划体系中起着非常重要的基础性作用，是各类用地功能合法合规使用和管理的直接依据。近年来，我国规划体系改革正在持续深入地推进，以国土空间规划为基础的新型规划体系正在形成（图6-6）。随着国、省、市、区（县）国土空间总体规划的编制工作逐步完成，规划改革的尺度势必将继续下沉，改革的重点也将逐渐向详细规

图 6-5 南京自贸区区位示意

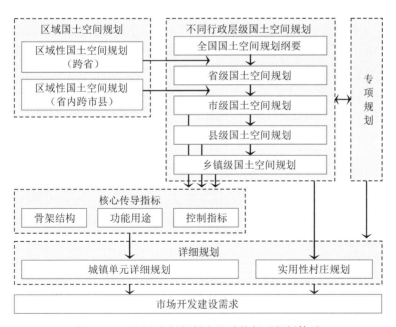

图 6-6 以国土空间规划为基础的新型规划体系

划层面转移。目前,详细规划改革的核心导向主要是通过创新规划编制方法和调整规划管理体系来进一步释放规划弹性,在保证国土空间总体规划

6 从刚性约束到弹性引导:探索适应城市空间转型的规划监管手段 | 167

要求切实传导的前提下有效应对发展的不确定性⑭。为此,借助自贸区的政策创新优势,以控规编制为突破口,破解传统发展路径制约与现实发展瓶颈,从而保障城市创新和品质发展诉求顺利落地,引领"现代化新主城"实现"有限空间的无限发展",是本次控规整合工作的重中之重。

区别于传统的控规调整工作,《中国(江苏)自由贸易试验区南京片区控制性详细规划整合》聚焦当前南京自贸区和江北新区发展中广泛存在的土地混合利用问题,以放大南京自贸区发展红利为导向,以释放空间发展弹性和提升规划编管效率为重点,通过建立土地混合利用规则、合理创新控规表达方式、配套完善的创新管理手段,力求为地方城市的详细规划改革提供先行示范经验。

6.4.1 南京自贸区控规整合的主要动因

1)加速产业功能升级

南京自贸区控规整合的首要动因来自片区产业功能转型升级的迫切需求。不同于国内其他的自贸区,南京自贸区是一个典型的"三无"自贸区——在成立之初,全域范围内没有高等级交通设施,也不包括传统的产业板块,而是一个定位于城市型功能、以创新发展和商务服务为引擎的"制度型开放"单元[15]。这一条件决定了南京自贸区承担的功能与使命必然不同于以往靠港、靠园的自贸区,其发展重点主要锁定在前文所提及的总部经济、新金融、健康医疗、科技研发、自贸服务等高端创新和服务功能。而要实现上述功能的真正落地,就必须在该片区范围内与传统城市空间进行嫁接和融合。可以说,南京自贸区特殊的基础条件及其发展功能的高要求,共同形成了对土地混合利用的极大需求。现行控规对未来功能发展的弹性应对不足,使得在此基础上形成的规划引导难以保证上述功能的持续进驻,因此必须要通过控规整合予以主动回应(专栏6-2)。

专栏6-2 南京自贸区产业功能升级与现行控规的矛盾

南京自贸区中央商务区核心区以扬子江新金融示范区为发展核心,目前已经集聚了银行区域总部、理财子公司、外资银行、外资保险、外资私募等金融机构。按照现行控规,该区域主要以商办混合用地(Bb)、商住混合用地(Rb)进行管控(专栏图6-2-1),导致内部的功能复合程度较低,活力不足(虽然按照南京现行标准,商办混合用地已具备了较大的复合发展能力,但仍然主要考虑办公、酒店式公寓等功能)。对标国内外较为成熟的中央商务区,普遍集中了金融、商业、贸易以及中介服务等业态,拥有大量的办公、酒店、公寓等配套设施,空间功能高度混合,并进一步衍生出集办公、金融、商业、娱乐、旅游等功能于一体的中央活动区(Central Activities Zone,CAZ)。如伦敦中央活动区即采用小单元功能混合的发展模式,办公、零售、居住、酒店四个主要功能在区域内的占比约为4:1:1:1,同时还预留了20%的其他功能空间。

再如南京自贸区内的国际健康城,按规划应对标迪拜健康城[16]、上海新虹桥国际医学中心等项目,欲将其打造成为承载新区国际健康医疗功能的旗舰板块。但在土地利用上,囿于传统控规的限制,当前仍以单一化的医院用地(A51)进行管理(专栏图6-2-2),只能引入传统的医院形态项目,难以复合容纳康养、商业、酒店、公寓等设施内容,无法匹配自贸区发展的国际标准和功能要求。通过上述两个案例可以看到,南京自贸区产业功能升级与现行控规的矛盾并非是现行控规编制水平所导致的,而更多的是由于现行控规编制的总体规则缺乏对于土地混合利用需求的充分考量。

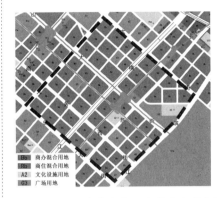 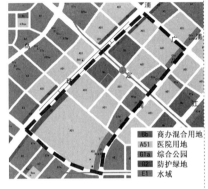

专栏图 6-2-1　南京自贸区内的中央商务区局部控规　　专栏图 6-2-2　南京自贸区内的国际健康城控规

2) 提升土地开发绩效

南京自贸区控规整合的第二个动因来自土地增效方面的巨大压力。自贸区落地后已有大量项目进驻,土地价值加速攀升,增量空间已经较为有限[17](图6-7)。未来如何通过土地混合利用来提升存量用地和项目的发展水平,在有限的空间内实现业态升级和土地增效将成为发展的常态。与此同时,自贸区获批时已经形成了大量的建成空间,对于这类用地也需要通过规划条件和管理规则的变动,有序解决现存的低效利用和违规建设问题。一方面,许多传统工业仓储用地存在土地用途和建筑功能变更的合理需求,但由于缺乏功能混合规则的指引,原开发主体没有动力实施主动更新[18];大量的科技研发功能用地也有进一步提升相关生产服务集中化程度、缩短产业链上下游配套延展水平的现实需求。以研创园一期为例,单一的科研设计用地(B29a)使得集成电路、半导体相关企业研发的中试环节难以就近展开。另一方面,一些由于历史原因已经建成了部分商业、公寓设施的具体项目因缺乏严格管控和规范使用的相应机制,又造成了"始终存在但始终不合法"的现实矛盾。此外,在增量用地空间已经极为有限的前提下,仅存的少量增量空间必须一体化解决景观品质、公共服务等一系列需求;一些分散布局的市政公用设施也需要与周边用地联合布置,以实现土地资源的节约集约[19]。

3) 适配人口结构更新

南京自贸区控规整合的第三个动因来自人口结构更新所带来的全新空

图 6-7 南京自贸区增量、存量用地示意

间需求。近年来,南京自贸区所在的江北新区人口结构加速升级,尤其是自贸区政策落地后,人口结构进一步向高知化、国际化、年轻化发展[20]。不断导入的人才群体不仅对宜居的生活场景、宜人的工作环境具有强烈需求,而且更加倾向于就近、便捷、一站式地获取这些服务内容。2018 年、2020 年分别针对研创园创新创业人群空间需求的问卷调查结果同样显示,高层次人才对空间功能的需求日益呈现出"混合化、品质化"特征,但当前自贸区在相应空间的供给上未能完全匹配上述人群的实际需求(图 6-8)。可以看到,新型人口对城市空间的新需求与现行控规体系之间产生了诸多矛盾。一方面,配套服务设施的就近复合水平较低。传统控规对研发、办公等各类用地混合利用的管控较为严格,致使相应空间多元公共服务的混合度不足,难以在同一空间满足人群对各类功能与配套设施的需求,造成科研设计用地成为一座座服务"孤岛"。典型的案例如在研创园板块中,由于缺乏土地混合利用的弹性,将酒店用地[属商办混合用地(Bb)]布局在距"芯片之城"项目 1 km 之外,不能就近解决科研功能所需的商务服务配套。另一方面,公共空间的开放交往功能释放不足。南京自贸区内虽然规划有大量的绿色空间,但规划"一抹绿"导致各类功能较难进入,实际使用过程中其在促进社会交往、提升空间品质、展示城市形象等方面的效用并未得到充分释放,如七里河沿岸的滨水空间就存在上述问题[21]。

4) 释放综合治理效能

南京自贸区控规整合的第四个动因来自通过规划编制推动治理效能的综合提升。南京自贸区获批后,项目升级的趋势已经十分明显,各类功能的引进、重组频繁发生,一些重大项目在落地运行过程中也难免发生一定的细

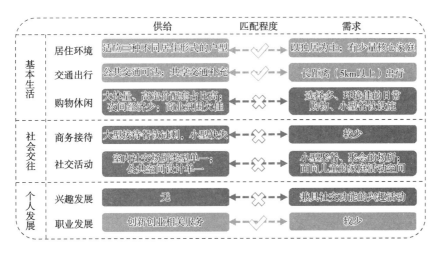

图 6-8　南京自贸区内研创园空间供需矛盾

节变化,亟须提高空间规划的跟进调整能力。目前来看,规划端对新型项目的多元需求考虑不全面、准备不充分,导致只能依照传统流程予以管理,大量项目发展的宝贵时间被消耗在周期较长的编管体系中,项目保障能力始终难以提升。上述问题的存在也使得在实际工作中规划管理部门的精力过多沉淀于审批环节,造成轻服务、弱监督的管理困局。事实上,自贸区规划管理之所以难以适应较高的项目时效性要求,究其原因有二:一方面是由于控规自身弹性不足,地块有任何调整均需同步调整控规成果,技术深化等手段的适用区间较小;另一方面则是因为控规的修改和审批流程较为复杂,调整周期较长[②](专栏 6-3)。前文已经提及,近三年来南京自贸区内的控规调整次数高达 68 次,反映出开展控规整合工作的必要性[③]。在国家持续深化简政放权、优化营商环境、不断激发市场活力和社会创造力的趋势下,作为特大城市精细化治理的重要技术工具之一,应积极探索控规的角色定位及其政策属性的改革与转变。通过面向土地混合利用需求的控规编制和管理创新,可以进一步凸显项目建设过程中的精细化治理以及功能发展的动态监管能力,推动空间规划部门全面提升自身治理能力的现代化水平。

专栏 6-3　南京江北新区控规图则的修改流程

① 启动控规(图则)修改工作;
② 规划成果经江北新区规划编制办公室进行技术审查,修改完善后,形成成果上报市局分管局长业务会审查;
③ 根据会议意见修改完善后,上报江北新区管理委员会常务副主任专题会议审查;
④ 根据会议意见修改完善后,上报市局规划编制例会审查;
⑤ 根据会议意见修改完善后,进行公众意见征询并征求市城乡规划委员会成员单位意见,收到反馈意见后,需对政府部门、公众意见进行整理、研究,提出初步处置意见;

⑥ 按照技术审查专题报告明确的处置意见,对规划成果进一步修改完善后,上报江北新区城乡规划委员会审查;

⑦ 根据新区城乡规划委员会会议审查意见修改完善后,管理委员会与市局共同行文报市政府;

⑧ 市城乡规划委员会审议成果—审议通过—市政府批复;

⑨ 系统立项—入库成果检测—入库。

6.4.2 基于土地混合利用需求的控规整合思路

1) 识别土地混合利用的需求对象——三大重点

虽然通过控规调整的途径,可以在一定程度上满足当前南京自贸区发展的需求,但实际上控规调整的方式仍主要集中在地块切分、性质调整等传统手段,这也意味着相关功能的调整变动将耗费大量的行政成本和时间成本,亟待通过土地混合利用相应规则的设计和控规编制方法的创新予以突破。而制定土地混合利用方案的首要前提,是准确识别自贸区范围内落实土地混合利用需求的主要载体。

从南京自贸区的用地结构来看(图 6-9、图 6-10),一方面自贸区范围内承载核心功能的相关用地[科研设计用地(B29a)、商办混合用地(Bb)]占比较低,且并未布局物流、制造、仓储等用地,居住用地占比反而较高,功能性用地的土地混合利用迫在眉睫;另一方面自贸区范围内公共服务用地和公共开敞空间的占比较高,为通过土地混合利用导入相关配套功能预留了弹性容量。从控规用地性质调整的趋势来看,相关变化集中在科研设计用地(B29a)、商办混合用地(Bb)、商住混合用地(Rb)、公园绿地(G1)、街旁绿地(G1c)、居住社区中心用地(Aa)、医院用地(A51)等地类上(图 6-11),调整的动因主要为顺应产业发展增加研创用地、灵活运用商办混合用地(Bb)提升混合弹性、扩容民生设施用地以及优化绿地空间布局等(图 6-1)。综合上述分析,确定将产业研创类载体、高端服务类载体和品质民生类载体作为南京自贸区推动土地混合利用创新的三大重点对象。

(1) 产业研创类载体

南京自贸区推动土地混合利用的第一类重点对象是产业研创类载体。该类用地不仅是创新引领发展的最直接体现,而且是混合利用矛盾最为集中的地类。在南京自贸区现行控规中该类用地比例接近 1/5(图 6-12、图 6-13),主要集中在研创园、中央商务区浦滨路沿线和南京长江大桥以北浦珠路沿线区块。现状大部分用地均布局了研创项目,如研创园内的孵鹰大厦、腾飞大厦已经成为创新发展的标志性项目;但用地内部的基础条件差异较大,既有遗留的部分存量用地,也有龙虎巷等城市特色板块[24]。该类用地的最大优势在于,现行控规中其容积率赋值较高(基本为 2.0—4.0),可以在开发容量总体不变的情况下实现土地的混合利用。

图 6-9 南京自贸区现行控规的用地规划

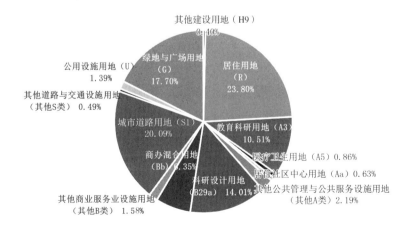

图 6-10 南京自贸区现行控规的各功能用地占比

6 从刚性约束到弹性引导:探索适应城市空间转型的规划监管手段

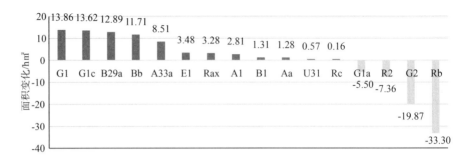

图 6-11 南京自贸区控规调整前后各功能用地面积变化

注：G1 即公园绿地；G1c 即街旁绿地；B29a 即科研设计用地；Bb 即商办混合用地；A33a 即小学用地；E1 即水域；Rax 即幼托用地；A1 即行政办公用地；B1 即商业用地；Aa 即居住社区中心用地；U31 即消防用地；Rc 即基层社区中心；G1a 即综合公园；R2 即二类居住用地；G2 即防护绿地；Rb 即商住混合用地。

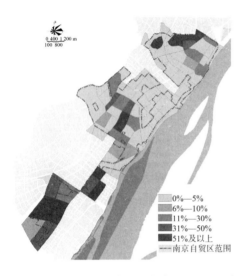

图 6-12 南京自贸区产业研创类用地面积比例

图 6-13 南京自贸区产业研创类建筑面积比例

（2）高端服务类载体

南京自贸区推动土地混合利用的第二类重点对象是高端服务类载体。根据南京自贸区的相关建设方案，打造高端服务发展平台是南京自贸区的重要使命，也是其功能辐射能级的直接体现。在南京自贸区现行控规中该类用地的比例接近1/10（图6-14、图6-15），其中新金融、现代服务业等功能的集聚特征明显，主要分布在中央商务区周边、浦口大道沿线以及浦口火车站片区；而国际健康、体育、文化等功能用地虽然占比不高，但布局相对集中且旗舰效用明显，未来也将会作为南京自贸区突破土地混合利用的重要试验单元。

（3）品质民生类载体

南京自贸区推动土地混合利用的第三类重点对象，应聚焦居住用地、社区中心用地、公用设施用地和绿地等各类承载品质民生需求的用地类型。

图 6-14　南京自贸区高端服务类用地面积比例

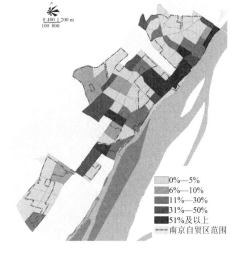
图 6-15　南京自贸区高端服务类建筑面积比例

虽然就南京自贸区而言,产业研创和高端服务是其发展竞争力的直接来源,但民生服务质量同样是体现发展优势、集聚高端人才、彰显国际标准的重要支撑。一方面,虽然在现行控规中居住社区中心用地已经按照相应标准进行配置,但由于此前规划的执行标准不高,加之居住用地开发中一些微调户型的行为提高了实际居住密度,片区内的社区服务用地比例已经接近南京公共服务配建标准下限;另一方面,目前片区内的公用设施用地仍主要遵循传统的零散布局方式,公交停保场、社会停车场等交通设施也多按照独立用地方式予以保障,与日益趋紧的新增用地空间和较高的环境品质要求之间产生错配。此外,现行控规中南京自贸区范围内半数绿地为街旁绿地(G1c),开放性和实用性均有较大提升空间,这些绿色空间同样面临着混合利用的难题(图 6-16)。

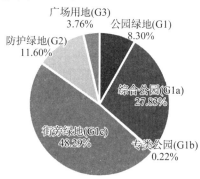

图 6-16　南京自贸区现行控规中各类绿地的占比

2) 确定土地混合利用的方案思路——四大理念

(1) 分区引导,强化传导

实现土地混合利用,首先需要保证核心功能的有效传导,从而在整体层面确保各项发展目标和任务能够得以充分落实,避免因不恰当的土地混合利用而导致的功能失序。为此,基于其他城市自贸区的创新经验(专栏6-4、专栏6-5),本次控规整合在保持现有图则单元边界稳定的前提下,依据前述土地混合利用三类重点对象的集聚特征形成了"三类核心功能单元＋一般单元"的组合管控方式(图6-17)。通过这种"分区引导"的方式既保证了核心功能总体容量的稳定,又避免了土地混合利用被过渡泛化。

与此同时,配合分区单元的划定,在南京自贸区范围内构建"内嵌"于控规动态调整过程的分区功能传导机制,将分区功能和容量校核嵌入控规修改程序之中,为未来省、市详细规划改革预留接口(图6-18)。三类核心功能单元中相应主导功能的建筑占比必须超过建筑总量的50%,严格确保具体地块在充分实现各项功能混合后,所在单元主导功能的建筑占比不突破底线。争取将不涉及单元容量、主导功能变化和公用设施调整的控规修改权限,下放至江北新区层面进行审批管理。

专栏6-4　深圳前海蛇口自贸区"单元传导,分级管控"的规划功能传导体系创新

深圳前海蛇口自贸片区成立于2015年4月27日,是中国(广东)自由贸易试验区的一部分,片区总面积为28.2 km²,主要发展金融、信息服务、科技服务、港口物流、国际贸易、供应链管理与高端航运服务以及文化创意等新兴服务业。为了落实发展上述战略性产业的要求,前海蛇口自贸区于2017年发布了《中国(广东)自由贸易试验区深圳前海蛇口片区综合规划(草案)》(以下简称"综合规划"),在自贸区成片新建的前海核心片区面向未来复合发展需求,构建了"开发单元—综合发展用地"两级管控体系,采用开发单元管控方式,对建设规模的管控由局部地块转化为对单元总量的控制,进一步增强规划的弹性和可实施性,为下层次规划编制预留空间。

在两级体系中,开发单元导控要求由深圳市规划和自然资源局与深圳市前海深港现代服务业合作区管理局共同组织编制,由深圳市政府在"综合规划"中予以批复,并且覆盖了该地区原有的法定图则。在市政府批复的规划中,市级层面仅对开发单元的主导功能、总建筑规模、公共服务设施等配套设施数量与规模等总体性、底线性的内容进行监管。深圳市前海深港现代服务业合作区管理局则通过编制开发单元规划,进一步细化地块层面的控制性要求。例如,在前海蛇口自贸区开发单元控制表中,对开发单元十五、十六仅规定了其主导功能、总建筑面积、地下空间的基准规模、配套设施和功能混合的引导比例,对其他部分则没有控制,给了深圳市前海深港现代服务业合作区管理局极大的自主权(专栏表6-4-1)。而在开发单元内部,虽然规划也形成了非常精细化的功能混合引导比例和设施配建管控体系,并设置了商业用途为主、口岸设施为主、艺术文化娱乐为主、政府社团为主、商业商务公寓为主、邮轮母港为主等多类综合用地(专栏图6-4-1),但在实际操作中只要满足单元总建筑规模不增加、开发单元主导功能不改变、公共服务设施和市政交通设施不减少的前提,单元内部可根据规划实施需要对地块功能配比进行适当调整,这些均被视为符合规划而无需进行规划调整,最大化释放了前海蛇口自贸区的发展弹性。

专栏表6-4-1 深圳前海蛇口自贸区开发单元控制表(局部)

单元名称	主导功能	单元用地面积/hm²	总建筑规模/万m²	功能混合引导比例							地下空间		配套设施		
				办公+商业+酒店用途占比/%	公寓用途占比/%	居住用途占比/%	创新产业用途占比/%	港口用途占比/%	仓储用途占比/%	公共设施用途占比/%	弹性用途占比/%	基准规模/万m²	上限增量规模/万m²	公共服务设施	市政基础设施	道路交通设施
开发单元十五	以商业、商务公寓、居住等功能为主	52.3	139	73	16	4	—	—	—	3	4	14	6	派出所(1所)	通信机楼(1处);邮政支局(1处);小型垃圾转运站(1处);消防站(1处)	配建2处2 000 m²非独立占地的公交场站
开发单元十六	以商业、商务公寓等功能为主	87.2	258	79	12	—	—	—	—	5	4	135	10	—	新建220 kV变电站(1处);预留地铁变电站(1处);邮政所(1处);小型垃圾转运站(1处);区域供冷站(1处)	配建1处2 000 m²非独立占地的公交场站

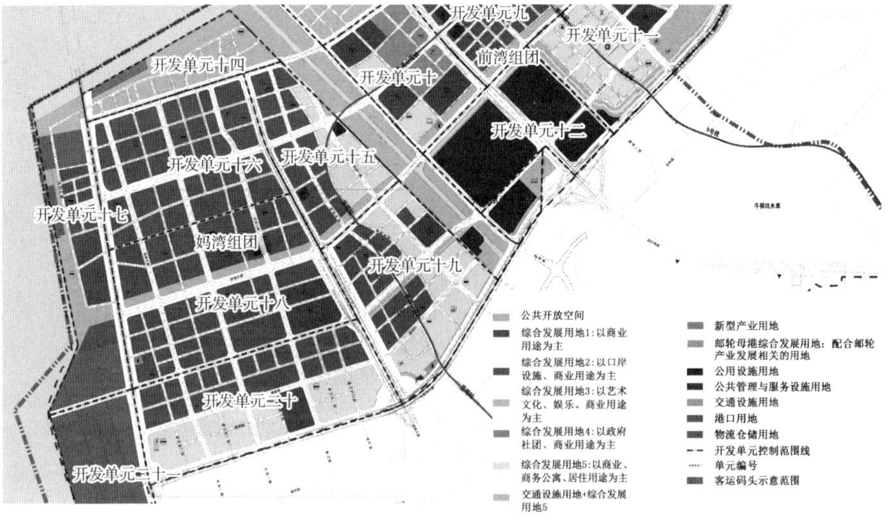

专栏图6-4-1 前海蛇口自贸区开发单元管控地区用地规划

专栏 6-5　上海自贸区"流程传导，设置分区"的规划功能传导体系创新

上海自贸区成立于 2013 年 9 月，并已实现多轮扩区，主要发展港口基础产业、专业化服务业和相关配套产业。上海自贸区为强化自身对多类新功能的复合容纳水平，通过《中国（上海）自由贸易试验区控制性详细规划》的编制，以自身功能发展目标为依据，形成了综合分区、服务分区和物流分区三类功能分区单元（专栏图 6-5-1），通过不同类型分区的土地用途和建筑功能引导（见表 4-8），形成了对主导功能发展的控导体系，并在此基础上进一步对应细化为若干综合用地地类，是国内自贸区中推动刚性与弹性结合管控的重要尝试。

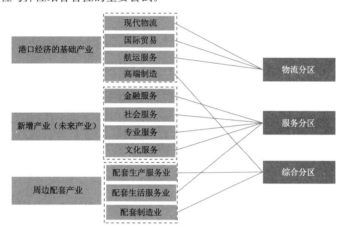

专栏图 6-5-1　上海自贸区的三类功能分区单元

但与深圳前海蛇口自贸区不同，上海自贸区的单元管控并不具备与用地完全分开的两级管理属性，而更加偏向在功能向地块的传导过程中，以功能分区为理念对主导功能进行分解和传导（专栏图 6-5-2），在具体规划中仍然需要将混合要求直接落实到街坊地块，并在后续管理中进一步依照传统地类方式进行管控（专栏图 6-5-3）。

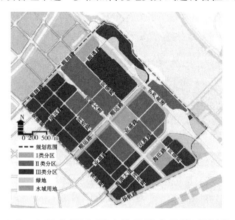

专栏图 6-5-2　上海自贸区（洋山特殊综合保税区陆域）功能分区

注：Ⅰ类分区即服务分区，重点发展总部办公、大宗商品交易等功能业态；Ⅱ类分区即综合分区，鼓励发展融资租赁、跨境电子商务、期货保税交割、研发设计等功能业态，也可兼容相关物流服务功能；Ⅲ类分区即物流分区，重点发展研发设计、国际维修检测、国际物流服务等功能业态。

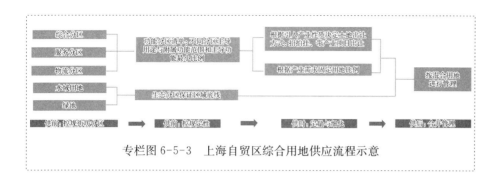

专栏图 6-5-3　上海自贸区综合用地供应流程示意

图 6-17　南京自贸区控规分区单元划定

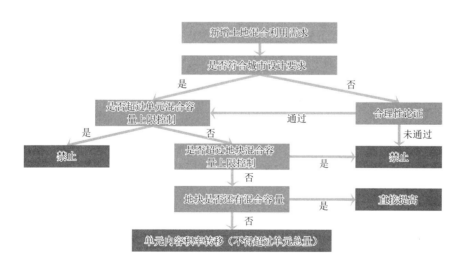

图 6-18　控规动态调整过程的分区功能传导机制示意

（2）分层管控，转用分开

在功能分区传导体系的基础上，本次控规整合面向土地混合利用需求构建了用地性质混合和建筑功能混合的"双层管控"机制（图6-19）。"双层管控"机制的设计不仅有利于统筹项目在用地性质和建筑使用两个方面可能产生的混合利用需求，还能通过上述两类工具的组合运用最大化地保证公共利益，使得各类混合利用需求能够在合理限度内予以安排。

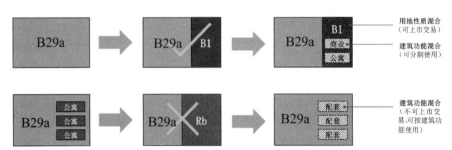

图6-19　土地混合利用的"双层管控"机制示意
注：B1即商业用地；B29a即科研设计用地；Rb即商住混合用地。

为配合"双层管控"机制的构建，应坚持"转用分开"的原则。通过用地性质混合承载"转"的需求，直接赋予相关项目完整的市场交易价值（即本章注释②中的"混合用地"）；通过建筑功能混合体现"用"的需求，仅将使用价值赋予相关项目中涉及混合利用的空间；从而通过"分层管控"在保障土地市场价值不流失的情况下，最大化地释放空间功能的混合弹性。为此，规划提出未来在土地混合利用的管控中应根据实际使用需求，做到无需用地性质混合的应首先按建筑功能混合执行；如项目可以按建筑功能进行混合，但混合比例超过规定的，则需要进入用地性质调整程序；确因项目需求要在传统地类中划分其他性质并分割办证的（如本章注释⑧中提及的星巴克咖啡公司），也需通过用地性质调整程序明确混合比例要求（图6-20）。与此同时，规划建议符合控规规定比例要求的用地性质调整应按"技术深化"进行变更，而符合规定比例要求的

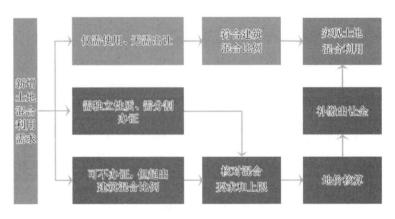

图6-20　土地混合利用的"转用分开"机制示意

建筑功能调整仅需通过规划确认方式开展方案深化。

(3) 预留弹性,提高效率

除一般地类之间的混合利用外,具有公益性质的服务设施、公用设施在地块内甚至建筑内的复合(典型的如市政综合体⑤)同样需要在规划中予以关注。一方面,公益性、服务性设施由于其所具有的特殊性质,必须从刚性指标层面予以严格保障;另一方面,从用地集约利用和合理布局的角度来看,上述设施应进一步实现与相邻用地间的联合布局(专栏 6-6)。为此,本次控规整合针对公共服务、公用设施、绿地等用地,创新性地提出"虚位控制"(定量不定位)的土地混合利用模式。

> 专栏 6-6　上海探索开放空间的分级管控
>
> 以上海为代表的城市出台政策推动开放空间的分级,在控规中划分了不同层次的绿地系统,并探索了相应的分级管控措施(专栏图 6-6-1)。具体而言,允许自贸区等片区在对核心公共绿地与特殊设施采取刚性控制,保证区域生态廊带稳定的基础上,对带状、块状绿地采取弹性控制,允许街坊内部绿地在满足与核心公共绿地联系的情况下对边界进行弹性调整,不需要再进行控规调整申请。通过对绿地等开放空间的分级管控,在保证开放空间品质的同时实现了刚性与弹性管控的有效结合。
>
>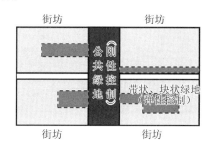
>
> 专栏图 6-6-1　开放空间的分级管控示意

具体来说,规划界定了不同类型公共服务和公用设施的管控方式(表6-6)。其中,教育设施根据《南京市中小学幼儿园用地保护条例》,均不使用土地混合利用方式对用地进行管控;市政类设施中的供应设施用地(U1)、安全设施用地(U3)在符合条件的前提下,采取定量不定位的"虚位控制",即将设施合并入邻近地块后与其他建筑联合布局,通过建筑功能混合的方式保证设施建设,不再限定其具体位置;公共交通场站等设施同样可按照"虚位控制"的方式予以管控。此外,根据园林部门相关规定和《南京市永久性绿地管理规定》,重点结合社区服务中心对 1 hm² 以下的街旁绿地(G1c)采取"虚位控制"。在此基础上,规划明确采用"虚位控制"的用地边界形态和布局方案调整均为"技术深化",将相应的审批权限下放至江北新区。

表 6-6　不同类型公共服务和公用设施的管控方式

公共服务设施	对应用地性质	是否独立占地	管控方式
教育设施	教育科研用地(A3)、单身职工公寓用地(Rac)	是	定位、定规模(《南京市中小学幼儿园用地保护条例》)
供应设施	供应设施用地(U1)	可不独立占地	不定位、定规模
环境设施	环境设施用地(U2)	可不独立占地	视情况定位、定规模或不定位、定规模
安全设施	安全设施用地(U3)	可不独立占地	不定位、定规模
公共交通场站	公共交通场站用地(S41)	可不独立占地	不定位、定规模
社会停车场	社会停车场用地(S42)	可不独立占地	不定位、定规模
综合公园	综合公园(G1a)	是	定位、定规模(面积超过 2 hm², 园林部门认可)
专类公园	专类公园(G1b)	是	定位、定规模
街旁绿地	街旁绿地(G1c)	可不独立占地	不定位、定规模(1 hm² 以下,《南京市永久性绿地管理规定》)
防护绿地	防护绿地(G2)	是	定位、定规模
广场用地	广场用地(G3)	是	定位、定规模

(4) 创新表达,叠加控制

在明确功能分区和分层管控的基本原则后,本次控规整合采取多种创新性的表达方式,实现土地混合利用(主要针对"混合用地")相关指标和要求的落实。就目前南京应对土地混合利用需求的实践经验来看,主要可以运用的表达工具包括拆分用地、配套设施、控制条文和叠加控制几种。其中,拆分用地是最为直接的方式(图 6-21),但其只适用于可明确切分的用地性质混合且需要按照规划调整程序执行;配套设施方式多用于明确地块内相对刚性的设施复合需求(表 6-7);控制条文方式常用于对土地混合利用的一般性规则约定[⑥];叠加控制则是指在控规中运用了一些特殊控制表达方式,对包括地下空间复合在内的土地混合利用进行表达[如南京在河西新城南部、紫东核心区等重点片区控规中的相应探索(图 6-22)]。

规划充分借鉴其他城市在用地表达上的有效经验,组合运用当前南京市控规允许使用的混合工具,最终形成"图纸叠加+图表协同"的控规表达

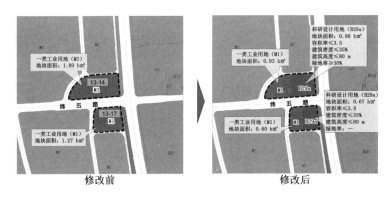

图 6-21 南京市江宁区九龙湖片区某规划管理单元图则修改

表 6-7 在混合用地建筑量比例、配套设施和备注中对土地混合利用的控制或引导

地块编号	用地代码	用地性质	用地面积/m²	混合用地建筑量比例	容积率	建筑控制高度/m	规划动态	配套设施	备注
03-12	Rax	幼托用地	5 406.37	—	0.80	15.00	未建	12 班幼儿园	—
03-13	Rc	基层社区中心	4 345.43	—	2.00	24.00	未建	基层社区中心	—
03-19	Bb	商办混合用地	96 472.12	公寓不大于 30%，文旅功能不小于 10 万 m²	3.00	150.00	未建	—	鼓励与轨道站点森林大道站进行以公共交通为导向的开发(TOD)
03-20	G1c	街旁绿地	10 664.07	—	—	—	未建	—	—
03-21	R2	二类居住用地	53 163.76	—	2.50	80.00	未建	—	—
03-22	Aa	居住社区中心用地	22 016.06	—	3.00	100.00	未建	公共交通场站、社会停车场、居住社区中心	建议与轨道站点森林大道站预留地下对接通道

图 6-22 河西新城南部、紫东核心区等重点片区控规中的特殊控制表达方式

工具体系。具体而言，规划主要界定了四类叠加控制的表达情形（图6-23），包括涉及各类一般地类的混合用地（打方格），针对公共服务和公用设施的"虚位控制"用地（打斜线），地下停车场复合用地（打L形格）以及地下空间复合用地（虚线边界）。在此基础上，结合图则单元内的图表文字，实现对土地混合利用的协同管控[②]：利用图则中的"备注"栏规定地块主导功能比例，利用"配套设施"栏规定地块公用设施、服务设施和绿地等的刚性定量指标，利用"混合用地建筑量比例"栏规定地块相应非主导功能的建筑量比例（该栏为江北新区特有）；利用图则"控制条文"中的"总体控制"栏规定单元总体建设容量，利用"通则控制"栏规定土地混合利用的基本原则，利用"特色控制"栏明确城市设计和景观管控要求，利用"例外控制"栏重点解决地下、空中立体开发等特殊混合要求（图6-24、图6-25）。

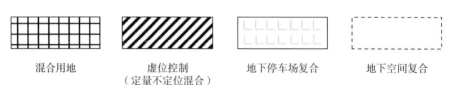

混合用地　　　　虚位控制　　　　　地下停车场复合　　　地下空间复合
　　　　　　（定量不定位混合）

图6-23　控规图纸的创新表达方式

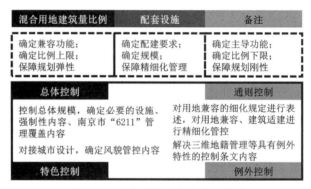

图6-24　控规图表的创新表达方式

注：根据《南京市控制性详细规划编制技术规定》，南京市控规"6211"核心管控内容中的"6"具体是指对道路红线、绿地绿线、文物保护紫线、河道保护蓝线、高压走廊黑线和轨道交通橙线"六线"的规划控制，"2"具体是指公益性公共设施和基础设施（交通设施、市政设施）两种用地的控制，"1"具体是指高度分区及控制，"1"具体是指特色意图区划定和主要控制要素确定。

6.4.3　土地混合利用的用地方案：九大策略

对应产业研创类载体、高端服务类载体和品质民生类载体三大重点对象，规划形成了九项布局调整策略，以满足南京自贸区在未来发展中对土地混合利用的相关需求。

1）梯级复合，提升研创用地发展质量

针对以科研设计用地（B29a）为主体的产业研创类用地，构建重点科研

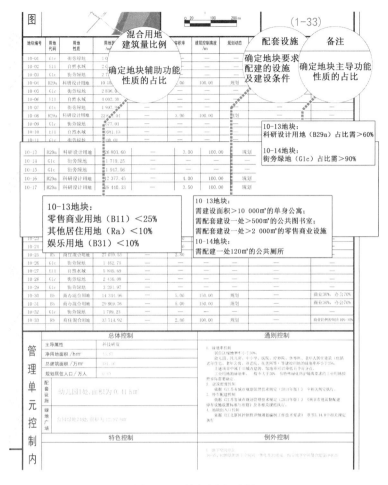

图 6-25 控规图表示例

设计用地(B29a)、一般科研设计用地(B29a)、生产研发用地(Ma)三类用地形态的研创空间梯级发展格局(表 6-8),以此满足创新企业的多元用地诉求,构筑具备全球影响力的创新策源地。

(1) 打造品质卓越的复合研发社区

规划确定部分关键区位、具有较好用地基础的新增和存量用地为重点科研设计用地(B29a),该类用地的混合利用部分可独立办证,但其建筑占比不超过 30%。该类用地可容纳商业用地(B1)[除批发市场用地(B12)]、商务用地(B2)[除科研设计用地(B29a)]、娱乐康体用地(B3)、公用设施营业网点用地(B4)、其他公用设施营业网点用地(B9)等用地性质,以及现行控规中附近的公用设施用地(U)[除环境设施用地(U2)]、道路与交通设施用地(S)。在用地性质混合的基础上,该类用地在建筑功能上允许复合宿舍、配套人才公寓(支持一体化开发管理)、商业、办公、酒店、娱乐设施、科研设施、其他生活辅助设施等,但公寓的建筑占比不超过 15%。

表 6-8　南京自贸区控规用地混合的基本规则

分类		可混合的用地性质	可混合的建筑功能	可混合的辅助性质	占比
产业研创	科研设计用地(B29a)(规划确定重点类)	除批发市场用地(B12)外的商业用地(B1)、除科研设计用地(B29a)外的商务用地(B2)、娱乐康体用地(B3)、公用设施营业网点用地(B4)、其他公用设施营业网点用地(B9)	宿舍、配套人才公寓(支持一体开发管理)、商业、办公、酒店、娱乐设施、科研设施、其他生活辅助设施等	除环境设施用地(U2)外的公用设施用地(U)、道路与交通设施用地(S),不计容	混合性质不超过30%,公寓不超过15%
	科研设计用地(B29a)(普通类)	—	宿舍、配套人才公寓(支持一体开发管理)、商业、办公、科研设施、其他生活辅助设施等	除环境设施用地(U2)外的公用设施用地(U)、道路与交通设施用地(S),不计容	混合建筑不超过30%,公寓不超过15%
	生产研发用地(Ma)	—	商业、办公、科研设施、其他生活辅助设施等	除环境设施用地(U2)外的公用设施用地(U)、道路与交通设施用地(S),不计容	混合建筑不超过15%
高端服务	行政办公用地(A1)	—	商业、办公、文化设施、体育设施、教育设施、社区服务设施等	—	混合建筑不超过15%
	文化设施用地(A2)(划拨类)	—	办公、商业、文化设施、娱乐设施、其他生活辅助设施等	—	混合建筑不超过15%
	体育用地(A4)(划拨类)	—	办公、商业、康体设施、娱乐设施、其他生活辅助设施等	—	混合建筑不超过15%
	医院用地(A51)(划拨类)	—	办公、商业、康体设施、娱乐设施、科研设施、其他生活辅助设施等	—	混合建筑不超过15%
	文化设施用地(A2)(出让类)	除批发市场用地(B12)外的商业用地(B1)、除科研设计用地(B29a)外的商务用地(B2)、娱乐康体用地(B3)、其他公用设施营业网点用地(B9)	办公、酒店、商业、文化设施、娱乐设施、其他生活辅助设施等	—	混合性质不超过20%

续表 6-8

	分类	可混合的用地性质	可混合的建筑功能	可混合的辅助性质	占比
高端服务	体育用地（A4）（出让类）	除批发市场用地（B12）外的商业用地（B1）、除科研设计用地（B29a）外的商务用地（B2）、娱乐康体用地（B3）、其他公用设施营业网点用地（B9）	办公、酒店、商业、康体设施、娱乐设施、其他生活辅助设施等	—	混合性质不超过20%
	医院用地（A51）（出让类）	除批发市场用地（B12）外的商业用地（B1）、商务用地（B2）[含科研设计用地（B29a）]、娱乐康体用地（B3）、其他公用设施营业网点用地（B9）	办公、配套人才公寓（支持一体开发管理）、酒店、商业、康体设施、娱乐设施、科研设施、养老设施、其他生活辅助设施等	—	混合性质不超过20%，公寓不超过10%
	商办混合用地（Bb）（规划确定重点类）	行政办公用地（A1）、文化设施用地（A2）、体育用地（A4）、医疗卫生用地（A5）、社会福利用地（A6）、商务用地（B2）、娱乐康体用地（B3）、其他公用设施营业网点用地（B9）	公寓、商业、办公、酒店、教育设施、医疗设施、文化设施、体育设施、娱乐设施、科研设施、养老设施、其他生活辅助设施等	除环境设施用地（U2）外的公用设施用地（U）、道路与交通设施用地（S），不计容	办公建筑超过50%，公寓不超过20%
	商办混合用地（Bb）（普通类）	—	公寓、商业、办公、酒店、教育设施、医疗设施、文化设施、体育设施、娱乐设施、养老设施、其他生活辅助设施等	除环境设施用地（U2）外的公用设施用地（U）、道路与交通设施用地（S），不计容	商业不超过30%，公寓不超过30%
	商业用地（B1）（规划确定重点类）	商务用地（B2）、娱乐康体用地（B3）、公用设施营业网点用地（B4）、其他服务设施用地（B9）、行政办公用地（A1）、文化设施用地（A2）、体育用地（A4）、社会福利用地（A6）	教育设施、医疗设施、文化设施、体育设施、娱乐设施、科研设施、养老设施、其他生活辅助设施等	除环境设施用地（U2）外的公用设施用地（U）、道路与交通设施用地（S），不计容	混合性质不超过30%
	娱乐康体用地（B3）（规划确定重点类）	商业用地（B1）、商务用地（B2）、公用设施营业网点用地（B4）、其他服务设施用地（B9）、行政办公用地（A1）、文化设施用地（A2）、体育用地（A4）、社会福利用地（A6）	商业、办公、酒店、教育设施、医疗设施、文化设施、体育设施、科研设施、养老设施、其他生活辅助设施等	除环境设施用地（U2）外的公用设施用地（U）、道路与交通设施用地（S），不计容	混合性质不超过30%

续表 6-8

分类		可混合的用地性质	可混合的建筑功能	可混合的辅助性质	占比
品质民生	基层社区中心(Rc)	—	商业、办公、酒店、教育设施、医疗设施、文化设施、体育设施、娱乐设施、养老设施、其他生活辅助设施等	除环境设施用地(U2)外的公用设施用地(U)、道路与交通设施用地(S)	公共用房配建不得低于标准
	居住社区中心用地(Aa)	—	商业、办公、酒店、教育设施、医疗设施、文化设施、体育设施、娱乐设施、养老设施、其他生活辅助设施等	除环境设施用地(U2)外的公用设施用地(U)、道路与交通设施用地(S)	公共用房配建不得低于标准
	综合公园(G1a)	—	停车场、娱乐设施、文化设施、体育设施	环境设施用地(U2)、社会停车场用地(S42)	配套设施不超过10%
	街旁绿地(G1c)	—	—	环境设施用地(U2)	—
	广场用地(G3)	—	停车场、娱乐设施、文化设施、体育设施	社会停车场用地(S42)	配套设施不超过10%

注：(1) 宿舍是指仅用于企业内部员工福利使用的住所；(2) 公寓是指可以用于销售、租赁，具有完整产权，可以分割转让的商业居住类型；(3) 配套人才公寓(支持一体开发管理)是指只能用于人才保障需求，以短期或长期租赁为主要形式，不可分割销售的商业居住类型；(4) 其他生活辅助设施包括社区居民委员会、社区警务室、社区服务中心、社区服务站、配套管理用房、社区文化中心(文化室)、社区体育活动场地、室内外运动设施、社区绿地、公交首末站、公共停车场库、雨水泵站、污水泵站、移动基站(基房)、垃圾转运站、垃圾收集点、再生资源回收点、公共厕所、环卫工人工作间等；(5) 公用设施[供应设施用地(U1)、环境设施用地(U2)、安全设施用地(U3)]因混合利用中均不是主导功能，因此通过辅助性质予以明确。

(2) 强化一般研创用地的混合利用

对于重点科研设计用地(B29a)之外的研创用地(普通类)，仍依照一般用地方式予以管理(即采取建筑功能复合的方式管理，混合利用部分不能独立办证)。该类用地允许复合的建筑功能，包括宿舍、配套人才公寓(支持一体开发管理)、商业、办公、科研设施、其他生活辅助设施等，复合用途的建筑占比不超过30%②，其中公寓的建筑占比不超过15%③。

(3) 灵活运用生产研发用地(Ma)补全中试短板

根据新区企业的实际需求，本次控规整合启用此前南京控规中较少使用的生产研发用地(Ma)，赋予其配套功能占比较低(不超过地上建筑总量的15%)但生产属性更为明确的职能，以适应企业的研发试制需求。生产研发用地(Ma)考虑设置共享型研发试制空间，提供中试标准厂房，并允许复合商业、办公、科研设施、其他生活辅助设施等建筑功能。由于南京自贸区范围内的生产设施有严格的环保管控措施，因此生产研发用地(Ma)中所容纳的中试等生产职能需按照环保正负面清单予以明确管控。

2)完善配套,推动服务用地提标增效

针对高端服务类用地,规划确定了涉及行政办公用地(A1)、文化设施用地(A2)、体育用地(A4)、医院用地(A51),以及商办混合用地(Bb)、商业用地(B1)、娱乐康体用地(B3)在内的土地混合利用发展方案(表6-8),以期建设接轨国际标准的功能旗舰区。

(1)锻造国际领先的综合服务高地

重点提升行政办公用地(A1)、文化设施用地(A2)、体育用地(A4)和医院用地(A51)的综合配套能力,通过土地混合利用来支持国际健康、体育等旗舰功能进一步提升服务能级。土地权属为划拨性质的行政办公用地(A1)、文化设施用地(A2)、体育用地(A4)和医院用地(A51),准予其兼容建设不超过15%建筑占比的办公、商业、文化设施、体育设施、教育设施、社区服务设施、娱乐设施、科研设施、其他生活辅助设施等建筑功能。针对规划确定的部分关键区位,应主推市场出让方式供应用地。土地权属调整为全部或部分出让的文化设施用地(A2)、体育用地(A4),准予其在主导功能外备注商业用地(B1)[除批发市场用地(B12)]、商务用地(B2)[除科研设计用地(B29a)]、娱乐康体用地(B3)、其他公用设施营业网点用地(B9)等独立用地性质,增加酒店等建筑适建功能,并将混合建筑功能占比提高至不超过20%;土地权属调整为全部或部分出让的医院用地(A51),准予其在主导功能外备注商业用地(B1)[除批发市场用地(B12)]、商务用地(B2)[含科研设计用地(B29a)]、娱乐康体用地(B3)、其他公用设施营业网点用地(B9)等独立用地性质,增加配套人才公寓(支持一体开发管理)、养老设施、科研设施等建筑适建功能,并将混合建筑功能占比提高至不超过20%(其中公寓不超过10%)。

(2)预留新服务功能落地弹性

由于现行控规主要以商办混合用地(Bb)承载服务功能、提升城市功能弹性,本次控规整合对商办混合用地(Bb)进行细分,明确不同类型商办混合用地(Bb)的混合利用要求。具体而言,针对规划确定的部分关键区位的商办混合用地(Bb)(规划确定重点类),降低公寓配置准许比例并提高办公功能比例[但允许该类用地混合行政办公用地(A1)、文化设施用地(A2)、体育用地(A4)、医疗卫生用地(A5)、社会福利用地(A6)、商务用地(B2)、娱乐康体用地(B3)、其他服务设施用地(B9)等独立用地性质],保障新金融、国际贸易、总部经济等高端服务功能的进驻空间;针对普通商办混合用地(Bb),准予其兼容建设不超过30%建筑占比的公寓、商业、办公、酒店、教育设施、医疗设施、文化设施、体育设施、娱乐设施、养老设施、其他生活辅助设施等建筑功能。

(3)打造新型商业业态标杆

规划鼓励商业、娱乐服务用地的混合利用,打造高标准的商业综合体。对于商业服务业设施用地(B),其用地中类本身即具有较为丰富的功能内涵[例如,商业用地(B1)可以包容商业、餐饮、酒店等功能,商务用地(B2)

可以包容金融保险、艺术传媒、技术服务等业态,娱乐康体用地(B3)可以包容娱乐和康体功能],本次控规整合采取中类表达的方式提升项目兼容水平。在此基础上,针对商业用地(B1)、娱乐康体用地(B3),根据规划确定的范围,允许重点商业用地(B1)、娱乐康体用地(B3)混合其他商业服务业设施用地(B),并鼓励教育设施、医疗设施、文化设施、体育设施、娱乐设施、科研设施、养老设施、其他生活辅助设施等建筑功能复合。此外,准予重点商业用地(B1)、娱乐康体用地(B3)在主导功能外备注行政办公用地(A1)、文化设施用地(A2)、体育用地(A4)、社会福利用地(A6)等独立公益用地性质,通过市场化提供公共服务的方式来应对公共管理与公共服务设施用地(A)的不足。

3) 弹性布局,强化民生用地品质保障

围绕民生服务的品质升级需求,重点针对基层社区中心(Rc)、居住社区中心用地(Aa)、公用设施用地(U)、道路与交通设施用地(S)、绿地与广场用地(G)进行土地混合利用方案设计(表6-8),以期形成示范人本魅力的品质活力区。

(1) 建设富有弹性的社区服务综合体

针对社区服务用地容量配置不足的问题,规划提出完善邻里公共服务中心体系。通过对小于 1 hm² 的街旁绿地(G1c)进行虚位控制,实现与其他建设空间的一体化利用,提升基层公共服务用地的复合水平[31]。为保证绿地建设的刚性和严肃性,对虚位控制的街旁绿地(G1c)采取在图则中明确限定绿地建设比例,并与建筑工程同步验收的方式予以管控。

(2) 建设高效集约的市政综合体

针对市政公用设施和交通设施独立、分散式布局导致的用地集约度低、景观风貌不佳等问题,规划明确提出要打造市政综合体。通过虚位控制的表达方式,将零散的公用设施用地(U)、道路与交通设施用地(S)合并入居住社区中心用地(Aa)、基层社区中心(Rc)以及商业服务业设施用地(B)中,提升空间品质和土地集约节约水平。其中,供应设施用地(U1)、安全设施用地(U3)、公共交通场站用地(S41)涉及一定的布局规范要求,限定其仅能合并入商业用地(B1)、商务用地(B2)[含科研设计用地(B29a)]、娱乐康体用地(B3)、商办混合用地(Bb)等,并需在图则中将面积、相关建设要求等予以明确;社会停车场用地(S42)则可以合并入商业用地(B1)、商务用地(B2)[含科研设计用地(B29a)]、娱乐康体用地(B3)、商办混合用地(Bb)、综合公园(G1a)、广场用地(G3)、行政办公用地(A1)、文化设施用地(A2)、教育科研用地(A3)、体育用地(A4)、医疗卫生用地(A5)、居住社区中心用地(Aa)、基层社区中心(Rc)等多种用地;环境设施类用地(U2)的邻避性较强,仅允许其与绿地合并,利用地下空间进行复合开发。

(3) 形成富有活力的绿地系统

规划通过混合利用引导,提升各类绿地的可进入性,破解自贸区范围内结构性绿地占比过大、活动性空间不足的现实问题。具体而言,选取部分面积较大(大于 1 hm²)且可达性较好的街旁绿地(G1c),将其变更为综合公园(G1a),并允许综合公园(G1a)建设不超过用地面积 10 % 的配套设施,提升绿地系统承载公共活动的能力。此外,鼓励停车需求紧张区段结合公园绿地(G1)与广场用地(G3)布局地下停车场,提高绿地可达水平和配套停车能力。

6.4.4 应对土地混合利用需求的政策体系创新

面对土地混合利用的大量现实需求,为保障相关建设项目的顺利落地实施,不仅需要提升规划编制技术、改变传统的控规管理体系,而且需要同步提升政府规划建设管理的制度配套水平,着眼于土地开发建设的全过程,系统化完善治理思路。总而言之,服务于土地混合利用需求的规划监管除了应当在控规的编审阶段改革创新外,还应当在资源权益的配置环节、项目获取土地的前端和建设竣工的后端,分别设计具有针对性的创新举措,有机衔接规划编制与规划管理、土地管理、开发建设管理之间的关系,通过整体性改良思维破解土地混合利用的难题。

1) 优化资源权益配置,规范地价标准

(1) 完善复合用地产权设计

土地混合利用不仅需要考虑用地性质、建筑功能是否兼容,在后续管理中还需要考虑产权导致的操作问题。为此,首先需要优化资源权益配置方式,明确区分经营性用地、公益性用地,并在土地混合利用方案的设计中充分考虑经营性用地与公益性用地之间相互复合的四种类型②(图 6-26)。

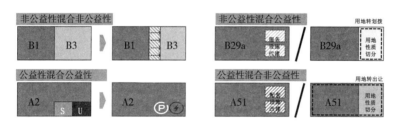

图 6-26 土地混合利用的四种类型

注:B1 即商业用地;B3 即娱乐康体用地;B29a 即科研设计用地;A2 即文化设施用地;A51 即医院用地;S 即道路与交通设施用地;U 即公用设施用地。

具体而言,对于经营性用地复合其他经营性功能的[商业服务业设施用地(B)之间复合],可直接按照规划确定的混合利用规则进行建设,如复合的经营性功能需要独立办证,则在符合前述规则的同时还应符合规划布局选址要求[即应为重点商业服务业设施用地(B)]。对于公益性用地复合其他公益性功能的[公共管理与公共服务设施用地(A)之间,公共管理与公共服务设施用地(A)复合公用设施用地(U)、道路与交通设施用地(S)],可直接按照规划确定的混合利用规则进行建设。对于经营性用地复合公益性功能的[商业服务业设施用地(B)复合公共管理与公共服务设施用地(A)、商业服务业设施用地(B)复合公用设施用地(U)、道路与交通设施用地(S)],应在用地出让阶段明确配套建设的公益性设施用地规模或建筑容量,如复合的公益性设施需要独立办证,应由经营性用地项目方代建后,将这部分用地以划拨方式向所涉公益性主体让渡土地使用权;如复合的公益性设施不需要独立办证或难以切分为划拨用地,则应在经营性用地项目方代建后直接移交至所涉公益性主体使用。对于公益性用地复合经营性功能的[公共管理与公共服务设施用地(A)复合商业服务业设施用地(B)],如复合的经营性功能仅为使用需求,在方案阶段按照规划确定的混合利用规则预留功能弹性即可;如复合的经营性功能需独立办证,则应将经营性功能按照同地段、同用途市场价格评估后计入划拨成本后分割转让,或将公益性用地整体由划拨转为出让并补缴出让金后,按规划确定的混合利用规则进行建设。

(2) 优化地物产权登记系统

当前我国仅涉及水平维度的地权划分和控规管理方式难以支撑垂直混合等精细化确权和开发建设管理的需求,亟须建立适配土地混合利用的地物产权登记系统。未来应区分设立土地使用权,建立土地空间权利体系,将传统集中于地表的土地资源配置向地上地下两级延伸和拓展,通过细化地上、地表、地下土地使用权的权利边界和对应权益,引导空间分层配置,进一步提高土地管理的精细化水平。与此同时,结合建筑信息模型(BIM)平台建构三维信息模型等新技术手段,加快建立三维地籍管理系统,将三维地籍管理理念和技术方法纳入土地管理、开发建设和运营管理的全过程,推动三维产权数据统一组织与管理,打通各平台间的数据壁垒,进一步提高三维地籍管理技术应用水平,推动提高土地立体化管理的工作效率。

(3) 建立规范化地价测算标准

为应对土地混合利用的大量现实需求,应建立与土地混合利用精细化管理相匹配的规范化地价测算标准,为拟开展或已开展土地混合利用的宗地制定适配、合理的土地价格与土地出让金补缴规则。借鉴东莞市、深圳市等政策先行城市的管理经验,土地价格应在充分结合土地实际用途、是否自持、是否配建(土地产权是否为混合用地)等多方因素的基础上,以不同性质用地的市场价格为基准,以不同功能的建筑开发量为重要参数,以项目价值、产权完整性为修正系数,予以综合确定[⑤]。针对创新型企业的发展特点,可以设置相应的地价折减系数。同时,要明确存量用地混合利用的地价补缴规则和审批流程。

2) 强化项目管理,避免政企寻租

(1) 建立项目遴选机制

为了避免土地混合利用负面现象的发生,应该采取项目方筛选的形式,强化对涉及土地混合利用项目的论证落实。通过区域准入、产业准入、主体准入等多种形式的准入管理,面向具有土地混合利用需求的产业类型遴选出具有企业责任感、社会责任心、品牌公信力的企事业单位,主动根据功能导向设置用地性质与建筑功能的正负面清单,形成"规划释放功能弹性＋项目强化精细管理"的新模式。当前,一些城市已经建立了类似的功能准入正负面清单。例如,北京市通过《建设项目规划使用性质正面和负面清单》列出了不同类型区域鼓励和限制的建筑项目规划使用性质,通过清单式管理的方式鼓励适配区域发展方向的相关功能植入,明确限制不符合该区域功能定位的建设项目落地。

（2）主推"带方案出让"

随着土地混合利用的不断演进,建设项目的用地条件日趋复杂,细化土地出让条件成为保障规划意图顺利实现的常用手段。近年来,部分城市先后开展了带方案出让建设用地使用权的模式探索。"带方案出让"是指在土地出让前,政府将城市设计、建筑工程方案、功能运营、基础设施建设等相关要求作为土地出让的前提条件予以明确;受让人在取得土地后,必须按照约定的条件和要求进行施工建设和经营。这一制度创新起初是为了提高工程建设项目的审批效率,然而结合"双合同"出让方式与管理制度的建立、完善,以"带方案出让"作为混合利用土地的主要出让方式,通过"土地出让合同"明确相应的功能比例、开发强度、预期空间形态,通过"投资管理协议"细化配套设施建设要求、自持产权比例、项目引入条件等土地出让附加条件,能够在定制化解决土地混合利用需求的同时,将混合功能与比例限定在规划许可的范围内,避免盲目混合导致的设施浪费和功能紊乱。

（3）实施用地的全生命周期管理

由于土地混合利用为权力寻租提供了可能的空间,因而针对此类用地应该实行全生命周期管理,以限定开发过程中的越界与违规行为。所谓"全生命周期管理",即对项目在用地期限内的利用状况实施全过程的动态评估和监管,将方案、出让、建设、竣工、后期管理、产权变更、违约处罚等土地开发使用的全过程纳入行政监管体系。结合履约保证金制度和信用体系建设,加强对功能营运方案的持续性监管;结合土地利用绩效综合评价体系,对不符合建设和运营要求的项目进行处罚,确保因空间功能变化产生的土地增值"溢价归公"。

3）完善配套政策,保障落地实施

（1）探索多部门联审机制

围绕土地混合利用,地方政府应重视相关项目的建设过程管理,统一相关的标准、规范,以更好地开展建设项目"规建管"一体化制度建设;并在此基础上联动环境影响评价、消防设计审查和消防验收备案等建设审批流程,探索通过土地混合利用方案的前置联审和"特殊许可式"审查(如承诺制、申报备案制)等方式打通跨部门审批障碍,实现治理效能的进一步提升。

（2）鼓励存量用地复合改造

鼓励原建设用地使用权人通过自主、联营、入股、转让等多种方式开展存量用地复合改造。改造后的业态用途符合国家和省五年过渡期政策的，可由原建设用地使用权人申请或与引入的社会资本签定出租合作改造协议后共同申请，经市、县政府批准后享受过渡期支持政策，在过渡期内完成改造[34]。出租合作改造协议中应当明确各方涉及出租不动产权益资产的权利、义务和违约责任。改造完成后，(市、县政府)可依法按新用途、市场价以协议方式配置给原建设用地使用权人或出租合作改造协议中明确的不动产权益资产优先受让主体。此外，允许复合改造地块通过土地权益分割方式进行二次配置，借鉴深圳市城市更新项目管控经验，对改造用地中原有性质发生改变的，应明确更新后需要移交给政府不少于15%的建筑面积用于公共职能，推动存量用地的有效更新。

第6章注释

① 南京自贸区控规调整数据的统计周期为2018—2020年，其中中国(江苏)自由贸易试验区南京片区于2019年8月获批。

② 土地混合利用(也有研究将其称为"土地复合利用"。为了与"混合用地"相区分，本书也将其称为"复合用地")是指单一宗地具有两种或两种以上的使用性质，包括土地用途(性质)的混合、建筑功能的复合，其是一种土地利用状态(或称之为土地利用形式)。而在我国现行的城市规划编制标准中，"混合用地"则更多的是指代一种地类(也有城市将其称为"综合用地")，是指一宗地具有两种或两种以上土地用途的用地类型，且对每种土地用途对应的建筑面积比例有一定要求(如《上海市控制性详细规划技术准则(2016年修订版)》中规定混合用地是指一个地块内有两类或两类以上使用性质的建筑，且每类性质的地上建筑面积占地上总建筑面积的比重均大于10%的用地)。如规划编制与管理中常见的配建属于土地混合利用，但其并非混合用地，仍为单一用地性质，可以将其理解为"单一用地的混合使用"。

③ 除了允许建设不超过项目总计容建筑面积30%的配套用房外，东莞、惠州还可在新型产业用地(M0)基础上配置一定比例的商业办公、配套型住宅和公共服务设施用地，允许多个不同功能用途地块按一宗地整体出让；顺德则提出综合型产业用地，允许在工业用地基础上配置一定比例的商业服务业设施和公共服务设施用地(不得包含住宅用途)。

④ 新加坡1998年版总体规划中规定的"白地"可选用地功能仅有居住、商业、办公和酒店四种，2003年版总体规划将"白地"的可选用地功能扩大到居住、商业、办公、酒店、酒店式公寓、休闲俱乐部和协会组织，2008年版总体规划又增加了会展中心和娱乐设施。

⑤ 由于地块仍是现阶段土地审批出让的基本单位，地块的土地使用类型与其上建筑的功能又是一一对应的映射关系。因此，这种"用地兼容式"的土地混合利用管理模式仍是以地块层面水平方向的土地用途(性质)混合为主，难以实现建筑功能的复合。

⑥ 相较于2004年版，2013年版《深圳市城市规划标准与准则》用地分类取消了小类，同时减少了大类与中类数量，例如，2004年版中的商业用地(C1)、商业性办公用地(C2)、服务业用地(C3)、旅馆业用地(C4)在2013年版中直接合并表述为商业用地(C1)。

⑦ 选取高新技术企业、新兴科技企业(包括独角兽企业、培育独角兽企业、瞪羚企业)、科技企业孵化器、众创空间、新型研发机构作为核心创新要素,数据来源于南京市江北新区管理委员会科技创新局。

⑧ 配建式混合由于其"按主体用地类型确定供应方式、管理、登记"的政策表述,一宗地仅被登记为一种用地类型,这种登记方式使一些高端商业服务运营商难以入驻具有实际需求的区域。在针对南京江北新区研创园的调研中了解到,自2019年开始跨国企业星巴克咖啡公司等国际品牌出于规范管理的考虑,不接受新设门店在纯粹的科研设计用地上运营(仅允许将门店开设在商业用地上),从而导致一些科研园区(用地性质均为科研设计用地)虽然在科研设计用地中规划配建了一定比例的商业用途,却无法引入像星巴克咖啡公司这样的品牌企业,难以满足高端创意人群的消费休闲需求。此外,购买科研设计用地用于"研发—中试"一体化运营的创新型制造业,其作为工业企业在上市过程中同样需要拥有工业用地的产权证。

⑨ 《中共中央办公厅 国务院办公厅关于调整住房和城乡建设部职责机构编制的通知》中提出,将公安部指导建设工程消防设计审查职责划入住房和城乡建设部。

⑩ 该部分研究早于《江苏省城镇开发边界内详细规划编制指南(试行)》(以下简称《指南》),相关成果为《指南》的制定提供了一定的技术支撑,因此该部分内容仅阐述了研究过程中的相应思考,在具体实践中需要遵照《指南》中的相关规定执行。笔者认为,对于该部分研究中目前《指南》尚未涉及的内容,仍是未来详细规划改革创新的重点方向。

⑪ 从组织架构和空间架构层面来看,江北新区分为直管区、共建区和协调区,其中直管区为原高新区(含浦口区的沿江街道、泰山街道、盘城街道)、化工园区(含六合区的大厂街道、长芦街道)以及顶山街道、葛塘街道,面积为 386.25 km^2(由江北新区管理委员会全权负责,享受省级管理权限);共建区为新区规划面积 788 km^2 范围内,除直管区以外的其他区域(以浦口区、六合区为主开发建设,江北新区对重大事项进行统筹);协调区为浦口区、六合区和栖霞区八卦洲范围内除直管区、共建区以外的其他区域(江北新区对涉及关联和长远的事项需与相关行政区沟通协调)。

⑫ 2021年9月,江苏省政府办公厅印发《南京江北新区"十四五"发展规划》,将落实"三区一平台"、建设"两城一中心"、打造"现代化新主城"确定为未来一段时期江北新区发展的总纲。其中,"三区一平台"是指自主创新先导区、新型城镇化示范区、长三角地区现代产业集聚区、长江经济带对外开放合作重要平台,"两城一中心"是指芯片之城、基因之城和新金融中心。

⑬ 自2013年9月国务院批准《中国(上海)自由贸易试验区总体方案》以来,7年内相继出台了《关于中国(上海)自由贸易试验区综合用地规划和土地管理的试点意见》(2014年7月)、《中国(上海)自由贸易试验区控制性详细规划》(2015年4月)、《本市贯彻〈关于支持自由贸易试验区深化改革创新若干措施〉实施方案》(2019年3月)、《中国(上海)自由贸易试验区临港新片区总体方案》(2019年8月)、《关于支持临港新片区产业、研发用地提高容积率的实施意见》(2019年12月)三项土地改革措施和三个空间规划方案;自2010年8月国务院批准《深圳前海深港现代服务业合作区总体发展规划》以来,10年内相继出台了《深圳市前海深港现代服务业合作区土地管理改革创新要点(2013—2015年)》(2013年5月)、《深圳市前海深港现代服务业合作区土地供应暂行办法》(2013年6月)、《深圳市前海深港现代服务业合作区土地使用权招标拍卖挂牌出让若干规定(试行)》(2016年5月)、《深圳市前海深港现代服务业合作区土地租赁管理办法(试行)》(2017年1月)、《深圳前海深港现

⑬ 代服务业合作区促进企业回归办公用房租金补贴办法》(2019年6月)、《深圳市前海深港现代服务业合作区城市规划管理办法》(2020年7月)五项土地改革措施和两个空间规划相关文件。

⑭ 例如,广东省在2021年4月份出台了《广东省自然资源厅印发关于加强和改进控制性详细规划管理若干指导意见(暂行)的通知》,在改进控规编制方法、优化控规动态维护、提升控规审批效率和强化控规管理支撑等方面均做出了明确要求,传递出比较清晰的详细规划改革导向。

⑮ 一般而言,国内自贸区的设立均主要依托高级别物流设施(如上海自贸区依托洋山港区、外高桥港区、外高桥保税物流园区、浦东国际机场)、高级别产业园区(如广东自贸区南沙新区片区依托广汽商贸南沙国际汽车产业园)、对外贸易窗口门户地位(如云南自贸区依托与缅甸、越南、老挝等国家接壤的边境口岸区位优势),希望在上述平台基础上实现物流、加工、贸易等相关功能的发展。

⑯ 迪拜健康城(DHCC)成立于2002年,是为满足高质量医疗和健康管理需求而建立的世界级健康护理中心。整个迪拜健康城主要分为医疗区和度假疗养区,由两家大规模医院、近百家门诊和诊断实验室,以及众多的特色医疗保健和商业零售服务商构成,具有住宅社区、娱乐设施、酒店和会议中心等完善的配套服务功能,满足了不同类型消费者的需求。

⑰ 据统计,在获批的近 40 km^2 用地中仍未出让或有意向的"净"增量土地仅余 3.84 km^2,约占 1/10。

⑱ 若按照用地收储后重新挂牌出让的传统方式予以供地,不但成本高、耗时长,而且仍旧无法一次性解决供地后产业转型升级、功能空间优化的需求,届时依然会重新导致土地的低效利用。

⑲ 以研创园综合服务中心项目为例,其集合了科研办公、配套服务用房、管养中心、查报站、垃圾中转站、变电站等功能,目前仅能通过园区自持,采取"评估地价+代建"的方式以科研设计用地完成首次登记,再经由二次分割实现功能移交。

⑳ 据统计,江北新区成立的5年来人口数量增长了近80万,其中累计汇聚各类人才共计 36.8 万余名,国际化人才占比达到 1/3。

㉑ 七里河沿岸是南京自贸区重要的滨河景观带,但在已批的控规中,其用地性质为街旁绿地和公园,无法混合其他类型的用地功能,阻碍了自贸区特色滨水空间的打造。也正因为如此,中央商务区开展了《南京江北新区中央商务区七里河两岸城市设计及控详修改》,尝试推动七里河沿线用地功能的调整。

㉒ 虽然江北新区在一定程度上已经获得了南京市规划主管部门的放权,但控规图则修改的整个流程仍旧非常繁琐,并需要通过市级规划委员会讨论认可后才可重新入库。

㉓ 南京自贸区共涉及86个图则单元,基本每个图则单元均经历过调整,部分图则单元甚至呈现出"一年一改"的状态。

㉔ 龙虎巷位于南京市浦口区中车南京浦镇车辆有限公司附近,长约 500 m,沿线为独具特色的津派建筑。龙虎巷历史风貌区是《南京历史文化名城保护规划(2010—2020年)》中确定的22个历史风貌区之一。

㉕ 市政综合体的建设优势主要体现在三个方面:第一,改变了传统单层布局的设计思路,提高了市政设施用地的开发强度;第二,减少了市政设施的点源数量,克服了"多而散"布局模式的弊病,缓解了市政设施选址困难的矛盾,降低了对城市环境的影响;第三,有效整合了市政设施的布局,实现了功能互补,例如,公交车与公共停

车场的毗邻布置便于居民的交通换乘,垃圾转运站与环卫车辆停车场的结合利于提高垃圾收集转运效率。

㉖ 例如,南京市规划编制批前公示的《〈南京雨花台高新区控制性详细规划及城市设计整合〉SOb010-02规划管理单元图则修改(公众意见征询)》即在"规划控制条文"一栏中增加了"根据《关于建设具有全球影响力创新名城的若干政策措施》《南京市创新名城建设规划管理实施办法(试行)》属于经科学技术委员会认定的新型研发机构、高新园区国有平台建设的科技公共服务平台等新建项目,可配建商业服务、文化体育、人才公寓等配套服务设施。具体由建设单位在规划总平面图中标注其功能、布局、规模、比例"等相应表述。

㉗ 控规中的用地性质只表达主导性质,复合用地需求依照一般地类复合的形式叠加表达("打方格"),供用地审批管理中查询使用。

㉘ 根据《南京市江北新区土地复合利用实施办法(试行)》的相关规定:权利人申请办理国有建设用地使用权首次登记时,土地用途以土地出让合同、划拨决定书等文件约定的主要用途登记,使用期限以文件约定期限为准,同时在不动产证书附记栏注明"该地块还配建有(商业、科研、住宅……),其对应土地使用期限以法定最高期限为准"。

㉙ 根据《南京市空间要素保障创新计划和若干配套政策》中的相关规定:新建产业用地(工业、仓储、科研)项目,可兼容其他生产服务用途(仅限工业、仓储、科研)比例不超过地上建筑总量的15%;另可兼容用于办公、生活服务设施(含租赁公寓、宿舍)比例不超过地上建筑总量的15%。兼容设施仍按主体用地类型确定供应方式、管理、登记,不得分割转让或分割抵押。本次控规整合建议采取30%的建筑总量控制,不再针对两类复合用途的建筑比例予以分别限定。

㉚ 经测算,南京自贸区科研设计用地(B29a)的建筑容量约为1 900万 m^2,可容纳技术人才约26万人,按照保障1/3单身年轻人才就近居住的方式予以折算,则配建公寓量约为13.7%,因此规定公寓的建筑比例不超过15%。

㉛ 为避免与《南京市永久性绿地管理规定》相矛盾,主要选择面积小于1 hm^2的绿地进行创新,并仅与基层社区中心(Rc)用地联合布局,防止绿地合并入经营性用地导致的不可控问题。与此同时,在未来服务用地紧缺的情况下,可以通过合法程序将其变更为基层社区中心(Rc)用地的弹性可扩展空间。

㉜ 经营性用地主要指以出让为土地使用权让渡方式的居住用地(R)、工业用地(M)、物流仓储用地(W)和商业服务业设施用地(B);公益性用地主要指以划拨为土地使用权让渡方式的绿地与广场用地(G)、道路与交通设施用地(S)、公共管理与公共服务设施用地(A)和公用设施用地(U)。

㉝ 《东莞市新型产业用地(M0)地价管理实施细则》规定新型产业用地(M0)的地价测算公式是 $M0=[M1\times0.4\times(1-X)+C\times0.41\times X]\times R\times(N/50)$(其中,$M1$为普通工业用地市场评估价的地面地价;$C$为商服用地市场评估价的楼面地价,需参照自然资源部门公布的国有建设用地基准地价更新修正体系进行容积率系数修正;X为分割转让比例;R为容积率;N为实际出让年限);《深圳市地价测算规则》中明确宗地的地价测算公式为宗地地价=$\sum$(土地的市场价格×对应建筑面积×基础修正系数×项目修正系数)。

㉞ 《国土资源部 发展改革委 科技部 工业和信息化部 住房城乡建设部 商务部关于支持新产业新业态发展促进大众创业万众创新用地的意见》中规定:传统工业企业转为先进制造业企业,以及利用存量房产进行制造业与文化创意、科技服务

业融合发展的,可实行继续按原用途和土地权利类型使用土地的过渡期政策。现有建设用地过渡期支持政策以 5 年为限,5 年期满与涉及转让需办理相关用地手续的,可按新用途、新权利类型、市场价,以协议方式办理。《江苏省政府办公厅关于促进低效产业用地再开发的意见》中同样指出,在符合相关规划的前提下,经市、县两级人民政府批准,利用现有房屋和土地,兴办文化创意、科技研发、健康养老、工业旅游、众创空间、生产性服务业、互联网+等新业态的,可实行继续按原用途和土地权利类型使用土地的过渡期政策,过渡期为 5 年。过渡期满后需按新用途办理用地手续的,符合划拨用地目录的,可以划拨方式供地。

7 超越增长：面向创新发展需求的空间治理逻辑体系与规划重点

> 传统要素的投入仅能支撑经济的增长，而只有创新才能驱动经济的发展；增长将在有限的阶段中走向衰退，而发展则能够在持续的变革中创造价值。
>
> ——约瑟夫·熊彼特《经济发展理论：对于利润、资本、信贷、利息和经济周期的考察》

从增长到发展并不是必然、自发的线性过程，创新型经济的建构需要政府在经济、社会、文化等多个领域的治理创新。在面向创新型经济发展的目标环境中，空间规划需要重新理解经济形态与城市空间的互动逻辑，在主动识变、积极应变、敢于求变中推动规划思维以及技术方法的创新，从而更加有效地推动社会经济高质量发展目标的实现。

7.1 空间规划的空间治理属性

空间规划是一项复杂的空间治理过程。自1960年代开始，新马克思主义相关理论对空间属性以及空间过程的政治经济学解析引发了对空间规划本质的新理解。在新马克思主义的政治经济视域中，空间不再被视为僵化的、孤立于社会活动的物质性容器。空间存在着与政治经济过程紧密联系的生产与再生产过程，它既是政治经济实践的产物，又是产生政治经济循环效应的工具。空间的生产与再生产认知构成了经典的"空间辩证法"。空间规划是空间生产（实践）的重要环节，其必然不是一项单纯的技术性、规范性的工程设计，而是政治经济活动的投影，服务于特定的政治经济目的。法国哲学家列斐伏尔认为，规划本质上是为了对多元化的日常生活进行控制和管理，以防止城市的不规则扩展和居民生活的随机混乱（汪原，2005）；美国社会学家卡斯特尔（Castells，1978）认为规划是为了协调各种冲突力量而进行的谈判和协商；法国哲学家福柯认为了解权力的运作过程是理解规划形成的基础，而规划所形成的城市、建筑等空间作品恰恰又是洞悉社会权力过程的最好例证（Wright et al.，1982）；美国规划学者诺顿认为，规划就是一个政治过程，区别在于反映着谁的政治（尼格尔·泰勒，2006）。基于空间实践的政治经济特性，在空间权利主体相对多元的制度环境中,可以认为空间规划就是空间权利主体基于特定的政治经济目的而进行的空间治理过程。不同的社会制度决定着不同的社会治理结构,进而塑造出了不同的空间权利主体,并赋予其相应的空间实践与规划权利。因此,空间规划既是社会治理结构的投影,又是治理主体的空间治理过程。

改革开放以来,随着中国社会经济结构的不断调整,空间规划的治理属性日益凸显,并已开始成为学界和政界的共识。曾经作为空间规划典型代表的城乡规划,就在法理上被定义为一种公共政策。公共政策的主要特点是基于政府所代表的公共利益,以政府制度性决策的方式对多元权利主体的利益诉求和收益进行统筹协调,其本质也是政府进行治理的一种工具。在权利主体日益多元、诉求差异日益分化的社会背景中,城乡规划充当着不同权利主体互动、博弈的平台,需要统筹兼顾长远与眼前、效率与公平、局部与综合、个体与群体等诸多相互作用,可以称得上是复杂而又敏感的空间治理活动(张京祥等,2014)。在过去,城乡规划的实践伴随着国家对外开放、城乡统筹等一系列治理决策,服务于快速的工业化和城镇化过程,尽管存在一定的历史局限性,但却在引领、管控城乡发展和建设的过程中发挥着不可替代的作用。而随着国家治理现代化、生态文明建设等新时代发展理念的确立,城乡规划作为具体的规划类型又顺应着新的政治经济诉求而退出历史舞台,融入全新的国土空间规划体系之中。可见,在社会制度现代化、民主化的总体趋势下,空间规划紧密反映着社会治理格局的变革,服务于政府治理的总体目标,是一种动态调整的空间治理实践。

7.2 地方政府治理角色的适应性调整

经济学与管理学领域中关于政府在经济发展中角色和作用的讨论由来已久。自 1980 年代以来,西方国家政府为了适应新的竞争规律和态势,普遍从福利国家的管理者角色和功能中走出来,不断实施推进公共管理体制改革,掀起了以提高公共管理效率为目标的"新公共管理"(New Public Management)运动,继而出现了"企业家型政府"(Businesslike Government/ Entrepreneurial Government)的概念,主张把"企业家精神"(讲效率、重质量、善待消费者等)引入政府组织中,改革公共管理部门,以企业化的管理方式替代僵化的管理体制,提高政府的效率和效用(Harvey,1989)。

而当人们试图解码改革开放以后经济高速增长的中国秘钥时,地方政府无疑也是不可忽视的重要变量。有学者沿用企业家型政府的理论来肯定地方政府"有形之手"在推动城市发展与转型过程中的积极作用(殷洁等,2010);也有学者结合中国特殊的转型语境,延伸出"地方政府企业化"的本土化概念,即地方政府从自身的经济利益角度进行决策和行动,展开类似于企业间的激烈竞争(张京祥等,2006)。地方政府主导着城市的开发建设过程,促进着城市经济、城市空间快速的增长,同时也积累着大量的矛盾和隐患(买静等,2013;殷洁等,2006)。总体而言,在经济快速增长时期,地方政府的角色存在着多面性的争议,在经济建设(推动经济增长)领域显得尤为积极,而在民生等其他领域则相对消极。尽管地方政府是有自身特殊利益结构和效用偏好的国家代理人(不仅体现国家自主性而且体现地方自主性)(何显明,2008),但其并不是处于完全独立且固化的状态。地方政府的行为逻辑由特定的政治经济环境所塑造,并在政治经济环境的变迁中被重塑,其天然存在与环境互动的敏感机制和适应本能。关于地方政府角色多面性的争议,本质上是治理体系、治理水平与社会经济发展适应性的争议。可以肯定的是,在治理现代化的总体趋势下,地方政府的角色和作用也将得到不断纠偏。

面向创新型经济的城市空间供给与治理是地方政府应对政治经济环境变化的积极治理过程。在国家整体的治理结构中,地方政府在城市治理领域的责任和权力尤为突出。积极的政府干预体现为地方政府对于国家(中央政府)战略要求和经济形势的及时响应,进而更新治理意识,及时调整治理目标,并结合城市自身的现实条件开展治理工作。尽管在既有的学术研究中地方政府对于自身利益(政绩意识等)的追逐常常受到批判,但不可否认的是其在推动快速工业化和城镇化过程中的既有成绩;而在创新型经济的目标导向下,城市将面对更为复杂的治理情景、更加迫切的治理诉求,地方政府的积极治理作用也将显得更为重要。在这一过程中,备受争议的政府企业化倾向也必然将在国家治理现代化的整体进程中得到修正:通过更加完善的城市治理评价、监督和约束机制,促使地方政府的自身利益与国民经济社会发展的公共利益相一致。

7.3　面向创新发展需求的空间治理逻辑嬗变

"增长主义"的概念最早诞生于经济学领域并在中国经济转型发展和政府职能深化改革的过程中引起了广泛讨论。早在1980年代,有学者在针对日本战后经济快速增长现象的研究中指出,经济增长至上、追求高额利润的"增长主义"作为一种指导思想,主宰着日本经济增长的全过程(宋绍英,1988)。2010年以来,经济学和管理学领域的学者基于转型发展的宏观语境,开始频繁以"增长主义"来解析和总结中国大规模而持久的经济增长过程,并反思其对中国经济可持续发展产生的消极影响(迟福林,2012;姚先国,2012)。而后,"增长主义"的概念被引入城市研究中,有学者系统地阐释了中国城市增长主义的内在逻辑与空间表征,在肯定其对经济高速增长的积极贡献的同时,也预言了增长主义的终结和城市规划的转型(张京祥等,2013)。

笔者认为,创新型经济导向的城市空间供给与治理是区别于增长主义的创新治理过程。笔者在本书的前言中已经提及,在1990年代中后期以来的很长一段时间内,经济增长的全球化机遇以及中国城市发展制度的系列变革,塑造了地方政府增长主义导向的城市发展战略和服务于增长主义的空间治理逻辑体系:以工业化和城镇化的大推进为经济引擎,以双向寻租的增长联盟为治理基础,以增长型的空间治理为主要手段。而在创新型经济的导向下,面对经济形态与城市空间的全新互动逻辑,全新的空间规划与空间治理逻辑体系必然将取而代之:以塑造产业的创新驱动力为经济引擎,以多元化的"创新共同体"为治理基础,以调整型的空间治理为主要手段。

7.3.1 增长主义的空间治理逻辑体系

1) 以工业化和城镇化的大推进为经济引擎
(1) 与出口捆绑的工业化

近代以来,工业化普遍被视为一个国家实现初期财富积累、快速改善公民生活条件的最重要过程和手段(董志凯,2009)。薄弱的工业化基础是中国长期落后的重要原因,也成为改革开放以后中国需要迫切改变的现状。然而,在改革开放的初期,国内尚待孕育的消费市场并不足以支撑工业化的大推进过程,有限的国家财富也无法提供充裕的投资动力。全球化产业转移的浪潮适时地解决了彼时中国工业化的困境。凭借相对低廉的成本要素,依赖国际市场尤其是欧美市场的巨大消费需求,出口导向的工业化模式快速确立,并成为工业化大推进的第一动力。随着"中国制造"的全球普及,中国也实现了进出口额、外汇储备的急剧攀升,并催生了以苏州为代表的一批出口导向的现代化工业城市。与出口捆绑的工业化不仅仅是中国工业化大推进的起步,也一直贯穿于改革开放以后快速的经济增长过程之中。伴生于此的出口鼓励政策以及特殊的开发区建设和管理方式等空间供给与治理手段,反映出地方政府通过干预资源配置过程来影响市场化结果的原始治理思维,而对资源配置的主动调整也在后续的发展过程中固化为地方政府的一种治理习惯。

(2) 与内需、固定资产投资捆绑的城镇化

随着工业化基础的迅速建立、居民收入和国家财富的快速提升,城镇化成为与工业化过程相互耦合且互为驱动的经济后继增长点。工业化的规模经济效应带动了产业和人口的大规模集聚。土地使用制度和房地产的市场化改革使得空间成为市场化的商品,也成为吸引投资、驱动内需的最大宗消费品。房地产市场的活跃一方面同步激发着家电、家具等轻工业品的消费和生产,推动了轻工业的发展;另一方面则更为显著地带动了城市的建设过程,拉动了市场与政府的固定资产投资。而固定资产投资又将直接拉动水泥、钢材等大宗商品的生产,进而推动重工业的发展。可以说,与内需、固定资产投资捆绑的城镇化过程既源自工业化的启动,又紧密地对工业化进程形成了反哺。

在这个过程中,土地使用权的交易和房地产的税收成为地方政府收入的重要来源,既为地方政府带来了更多可支配的资源,也孕育出饱受争议的"土地财政"(也有学者将其称为"土地金融")模式;既构成了地方政府主动推动城镇化的内生动力,也支撑着地方政府更大规模的工业化推进过程。在高速增长时期,主动的城镇化成为政府推动经济发展的普遍战略,尤其是与物质空间建设紧密联系的城镇化。与之相反的是"人的城镇化"的滞后,城市服务的有限供给以及城乡之间人口的不完全流动恰恰又形成了充足且相对廉价的劳动力池。当然,在这个过程中也滋生了过度依赖投资建设的泡沫化风险;财政资源的超前投入导致资本的无效固化和沉淀,部分地方政府在主动城镇化的中后期反而变得极为被动,被传统城镇化的路径所"绑架",不得不将城镇化的投入成本向生态环境、公民福利转嫁(何鹤鸣等,2011)。

2)以双向寻租的增长联盟为治理基础

(1)极具权威性的增长机器

"城市增长联盟"(Urban Growth Coalition)或称为"城市增长机器"(Urban Growth Machine),最早是由美国政治经济学家洛根和莫洛奇提出,该理论认为城市政府代表的政治精英与工商企业家代表的经济精英是城市土地增值的利益相关者,他们将为了土地价值的提升和收益共享形成联盟,进而引发一系列的城市增长过程(Molotch,1976)。在中国经济、空间快速增长的过程中,城市增长联盟广泛存在,而伴生于此的强势利益集团的寻租过程也引发了学界的思考与批判(张京祥等,2008)。城市增长联盟的形成具有增长主义时期的政治经济适应性,因而成为主导工业化、城镇化大推进的(治理)结构性动力。市民、非政府组织(NGO)角色的缺失,一方面是由于在民主化、法制化进程中治理体系的不完善,社会主体的话语权和参与意识还相对薄弱;另一方面也是由于在一定时期内这些主体虽然不是增长的主导者但却是增长过程的参与者和受益者,个别利益的损失掩盖于整体福利的增长之中。在这种"卡尔多最优"的"误导"下,社会自我保护、提升治理权益的本能诉求与增长联盟的单一制治理结构之间的矛盾并不突出[①]。而随着经济环境的变化和公共参与意识的觉醒,上述矛盾将日益凸显。因此,在新的社会环境中,社会有更强的诉求表达意愿和更加丰富的权利捍卫手段,在城市治理的过程中也将出现有广泛政治影响力的"反增长联盟"(陈浩等,2015)。反增长联盟并不是对于经济增长的反抗,而是对于传统治理方式和经济增长方式的反抗,是对被长期边缘化的社会诉求的反抗。因此,地方政府需要尽快建构创新驱动的经济发展模式,以全新的经济发展方式化解社会矛盾。

(2)政府—企业的双赢共识

无论地方政府是基于政绩思维还是对于提升城市经济与建设水平的责任意识,无论其是代表公共利益还是基于个体利益,在工业化和城镇化的大推进过程中地方政府的治理目标与企业持续投资、扩大再生产的目标基本一致。在增长导向的目标下，政府与企业具备了共同的利益基础，也存在着相互之间的依赖性。当然，在具体的联盟治理过程中，二者也会出现利益分配的冲突，继而围绕各自（所代表的）利益的最大化展开博弈过程。但总体而言，二者还是比较容易达成双赢的共识。也正因为如此，政府与企业的增长联盟多是二者自愿形成的，地方政府虽然具备着较强的政治、经济资源调动能力，但并不会过多地对企业形成权力压制和行为规训。这也是政府—企业的增长联盟无论是在"大"政府地区（通常认为以江苏省为代表）还是在"小"政府地区（通常认为以浙江省、广东省为代表）都广泛存在的重要原因。

3）以增长型的空间治理为主要手段

（1）低成本、高收益的土地资本化

土地使用权交易制度的设计是增长型空间治理与土地资本化的关键。"二元"的制度设计使城市建设用地增长的过程总体上呈现低成本、高收益的"政府资本"积累特征。一方面，地方政府利用城乡"二元"土地制度垄断着农地向城镇建设用地的转变和进入土地交易市场的过程。相对低廉的农地征收定价机制成为地方政府大规模、灵活配置土地资源和机动调整土地市场交易价格的重要前提。依靠土地征收价和土地市场价之间的超额利润，地方政府可以获得丰厚的土地财政收入，迅速积累起可用于推动工业化和城镇化的"政府资本"。另一方面，在土地市场价的定价过程中，地方政府利用商业地产和工业地产的"二元"定价制度，以相对高的商业、住宅地产价格来补贴相对低的工业地价，其内在的可行性逻辑则是以工业用地地价的"竞次"，争取在城市竞争、工业化竞赛中确立优势地位；而在依托工业化带动本地就业和居民财富积累的基础上，再凭借本地消费市场的垄断优势（由于本地人群和消费市场相对稳固，本地的消费需求客观存在且不容易外溢、迁移，商业和住宅地产的投资并不存在城市之间的竞争，政府有更高的议价权力），地方政府有条件在商业、住宅用地使用权交易的过程中采取价高者得的竞价模式。

（2）大规模、先导式的空间供给

工业化与城镇化的用地需求以及土地资本化的逻辑，进一步催生了大规模、先导式的空间供给。在生态文明建设的意识尚不清晰、土地约束的管制条件相对宽松的环境下，地方政府极力推动开发区、新城的跨越式建设，并探索出以治理权利下沉、空间治理尺度聚焦（下沉）为典型特点的"管理委员会"模式，以高效地推动大规模的城市增量空间开发。在空间供给的过程中，地方政府尤其注重蓝图式空间规划的先期引导和大量基础设施的先导投入，以调动起市场主体的投资信心和积极性。以城市规划为代表的空间规划，深刻地嵌入了增长型的空间治理过程，成为土地资本化的必要环节。城市规划的从业者也因此在相当长的时期中成为土地超额利润的分享者。客观而言，大规模、先导式的空间供给在特定的发展阶段满足了经济社会发展对于空间的迫切需求，为工业化、城镇化的大推进起到了保驾护航的关键作用,体现了空间治理对于经济增长突出的促进和支撑力。但不可否认的是,大规模、先导式的空间供给也形成了粗放式开发的治理惯性,滋长了城市建设与生态环境之间的矛盾。

7.3.2 面向创新发展需求的空间治理逻辑体系

1) 以塑造产业的创新驱动力为经济引擎

(1) 创新驱动的再工业化与后工业化

区别于20世纪后半叶西方国家所面临的相对单纯的去工业化环境,新一轮全球产业分工的调整,也意味着全球创新地理的重塑。一方面,在中国低成本工业化竞争优势日渐消弭的情况下,改革开放以来所积累下来的产业基础和培养出来的企业家、知识型人才,为中国的创新发展提供了有利条件。另一方面,宏观创新周期的调整、全球创新格局的持续变化,也为中国的创新发展提供了弯道超车的历史性机遇。在过去200多年的工业化、现代化历史中,中国曾因落后的工业基础和薄弱的知识储备先后错失了蒸汽技术革命、电力技术革命、信息技术革命等一系列机遇,而如今的中国完全有条件抓住新一轮的创新发展机遇,进入创新驱动的再工业化和后工业化过程。再工业化源于传统工业的自主升级和创新知识的产业化,表现为以高新技术为主要支撑的工业现代化过程;而后工业化则源于强创意与生产性、生活性服务业的融合增长,以满足工业升级和社会日益增长、变化的服务需求。总而言之,当前的中国既面临日益紧缩的外需格局与似曾相识的去工业化危机,但也面临开启新兴产业蓝海和依托技术革命为传统企业赋能、复兴的机遇(何鹤鸣等,2018a)。

(2) 个体创新意识与创新能力的激活

随着高等教育和互联网基础设施的普及,中国将进入创新民主化的新阶段,逐渐释放出社会创新的势能。信息通信技术与创新模式的深度融合,推动着知识社会的整体建构和创新民主化的进程,即创新不再是由少数科学家独享的专利,在传统的实验室之外,在生活、工作的知识交往之中,每个个体都有可能成为创新的主体,拥有创新的发言权和参与权,成为推动创新的关键性力量(宋刚等,2009)。计算机辅助制图软件(CAD软件)、B2B电子商务[②]、三维打印机(3D打印机)等互联网延伸技术和应用场景的出现,进一步缩短了从构思到生产再到商业成功的距离,也将推动未来制造业的个人化进程,并出现以"创客运动"为代表的社会创新模式(克里斯·安德森,2012)。在国家层面提出"大众创业,万众创新"的战略之后,中国社会的个体创新意识得到了极大的激活,"需求拉动、创新驱动"的社会氛围逐渐形成。随着中国开源式创新生态的进一步完善、社会对个性化行为和诉求的充分尊重和关注,个体创新的能力将进一步被激活;个体将凭借其对于未满足的社会需求的敏感把握和个性化的创造力,成为推动产业创新的重要力量。

（3）创新合作网络与孵化网络的融通

与世界发达国家相比，中国创新合作网络与孵化网络的发育相对滞后：创新资源整合的制度性壁垒突出，而市场化、社会化的整合能力又不足。尽管早在2006年中央就制定了《国家中长期科学和技术发展规划纲要（2006—2020年）》，明确提出要建立产学研结合的技术创新体系。然而在较长一段时期内，大量企业由于路径依赖缺乏创新合作的动力，仍然延续着资源、资本驱动的低端发展方式，缺乏外向链接创新资源的意识和能力；高校则由于考核体系、管理体制的相对僵化，更加倾向于承接纵向政府基金与科研课题，缺乏面向市场的科研转化意识和技术服务意识。这也导致了中国论文、专利产出的成果虽然丰富，但是产业的创新竞争力不足等问题。而在创新孵化的领域，虽然国家在1990年代就学习并借鉴了西方的"孵化器"建设经验，推动了政府孵化器的建设，但是市场化、社会化的孵化网络尚未完全发育，孵化器的孵化绩效仍较为有限。不过，创新合作网络与孵化网络的发育滞后既是当前创新发展所面临的显著瓶颈，也意味着未来要素融通以后将释放出的巨大潜能。科研与产业、经营与孵化的二元隔离亟待也必然将在以创新驱动为目标的社会经济发展中实现融通。

2）以多元化的"创新共同体"为治理基础

（1）基于多元情景的城市政体

与增长联盟不同，塑造创新驱动力的治理主体更为多元。在不同的治理情景中，政府与不同主体形成协作，组成应对具体治理诉求、解决具体治理矛盾的"城市政体"（Urban Regime）。城市政体理论是1980年代西方学者在城市多元主义思潮的基础上提出的一种城市研究理论和政治经济学分析框架。受到城市增长机器研究的启发，美国城市政治学家斯通提出了具有更广泛情景适用性的城市政体理论。他强调城市政府、工商企业集团、社区三者相互协作所形成的城市发展动力，进而基于不同的整体目标定义出维持型政体、发展型政体、中产阶级进步型政体、低收入阶层机会扩展型政体等经典政体模型（Stone，1993）。而当前中国创新发展中所面临的复杂矛盾和多元利益相关主体都要求以更为灵活和多元的城市政体作为城市空间治理的基础。在激活个体创新、激励企业创新、融通创新网络等不同的情境中，政府的角色作用都将有所区别。因此，不同于政府与企业形成的"增长机器"，在城市政体的基本理念下，政府应该积极链接创意阶层、创新企业、科研院所等广泛的创新相关主体，形成以创新驱动为目标、柔性应变且更可持续的"创新共同体"。通过"创新共同体"的塑造，适应不同的治理目标和具体情景，形成城市产业的创新驱动力，并在推动创新发展的过程中集中地、根本性地化解增长主义时期激烈的经济、社会、生态矛盾。

（2）多元主体的利益诉求分异

参与主体的多元化也就意味着主体利益诉求分异的更大可能性。尤其创新作为一种对既有发展路径的改革，难免涉及利益格局的调整；伴随其中的不确定性风险也将影响相关主体自发建构创新共同体的意愿。并非所有的参与主体都能够本能地意识到创新的必要性,并在创新发展的过程中有显而易见的"租金"可寻。因此,相对于有明确双赢共识的增长联盟,在创新共同体的形成过程中将会遇到更多"反创新"的行动阻力。例如,传统企业很可能呈现出路径依赖的显著惰性,而在面临被淘汰时又可能基于抵触情绪开展阻碍整体创新进程的自我保护行动。在这样的治理环境中,地方政府积极主动的建构作用则更为必要。政府需要通过多种治理策略,干预相关主体的成本—收益模式,以最大化相关主体参与创新的利益回报,甚至采用比较强硬的规训方式来确保相关主体行动的一致性。

3）以调整型的空间治理为主要手段

（1）空间供给方式的精细化提升

空间供给方式需要根据个体创新的空间体验需求和创新网络的空间组织需求进行精细化的提升。其一,要提升对于个体生活体验空间的重视,创造能够激发个体创造性的生活环境。在增长主义的治理模式中,企业的生产性空间是支撑经济增长的主要空间；而在创新驱动的发展环境中,个体的生活环境是产生创意、推动创新实践的重要承载空间和影响因素。其二,要提升空间的网络链接性,注重培育与建设具有创新链接功能的空间。在增长主义的治理模式中,追求集聚效应是空间供给的关注重点；而在创新驱动的发展环境中,更高效的创新关联网络则是形成创新集群、产生持续创新衍生动力的关键。其三,要统筹城市增长、再开发和收缩的复杂过程。在增长主义的治理模式中,空间供给与市场的矛盾主要表现为供给滞后于市场的增量需求,这一阶段"超前"供给所导致的土地资源、公共设施浪费更多的是线性增长过程中的阶段性问题,可以通过城市发展逐步消化（何鹤鸣等,2018b）；而在创新驱动的发展环境中,新兴企业的出现、传统企业的转型升级或衰退淘汰将使城市空间的需求内容和生产动力更为多元,城市空间将脱离纯粹的增长路径,即有可能呈现出增长、收缩、再生共存拼贴的复杂现象。"超前"供给将可能给城市带来长期不可逆转的沉没成本和空间负担。因此,在空间供给方面需要更加谨慎有序,统筹兼顾多种空间利用和变化形式。

（2）空间制度设计的适应性改良

空间制度需要根据创新企业的生产经营特点和空间需求进行适应性改良。在快速增长的经济环境中,空间增长与经济增长呈现出极高的相关性。而增长作为一个持续做大增量的过程,较少涉及既有利益结构的调整,能够广泛地调动主体积极性并催生利益共同体,政企联盟的增长机器也正是在这样的背景下出现的。由于存在增长的共识,以城市规划为代表的空间规划并不需要太多地考虑空间实践的动力问题,也不需要过多关注增长过程中的治理矛盾。而在创新型发展的经济环境中,面对不同主体之间的诉求差异,空间规划必然需要更加深入地思考和介入空间实践的政治经济过程。好的空间规划方案应该是一套支撑空间实践的制度设计,一套拥有丰富政策工具的治理方案;应该能够以制度设计影响主体在创新型经济环境中的决策与行动,进而激发不同主体参与推动创新型经济的积极性。正所谓,离开图板后的空间规划如何演变为一个成功的城市实践路径,更重要的是依靠背后的一系列制度设计(赵燕菁,2014)。

一方面,需要设计倒逼和激励企业创新行为的土地产权交易和持续监管制度。在增长主义的治理模式中,低成本、长使用周期的工业用地使用权出让成为地方政府吸引工业企业投资和扩大再生产的重要制度手段;而在创新驱动的发展环境中,地方政府在给予创新企业较低的土地使用成本鼓励其进行创新投入的同时,也需要提高传统企业的创新积极性和紧迫感,适当提高低效企业的用地持有成本、生产经营成本。另一方面,需要设计适应创新型企业生产经营需求的土地开发和再开发的管制制度。在增长主义的治理模式中,空间的功能类型相对清晰单一,较为严格的用地管制有利于快速的建设实施和高效的空间组织;而在创新驱动的发展环境中,生产、生活和创新活动的行为边界相对模糊,创新的生产经营模式层出不穷,加之创新较大的不确定性,企业有效经营的周期也更短。因此,需要适当地放松土地开发和再开发过程中的用途管制,避免对创新活动形成压抑。

7.4 面向创新发展需求的空间规划重点

一直以来,空间规划作为政府重要的空间治理手段,与经济发展存在着尤为密切的互动关系。例如,通过促成开发区、新城新区等空间的增长,适应和推动经济的快速增长。面向创新型经济的空间规划需要基于经济与空间的互动逻辑,积极构建新理论、开展新实践;尤其在国土空间规划体系初步确立(空间相关政策工具实现系统集成)的契机下,空间规划应该承担推动社会经济高质量发展的更多责任。总体而言,空间规划的创新应该基于创新型经济的基本构成要素及其空间特性以及在此背景下的城市空间转型,在空间规划思维上实现超越于增长的四重创新,并引导空间规划重点的转向(图 7-1)。

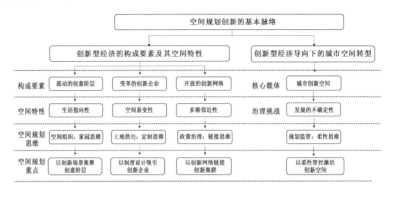

图 7-1 面向创新发展需求的空间规划重点

7.4.1 以创新场景集聚创意阶层

1）建构包容性的住房供给机制

包容性是创意场景的最基本特质，有利于广泛、持续地吸引创意人群。一个地区的包容性突出体现在文化开放性、居住成本两个方面：对于一个国家而言，文化开放性的影响较显著；而对于一个城市而言，居住成本的影响则更为显著。房价作为居住成本的重要表征，与城市的创新型经济之间存在紧密而微妙的关系，创新活跃的城市往往创意人群的数量众多且购买力较强，能够推动房地产市场的快速发展；但是，房价的过快上涨无疑又将显著降低城市生活的包容性，阻碍创新型经济的形成与可持续。房价的过快上涨将会增加创新的机会成本，"驯化"创意人群原生的冒险精神，导致其规避风险较高、不确定性较强的创新活动（吴晓瑜等，2014）。可以说，房价（空间的资本化）与创新型经济的博弈是全球性的经典博弈和世界性的治理难题。当前，中国各大城市尤其是一二线城市正面临着高房价给创新发展带来的巨大挑战。

建构包容性的住房供给机制，就是要通过政策性住房的科学供给以降低居住成本，弥合高房价与创意人群当前住房支付水平间的差距。尽管针对人才安居的货币补偿政策也是城市政府降低人才居住成本的重要手段，但是政策性住房的供给无疑是力度更大的空间治理方式。相比于普通商品住宅，政策性住房的租赁和购买价格更低，相应地也有更加严格的适用条件和更加封闭的产权交易管理方式。政策性住房的供给应以较强针对性、较广覆盖面、较多层次性为基本原则，为各类创意人群（外来人口）提供先落脚后发展、先租后买、先安家再改善的成长性安居情景。空间规划应该根据城市自身的房地产状态，推动政策性住房体系的合理建构与布局；不断加大政策性住房（用地）的供给比例，甚至确立政策性住房在新增住房供应体系中的主体地位；注重政策性住房与普通商品房在空间上的混合配置以及在战略性创新地区的先导布局，与创新空间形成良好的职住关系；通过新增用地、城市更新以及区域合作等方式实现对政策性住房的多渠道供给。

2）塑造共享性的创意体验空间

共享性的创意体验空间是创意文化的空间载体，也是能够激发创新灵感、强化创意阶层身份认同的创新场景要素。创意文化氛围的形成不仅仅依托于自发、新颖的文化活动，更需要政府在城市空间建设和管理方面的主动设计和动态变革。随着中国居民消费水平的日益提升，为了迎合精英阶层消费空间的文化转向，许多市场资本较早地投入创意体验空间的营造，然而在纯粹的商业利益驱动下，许多批量化、低成本的文化空间在短暂流行之后就丧失了创意价值。可见，市场对于创意体验空间的营建有其天然的局限性（张京祥等，2009）。

塑造共享性的创意体验空间，就是要通过城市设计、城市双修等丰富的空间规划手段，以开放共享的公共空间为主要媒介，将城市空间的建设实践作为重要的文化艺术创作过程，动态持续地提升城市创意文化品位。创意体验空间的塑造应以创意设计团队、公众尤其是本地创意人群的充分沟通为前提，重在形成体现地方特色的文化符号，并在公众参与的过程中不断提升大众的空间文化品位和文化创造力；应该统筹建设大型标志性公共空间和融入日常生活的社区创意"微"空间，推进创意公共空间的体系化建设和全域渗透，将公共空间塑造为不断创造新文化、激发新创意、激活新业态、孵化新项目的创意综合体，提供广泛覆盖、丰富多元、系统链接、充分交往的空间体验。同时，积极促成城市空间建设实践与文化展示、城市形象展示等大事件的结合，积极运用和融合移动互联网、虚拟现实（VR）等虚拟空间体验方式，持续营造城市空间的时尚热点。

7.4.2 以制度设计吸引创新企业

以制度设计吸引创新企业，就是要通过用地考核机制、土地产权特性等制度设计，激发不同主体（各级政府之间、政府与市场之间）参与创新实践的主动性，促成创新型经济的空间治理联盟（"创新共同体"）。

①形成以创新为导向的用地考核体系与奖惩制度。探索形成亩均效益、全要素生产率等反映创新能力和创新发展趋势的指标评价体系。将用地的创新效益评价作为用地指标（在政府内部纵向）分配的重要依据，将用地指标向创新效益评价较好的地区倾斜，推动有创新治理能力的地方政府、有创新发展条件的城市在构筑创新型经济的过程中发挥引领和示范作用；将用地的创新效益评价作为政府向企业让渡土地使用权和发展权的重要依据，将新增用地供给向创新效益评价较好的企业倾斜，鼓励创新效益评价较好的企业参与存量用地的再开发过程；将用地的创新效益评价作为政府向存量企业差别化实施创新扶持和倒逼政策的基本依据，配套实行经营税费、财政投入等政策性工具，推动存量企业的转型升级。

②形成以创新为导向的战略性政策试点区。与城市总体空间结构的优化相结合，前瞻性地预判创新潜力较大的地区，进行特色意图区划并配套相应的试点政策。尤其应关注如下几类地区：以高校、科研院所、龙头企业周边地区为代表的创新源头区；具备高品质的生态、人文风貌的景观价值区；以生产、生活配套完备但经营较为不善的产业区为代表的成本洼地地区；公共空间密集、交通便利的交往枢纽区。针对这些地区，通过多种特殊政策的先行试点，促成存量用地率先有序更新和灵活使用，保障增量用地优先满足创新企业的研发、经营需求，形成创新型经济的触媒空间和城市的创新极（图7-2）。

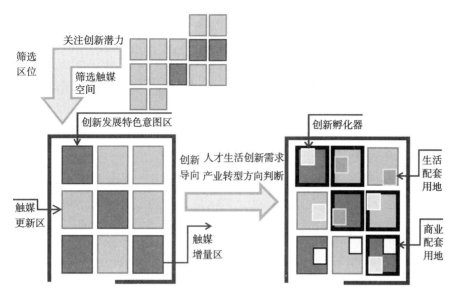

图 7-2 通过触媒区引领创新发展

7.4.3 以创新网络链接创新集群

1) 植入需求驱动的创新链接点

植入需求驱动的创新链接点,就是要打造企业—政府—高校以及科研机构(政产学研)的创新合作载体,借助此类功能性空间的推动内化出地方性的创新网络(图 7-3)。当前,中国大量的传统企业和产业集群存在创新升级的需求,但是却缺乏建构开放式创新网络的能力,尤其是产学研的合作网络。前文已经提及,当前我国的许多产业集群成长于以低成本为优势的"草根"环境中,本地的创新资源匮乏。即使在同城或者邻近地区布局有高校、科研院所,也极有可能在科研方向上与本地产业集群不相匹配。此外,不同创新主体之间还存在信息的不对称以及机构性质、价值诉求的差异,使得建构创新网络的交易成本较高。这极大地限制了企业参与产学研合作的积极性,对于中小企业的影响则更为明显。发达国家已经凭借一套比较完善的科技中介服务体系来加速科技成果的转化,但是中国的科技中介服务体系尚不发达,政府的积极、精准治理就显得尤为重要。

为了克服创新网络的组织痛点,空间规划应该基于创新升级的地方诉求,主动引领创新网络的链接工程,积极布局共性技术研发中心、创新驿站、公共中试车间等创新合作载体,并将其作为共性创新需求的交流平台和创新基础设施。相比于产业集群的整体形态,创新链接点往往仅是一个小微空间,但是却能成为撬动集群创新的战略支点,实现产业集群的"创新修补"。空间规划应该重视对创新链接点的发展引导和建设布局,打造具有明确网络链接属性的创新驱动空间。

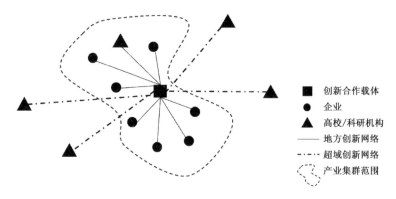

图 7-3 创新合作载体的网络组织示意

2) 营造开放联动的创新融合圈

营造开放联动的创新融合圈,就是要围绕具有创新带动能力的龙头企业、高校以及科研机构,形成以功能多元紧凑、弹性调整为组织特征的创新型片区(图 7-4)。通过生产和生活融合、机构与企业共生、高成本与低成本交织的空间基底设计,强化既有创新网络、激发潜在创新网络。一方面,创新融合圈的营造应该满足创新网络对于空间多样性的需求,注重研发、孵化等各类型创新活动空间与居住、相关商业、公共服务空间的混合,促进研、住、娱融合发展,以营造丰富开放的社交氛围、提高非正式的创新合作机会。除了功能类型的多样性外,创新融合圈的营造还应该注重发展阶段的多样性,为企业成长和人才发展的不同阶段提供较宽谱系的空间选择。另一方面,创新融合圈的营造应该更加强调空间用途管制的弹性应变能力,注重增量扩张和存量更新的统筹协调,在土地性质、主体建筑结构不变的情况下,尽可能地放开功能管制。区别于孤立的、形态均质的、功能单一的传统产业园区,创新融合圈是更具有"雨林"特质的都市型空间单元。空间规划应该推动创新融合圈作为创新集群的主要建设形态,这既是对传统产业集群方式的内涵提升,也是超越传统产业空间类型的外延拓展。

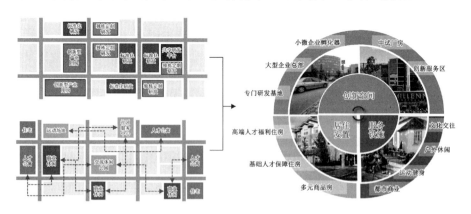

图 7-4 "创新融合圈"模式示意

7.4.4 以柔性管控激活创新空间

以柔性管控激活创新空间,就是要通过对管控标准、管控对象、管控过程的柔性化设计,满足创新型经济对于空间日益多样化的诉求,充分释放空间的新经济潜力。在保障原则性、基础性等刚性约束的基础上,积极提升空间管控的灵活性。

①通过土地使用的兼容性、空间置换的动态性来体现管控标准的柔性。增加土地使用的兼容比例与可选类型,通过设置限制性清单的方式,反向鼓励土地的混合利用;针对新型产业用地,应允许制造业与商务、办公甚至公寓进行一定比例的混合,融合研发、创意、设计、中试、无污染生产等创新功能以及相关配套服务(张惠璇等,2017)。通过使用权交易、发展权让渡等制度完善,降低存量空间再利用和再开发的交易难度,提升创新企业参与城市更新的积极性。

②通过设置管控政策的试点地区来体现对有关对象的柔性管控。尤其是针对具备一定创新型经济发展潜力但也存在较复杂矛盾和较高敏感性的乡村、生态化地区等,要谨慎、积极地处理好创新发展、生态保护和社会公平等多维目标之间的关系;做好对增量用地开发的适度、高质量预控,同时促成存量用地的率先、有序更新;探索非集中连片但有机组织的创新型产业空间利用模式。

③通过定期的规划评估与及时的专项研究来体现管控过程的柔性。面临创新型经济带来的更为复杂的不确定情景,需要建立常态化的空间规划动态评估机制,定期反思规划的管控方式,检讨和总结其创新适应性;针对创新发展过程中涌现出的空间新现象、新问题,应该及时形成专项规划或研究的支撑体系,不断学习、认知创新型经济驱动的城市发展规律,保持规划调整与市场反馈的密切互动。

7.5 面向创新发展需求的国土空间规划体系适应性变革

当前中国的空间规划体系正面临着改革开放以来最为剧烈的重构,随着国家机构改革方案的出台以及《中共中央 国务院关于建立国土空间规划体系并监督实施的若干意见》等相关政策文件的发布,国土空间规划体系的基本框架在决策层面已经初步确立,这是提升空间规划价值和效用的重要契机。尽管国土空间规划体系的顶层设计和整体架构已基本明确,但是编制、监督与实施的具体办法仍然有待于实践的检验,仍需要在社会经济发展诉求的动态适应中、在中央—地方政府治理的互动磨合中持续完善。

面向城市创新发展的新需求,叠加国土空间规划的新要求、存量建设的新约束等一系列新因素,一些城市已经开始主动建构创新驱动的新经济形态,在空间组织模式、土地供给方式、政策治理体系、规划监管手段等方面展开了广泛多样的空间供给与治理创新实践,以适应于创新要素对城市空间的新需求。但是,这些来自基层自下而上的实践探索才是刚刚起步,面对创新型经济的快速发展,需要空间规划的编制与实施管理保持与时俱进的创新精神,需要政策体系的系统性创新重构。总之,城市规划(国土空间规划)作为一项重要的公共政策,需要超越工业化时代的增长主义思维、简单的规划管控逻辑,通过空间供给与治理创新形成对创新型经济的有力推动、有效支撑,实现两者的"相向而行"。

7.5.1 治理目标:创新发展与生态文明的统一

国土空间规划体系的诞生,是为了适应中国特色社会主义进入新时代、社会主要矛盾发生全局性变化、面向生态文明建设要求、经济由高速增长转向高质量发展等一系列复杂的社会经济环境变化。作为各类空间规划的集大成者,更加全面地响应社会经济发展的多元诉求是国土空间规划的时代责任和应有作为。在推进国土空间规划的系列实践中(编制、实施、监管等),应该充分意识到生态保护与经济发展、生态文明与创新发展的辩证统一关系,不可偏废。从"既要金山银山,又要绿水青山"到"宁可要绿水青山,不要金山银山",再到"绿水青山就是金山银山",这"两山"理论的演进过程恰好生动地说明了发展不应该脱离保护,保护也不应该孤立于发展。党的十九大报告早已清晰指出,发展是解决我国一切问题的基础和关键;创新是引领发展的第一动力,是建设现代化经济体系的战略支撑。

生态文明建设无疑是可持续发展的重要保障,生态保护归根到底也是为了实现美好生活、高质量发展。而要从根本上改善生态环境,最佳的路径就是以更好的经济发展方式为基础、为动力。生态保护与空间开发的局部矛盾,往往能够在创新发展的过程中、在技术方法的进步中得到更好的化解。相反,过度僵化、为保护而保护的保守意识,却极有可能将保护与发展置于不可兼顾的对立面,导致国土空间规划丧失其在社会经济发展中的战略性价值和关键性作用,阻滞国家生态文明建设和高质量发展的进程,甚至导致机构改革的制度成本付之东流。因此,国土空间规划的实践应该贯彻创新发展与生态文明的统一目标,创新空间供给、利用与管制的方式,积极释放空间的生产力和创造力,建构"空间规划—创新发展—生态保护"的良性互动关系,以形成富有创新竞争力和可持续发展的国土空间格局。

7.5.2 治理方式:国家意志与地方智慧的统筹

国土空间规划体系的建立是促进国家治理体系和治理能力现代化的必然要求,也是重新理顺各级政府空间治理权责关系的过程。不同于国家与省级层面的空间规划更侧重于资源、生态管控的导向,城市层面的需求更多元、矛盾更现实，需要统筹平衡的目标也更多，除了资源、生态管控以外，引导城市经济社会持续健康发展是空间规划不可回避的主要任务。城市是体现国家创新能力的核心载体，城市创新能力的提升、创新型经济的形成有赖于各级政府的通力协作，但归根结底是一项地方事务，需要依托于地方政府的积极主动作为。

空间规划体系对于中央—地方治理角色的适应与反馈，是其治理价值的重要体现。在"城乡规划"时代，城市总体规划在改革开放早期延续了计划经济期间的工程性色彩，规划内容和审批要求相对僵化。而以"战略规划"为代表的"非法定规划"的出现，对既有的空间规划体系形成了冲击与倒逼。战略规划克服了法定规划的制约，提供了更具战略性、灵活性、针对性、前瞻性的"地方方案"，成为弥合、链接法定空间规划体系与地方治理诉求的重要工具，因而颇受地方政府的青睐。伴随着广泛的地方实践推进，战略规划不仅在规划理念、技术方法上持续创新，而且最终成为许多地区编制城市总体规划的重要前置环节，推动了城乡规划体系的改革与完善。作为"自下而上"产生的一项创新实践，战略规划可以说是改革开放以来城乡规划积极应变、主动求变、与时代同行的典型代表（何鹤鸣等，2019）。

在创新发展的目标之下，在应对创新型经济的不确定性和巨大挑战之中，国土空间规划体系尤其要注重国家意志与地方智慧的统筹，实现上下联动。在国土空间规划体系的建构过程中，既要形成自上而下的传导机制，更应该形成自下而上的修正机制。一方面，国土空间规划体系应该充分保障国家意志自上而下的有序传导和高效落实，通过战略要求、约束性指标、底线管控等刚柔并济的方式，倒逼地方政府破除路径依赖，约束地方政府在空间资源利用方面的盲目冲动；另一方面，国土空间规划体系需要激活地方创新活力，尊重和鼓励地方政府贡献发展智慧。中央政府拥有更加全面的价值判断和更加理性的战略选择，地方政府则拥有更强的发展敏感性和创新应变能力。国家意志的实现离不开地方政府在空间资源配置上的主动作为和积极尝试，应该允许地方政府在试错中吸取教训，在谨慎探索中总结经验。因此，国土空间规划体系不应被简单地作为一种自上而下的约束性管制体系，而更应被塑造成各级政府各司其职、各有侧重、高效耦合的互动治理系统，这也是治理现代化的应有之义。

第7章注释

① 与一种变动在至少使一位社会成员福利增加的基础上不使任何社会成员福利减少的"帕累托最优"不同，"卡尔多最优"是指如果一个人的境况由于改革而变好，因而它能够弥补另一个人的损失而且还有剩余，那么整体的效率就会得到改善。
② B2B是指企业与企业之间通过专用网络进行数据信息的交换、传递，开展交易活动的商业模式。

附录

杭州市出台的各级各类创新政策

年份	名称	级别	年份	名称	级别
1996	《中华人民共和国促进科技成果转化法》	国家	2014	《关于进一步加快科技企业孵化体系建设的若干意见》	浙江
1997	《浙江省科学技术进步条例》	浙江	2014	《关于开展科技型中小企业贷款保证保险工作的通知》	浙江
2003	《杭州市企业高新技术研究开发中心管理办法》	杭州	2014	《关于深化中央财政科技计划（专项、基金等）管理改革的方案》	国家
2004	《杭州市软件登记及海关知识产权保护备案费用补助办法》	杭州	2014	《浙江省财政厅关于省级事业单位科技成果处置权收益权改革有关问题的通知》	浙江
2005	《杭州市科研院所技术开发研究专项资金管理暂行办法》	杭州	2014	《中共浙江省委办公厅 浙江省人民政府办公厅关于实施领军型创新创业团队引进培育计划的意见》	浙江
2005	《杭州市商品流通领域保护知识产权管理暂行办法》	杭州	2014	《杭州市人民政府关于推进互联网金融创新发展的指导意见》	杭州
2005	《杭州市专利管理条例》	杭州	2014	《财政部 国家税务总局 商务部 科技部 国家发展改革委关于完善技术先进型服务企业有关企业所得税政策问题的通知》	国家
2006	《关于鼓励企业建立和引进研发机构的实施办法》	杭州	2014	《国家科技成果转化引导基金设立创业投资子基金管理暂行办法》	国家
2006	《杭州市人民政府办公厅关于建设创新型人才队伍的若干意见》	杭州	2014	《国务院关于改进加强中央财政科研项目和资金管理的若干意见》	国家
2006	《中共杭州市委 杭州市人民政府关于进一步打造"天堂硅谷"推进创新型城市建设的决定》	杭州	2014	《杭州市创新链产业链重大科技创新项目管理办法》	杭州
2006	《杭州市人民政府办公厅关于提高知识产权创造管理保护运用能力的实施意见》	杭州	2014	《杭州市科技计划项目验收管理办法》	杭州

续表

年份	名称	级别	年份	名称	级别
2006	《杭州市人民政府关于提升企业自主创新能力的意见》	杭州	2014	《杭州市科技型中小企业融资周转资金管理办法》	杭州
2006	《杭州市人民政府办公厅关于统筹财政科技资金落实科技创新财税政策的意见》	杭州	2014	《杭州市科学技术普及条例》	杭州
2006	《关于推进科技创新服务平台建设的实施办法》	杭州	2014	《杭州市蒲公英天使投资引导基金管理办法》	杭州
2006	《杭州市鼓励专利技术实施试行办法》	杭州	2014	《杭州市专利违法行为举报投诉奖励办法》	杭州
2006	《杭州市科技创新服务平台考核办法》	杭州	2014	《浙江省电子商务领域专利保护工作指导意见》	浙江
2006	《杭州市科学技术进步奖励办法》	杭州	2014	《浙江省企业研究院建设与管理试行办法》	浙江
2007	《中共杭州市委 杭州市人民政府关于加快推进高新技术产业由"点"到"面"发展的若干意见》	杭州	2014	《浙江省重大科技专项资金竞争性分配管理办法》	浙江
2007	《中华人民共和国科学技术进步法》	国家	2015	《浙江省科学技术厅关于进一步推进专利权质押融资工作发展的若干意见》	浙江
2008	《杭州市科技企业孵化器实施创业导师行动的若干指导意见(试行)》	杭州	2015	《发展众创空间工作指引》	国家
2008	《杭州市人民政府办公厅关于加强与在杭国家级科研院所合作的若干意见》	杭州	2015	《关于促进科技、金融与产业融合发展的实施意见》	杭州
2008	《杭州市科技企业孵化器建设考核与奖励实施细则(试行)》	杭州	2015	《浙江省人民政府关于大力推进大众创业万众创新的实施意见》	浙江
2008	《杭州市科技企业孵化器实施创业导师行动的若干指导意见(试行)》	杭州	2015	《关于大力推进大众创业万众创新若干政策措施的意见》	国家
2008	《中华人民共和国专利法》	国家	2015	《国务院办公厅关于发展众创空间推进大众创新创业的指导意见》	国家
2009	《杭州市培育发展具有国际竞争力的大企业大集团五年行动计划》	杭州	2015	《杭州市人民政府办公厅关于发展众创空间推进大众创业万众创新的实施意见》	杭州

续表

年份	名称	级别	年份	名称	级别
2009	《杭州市"正版正货"承诺单位创建实施办法》	杭州	2015	《财政部 国家税务总局关于高新技术企业职工教育经费税前扣除政策的通知》	国家
2009	《杭州市服务外包知识产权保护若干规定》	杭州	2015	《中共杭州市委 杭州市人民政府关于杭州市高层次人才、创新创业人才及团队引进培养工作的若干意见》	杭州
2009	《杭州市行业研发中心科技指导员科技项目资金管理暂行办法》	杭州	2015	《浙江省人民政府办公厅关于加快发展众创空间促进创业创新的实施意见》	浙江
2009	《杭州市技术先进型服务企业认定管理工作操作细则(试行)》	杭州	2015	《国务院关于加快构建大众创业万众创新支撑平台的指导意见》	国家
2009	《杭州市引进大院名校共建科技创新载体认定管理细则》	杭州	2015	《财政部 国家税务总局关于将国家自主创新示范区有关税收试点政策推广到全国范围实施的通知》	国家
2009	《杭州市专利试点、示范企业管理办法》	杭州	2015	《浙江省人民政府办公厅关于进一步加强技术市场体系建设促进科技成果转化产业化的意见》	浙江
2010	《杭州市创业投资引导基金管理办法》	杭州	2015	《科技部关于进一步推动科技型中小企业创新发展的若干意见》	国家
2010	《杭州市技术先进型服务企业认定管理办法(试行)》	杭州	2015	《中共中央 国务院关于深化体制机制改革加快实施创新驱动发展战略的若干意见》	国家
2010	《杭州市评选奖励成绩突出科技工作者办法》	杭州	2015	《浙江省人民政府办公厅关于深入实施知识产权战略行动计划（2015—2020年)的通知》	浙江
2010	《杭州市评选科技创新特别贡献奖实施办法》	杭州	2015	《关于推广应用创新券推动"大众创业、万众创新"的若干意见(试行)》	浙江
2011	《关于发挥科技支撑作用促进统筹城乡区域发展意见》	杭州	2015	《关于加快杭州国家自主创新示范区建设的若干意见》	浙江

续表

年份	名称	级别	年份	名称	级别
2011	《中共杭州市委 杭州市人民政府关于推进创新型城市建设的若干意见》	杭州	2015	《财政部 国家税务总局 科技部关于完善研究开发费用税前加计扣除政策的通知》	国家
2011	《杭州市科技型初创企业"联合天使担保"补偿试行办法》	杭州	2015	《国务院关于新形势下加快知识产权强国建设的若干意见》	国家
2011	《杭州市科学技术进步条例》	杭州	2015	《国家、省科技项目杭州市本级科技配套资金管理办法》	杭州
2011	《杭州市知识产权维权援助管理暂行办法》	杭州	2015	《杭州市科技型初创企业培育工程(2015—2017)的实施意见》	杭州
2011	《杭州市人民政府关于推进浙江省科研机构创新基地(青山湖科技城)建设的若干意见》	杭州	2015	《杭州市科技型小微企业"助保贷"管理办法》	杭州
2012	《中共杭州市委 杭州市人民政府关于实施创新强市战略完善区域创新体系发展创新型经济的若干意见》	杭州	2015	《杭州市科学技术进步奖励办法实施细则》	杭州
2012	《中共杭州市委 杭州市人民政府关于支持浙商创业创新促进杭州发展的实施意见》	杭州	2015	《杭州市领军型创新创业团队引进培育计划实施细则》	杭州
2012	《杭州市产业技术创新战略联盟建设与发展的管理办法(试行)》	杭州	2015	《杭州市社会发展科研资金管理办法》	杭州
2012	《杭州市科技计划软科学研究项目管理办法(试行)》	杭州	2015	《杭州市众创空间认定和管理办法(试行)》	杭州
2013	《杭州市人民政府办公厅关于加强工业和科技重大创新项目统筹管理的意见》	杭州	2015	《加强高新技术产业园区(科技城)知识产权工作的指导意见》	浙江
2013	《关于开展杭州市创新发展(示范)园区创建工作的通知》	杭州	2015	《浙江省公益技术与政策科学(软科学)应用研究专项资金竞争性分配管理办法》	浙江
2013	《关于推进杭州市十大产业创新团队建设的实施意见》	杭州	2015	《浙江省科技计划项目验收管理办法》	浙江
2013	《杭州市工业和科技统筹资金使用管理办法》	杭州	2015	《浙江省知识产权保护与管理专项资金管理办法》	浙江
2013	《杭州市工业和科技重大创新项目评审办法》	杭州	2015	《浙江省专利条例》	浙江

续表

年份	名称	级别	年份	名称	级别
2013	《杭州市青山湖科技城、未来科技城创新发展专项资金管理办法(试行)》	杭州	2016	《高新技术企业认定管理办法》	国家
2013	《杭州市区、县(市)创新发展专项考核评价办法》	杭州	2016	《国务院办公厅关于加快众创空间发展服务实体经济转型升级的指导意见》	国家
2013	《杭州市网上技术交易成果转化项目资助资金管理办法》	杭州	2016	《杭州市科技企业孵化器认定和管理办法》	杭州
2014	《发挥科技支撑作用促进信息经济发展的实施意见和五年行动计划》	浙江	2016	《杭州市小微企业创业创新基地城市示范创业品牌活动管理办法(试行)》	杭州
2014	《关于改进加强省级财政科研项目和资金管理的若干意见》	浙江	2016	《杭州市小微企业创业创新基地城市示范服务券和活动券管理办法(试行)》	杭州
2014	《关于加快建立国家科技报告制度的指导意见》	国家	2016	《杭州市小微企业创业创新基地城市示范竞争性资金管理办法(试行)》	杭州
2014	《国务院关于加快科技服务业发展的若干意见》	国家	2016	《杭州市重大科技创新项目资金管理办法》	杭州
2014	《浙江省人民政府办公厅关于加快培育发展科技型小微企业的若干意见》	浙江	2016	《实施〈中华人民共和国促进科技成果转化法〉若干规定》	国家
2014	《杭州市人民政府办公厅关于进一步促进普通高校毕业生就业创业的实施意见》	杭州		—	

参考文献

• 中文文献 •

阿尔弗雷德·韦伯,1997. 工业区位论[M]. 李刚剑,陈志人,张英保,译. 北京:商务印书馆.

阿伦·拉奥,皮埃罗·斯加鲁菲,2014. 硅谷百年史:伟大的科技创新与创业历程(1900—2013)[M]. 闫景立,侯爱华,译. 2版. 北京:人民邮电出版社.

阿瑟·刘易斯,2015. 经济增长理论[M]. 郭金兴,等译. 北京:机械工业出版社.

艾伦·J. 斯科特,2017. 浮现的世界:21世纪的城市与区域[M]. 王周杨,译. 南京:江苏凤凰教育出版社.

彼得·德鲁克,2002. 创新与创业精神[M]. 张炜,译. 上海:上海人民出版社.

彼得·德鲁克,2020. 不连续的时代:应对社会巨变的行动纲领[M]. 吴家喜,译. 北京:机械工业出版社.

布尔迪厄,1997. 文化资本与社会炼金术:布尔迪厄访谈录[M]. 包亚明,译. 上海:上海人民出版社.

蔡丽茹,杜志威,袁奇峰,2020. 我国创新平台时空演变特征及影响因素[J]. 世界地理研究,29(5):939-951.

曹贤忠,曾刚,司月芳,等,2019. 企业创新网络与多维邻近性关系研究述评[J]. 世界地理研究,28(5):165-171.

陈秉钊,2012. 当前城市建设中的关键问题:土地财政[J]. 城市规划学刊(1):98-101.

陈敦鹏,叶阳,2011. 促进土地混合使用的思路与方法研究:以深圳为例[C]//中国城市规划学会. 转型与重构:2011中国城市规划年会论文集. 南京:东南大学出版社:6405-6413.

陈浩,张京祥,林存松,2015. 城市空间开发中的"反增长政治"研究:基于南京"老城南事件"的实证[J]. 城市规划,39(4):19-26.

陈宏伟,张京祥,耿磊,2017. 网络布局与差异整合:"新经济"背景下城镇带空间规划策略探索:以宁宣黄城镇带为例[J]. 上海城市规划(4):107-113.

陈鑫,沈高洁,杜凤姣,2015. 基于科技创新视角的美国硅谷地区空间布局与规划管控研究[J]. 上海城市规划(2):21-27.

陈勇,杨滔,2014. 创新中心与政治经济中心分离原因探析:兼谈对规划编制的启示[J]. 城市规划,38(7):68-75.

陈昭,刘珊珊,邬惠婷,等,2017. 创新空间崛起、创新城市引领与全球创新驱动发展差序格局研究[J]. 经济地理,37(1):23-31,39.

迟福林,2012. 改变"增长主义"政府倾向[J]. 行政管理改革(8):25-29.

褚劲风,2009. 上海创意产业空间集聚的影响因素分析[J]. 经济地理,29(1):102-107,129.

崔愷,康凯,王庆国,等,2016. 贵州省万峰林现代服务业开发区规划设计[J].

城市环境设计(2):14-19.

崔人元,霍明远,2007. 创造阶层与城市可持续发展[J]. 人文地理(1):7-11.

大卫·哈维,2017. 资本的城市化:资本主义城市化的历史与理论研究[M]. 董慧,译. 苏州:苏州大学出版社.

代昕雨,2019. 智能手机产业链分析及行业发展趋势[J]. 中国市场(2):63-64.

但俊,2020. 长三角工业企业资源集约利用综合评价机制的再评价[J]. 中国土地(5):56-57.

邓智团,2015. 创新型企业集聚新趋势与中心城区复兴新路径:以纽约硅巷复兴为例[J]. 城市发展研究,22(12):51-56.

邓智团,2017. 创新街区研究:概念内涵、内生动力与建设路径[J]. 城市发展研究,24(8):42-48.

邓智团,陈玉娇,2020. 创新街区的场所营造研究[J]. 城市规划,44(4):22-30.

邓智团,屠启宇,李健,2012. 从大学集聚区到中央智力区的升华:坎布里奇的实践与探索[J]. 华东科技(9):69-71.

董微微,2013. 基于复杂网络的创新集群形成与发展机理研究[D]. 长春:吉林大学.

董志凯,2009. 中国工业化60年:路径与建树(1949—2009)[J]. 中国经济史研究(3):3-13.

杜德斌,段德忠,张仁开,2016. 优化科技创新空间结构 提升上海科技创新效率[J]. 华东科技(5):52-55.

段德忠,杜德斌,刘承良,2015. 上海和北京城市创新空间结构的时空演化模式[J]. 地理学报,70(12):1911-1925.

段杰,朱丽萍,2015. 城市创意产业园区空间演化与集聚特征及其影响因素分析:以深圳为例[J]. 现代城市研究(10):76-82.

方创琳,2013. 中国创新型城市建设的总体评估与瓶颈分析[J]. 城市发展研究,20(5):90-97.

方创琳,刘毅,林悦然,等,2013. 中国创新型城市发展报告[M]. 北京:科学出版社.

方创琳,马海涛,王振波,等,2014. 中国创新型城市建设的综合评估与空间格局分异[J]. 地理学报,69(4):459-473.

盖文启,王缉慈,1999. 论区域的技术创新型模式及其创新网络:以北京中关村地区为例[J]. 北京大学学报(哲学社会科学版),36(5):29-36.

高恒,张璐,2020. 创新型地区人才住房需求特征及对策:以杭州为例[J]. 城市发展研究,27(11):102-110.

高捷,2020. 中国控制性详细规划近三十年研究热点与进展:基于CiteSpace软件的可视化分析[J]. 城市发展研究,27(1):34-43.

高捷,赵民,2021. 控制性详细规划的缘起、演进及新时代的嬗变:基于历史制度主义的研究[J]. 城市规划,45(1):72-79,104.

高明慧,宋潇,2013. 国外促进中小企业参与国防建设的重要举措[J]. 现代产业经济(11):73-76.

高雅,杨兵,2020. 规划赋能下伦敦东区科创驱动式城市更新实践[J]. 国际城市规划,35(6):135-143.

郭锐,樊杰,2020. 创新空间认知的前置条件、响应过程与核心要素[J]. 城市发展研究,27(3):109-116.

何鹤鸣,张京祥,2011. 转型环境与政府主导的城镇化转型[J]. 城市规划学刊(6):36-43.

何鹤鸣,张京祥,2018a. 后金融危机时代传统工业城市转型与规划应对:基于绍兴的实证[J]. 经济地理,38(10):54-62.

何鹤鸣,张京祥,崔功豪,2019. 城市发展战略规划的"不变"与"变":基于杭州战略规划(2001)的回顾与思考[J]. 城市规划学刊(1):60-67.

何鹤鸣,张京祥,耿磊,2018b. 调整型"穿孔":开发区转型中的局部收缩:基于常州高新区黄河路两侧地区的实证[J]. 城市规划,42(5):47-55.

何显明,2008. 市场化进程中的地方政府行为逻辑[M]. 北京:人民出版社.

贺灿飞,王文宇,朱晟君,2021. "双循环"新发展格局下中国产业空间布局优化[J]. 区域经济评论(4):54-63.

赫尔曼·西蒙,杨一安,2019. 隐形冠军:未来全球化的先锋[M]. 张帆,吴君,刘惠宇,等译. 2版. 北京:机械工业出版社.

胡晓辉,杜德斌,2011. 科技创新城市的功能内涵、评价体系及判定标准[J]. 经济地理,31(10):1625-1629,1650.

黄翠翠,2020. 艺术村的形成机制及其空间优化策略[D]. 广州:广州大学.

黄海洋,李建强,2011. 美国共性技术研发机构的发展经验与启示:NIST的发展经验及其在美国技术创新体系中的角色与作用[J]. 科学管理研究,29(1):63-68.

黄军林,2019. 产权激励:面向城市空间资源再配置的空间治理创新[J]. 城市规划,43(12):78-87.

黄亮,杜德斌,2014. 创新型城市研究的理论演进与反思[J]. 地理科学,34(7):773-779.

黄亮,邱枫,胡美瑜,2018. 我国研发创新空间的研究综述与展望[J]. 上海城市规划(1):77-82.

黄鹭新,2002. 香港特区的混合用途与法定规划[J]. 国外城市规划(6):49-52.

黄明华,赵阳,高靖葆,等,2020. 规划与规则:对控制性详细规划发展方向的探讨[J]. 城市规划,44(11):52-57,87.

姜阳,2011. 科技革命与经济周期的变迁[J]. 科学与现代化(2):96-110.

蒋姣龙,2018. 弹性规划的"前世今生":上海自贸区弹性规划探索实施跟踪[J]. 上海城市规划(Z1):71-76.

蒋阳,张京祥,何鹤鸣,等,2021. 场域视角下的创新孵化空间构建机制:中国网络作家村的案例解析[J]. 上海城市规划(1):84-90.

经济合作与发展组织(OECD),1997. 以知识为基础的经济[M]. 杨宏进,薛澜,译. 北京:机械工业出版社.

经济合作与发展组织(OECD),2004. 创新集群:国家创新体系的推动力[M]. 北京:科学技术文献出版社.

克劳斯·施瓦布,2016. 第四次工业革命[M]. 李菁,译. 北京:中信出版社.

克里斯·安德森,2012. 创客:新工业革命[M]. 萧潇,译. 北京:中信出版社.

黎子铭,王世福,2021. 关键地段留白的精细化治理:新加坡"白地"规划建设管理借鉴[J]. 国际城市规划,36(4):117-125.

李春丽,2017. 深圳市保障性住房分配公平研究[D]. 深圳:深圳大学.

李佳洺,张文忠,马仁锋,等,2016. 城市创新空间潜力分析框架及应用:以杭州为例[J]. 经济地理,36(12):224-232.

李健,2016a. 创新时代的新经济空间:从全球创新地理到地方创新城区[M]. 上海:上海社会科学院出版社.

李健,2016b. 创新驱动城市更新改造:巴塞罗那普布诺的经验与启示[J]. 城市发展研究,23(8):45-51.

李健,屠启宇,2015. 创新时代的新经济空间:美国大都市区创新城区的崛起[J]. 城市发展研究,22(10):85-91.

李琳,韩宝龙,李祖辉,等,2011. 创新型城市竞争力评价指标体系及实证研究:基于长沙与东部主要城市的比较分析[J]. 经济地理,31(2):224-229,236.

李凌月,张啸虎,罗瀛,2019. 基于创新产出的城市科技创新空间演化特征分析:以上海市为例[J]. 城市发展研究,26(6):87-92,33.

李舒,武治中,吴学霖,等,2017. 中国互联网经济白皮书:解读中国互联网特色[R]. 北京:波士顿咨询公司.

李希义,2012. 美国政府如何支持小企业技术转移[J]. 高科技与产业化(12):28-31.

李焱,喻金田,2013. 创新型城市形成的条件及其内在关系研究:基于对国际公认的创新型城市的分析[J]. 现代城市研究,28(5):77-81.

理查德·佛罗里达,2010. 创意阶层的崛起:关于一个新阶层和城市的未来[M]. 司徒爱勤,译. 北京:中信出版社.

林强,兰帆,2014. "有限理性"与"完全理性":香港与深圳的法定图则比较研究[J]. 规划师,30(3):77-82.

刘姝宇,宋代风,王绍森,2014. 当代德国功能混合策略执行经验试析[J]. 国际城市规划,29(6):132-136.

刘小琼,鲁飞宇,王旭,等,2020. 大城市边缘区乡村绅士化过程及其机制研究:以武汉大李村为例[J]. 城市发展研究,27(9):33-41.

楼佳俊,赵小凤,王黎明,等,2017. 基于企业生命周期的工业用地供应:以江苏省为例[J]. 现代城市研究(10):18-24.

卢弘旻,朱丽芳,闫岩,等,2020. 基于政策设计视角的新型产业用地规划研究[J]. 城市规划学刊(5):39-46.

栾峰,何瑛,张引,2019. 文化创意产业空间集聚特征与园区布局规划导引策略:基于上海中心城区的企业选址解析[J]. 城市规划学刊(1):40-49.

罗良忠,史占中,2003. 硅谷与128公路:美国高科技园区发展模式借鉴与启示[J]. 研究与发展管理,15(6):49-54.

罗巍,杨玄酯,唐震,2020. "虹吸"还是"涓滴":中部地区科技创新空间极化效应演化研究[J]. 中国科技论坛(9):49-58,71.

吕拉昌,2020. 基于创新的城市化:深圳、底特律、硅谷的案例分析[J]. 河北师范大学学报(自然科学版),44(2):166-169.

吕拉昌,等,2017. 创新地理学[M]. 北京:科学出版社.

马海涛,方创琳,王少剑,2013. 全球创新型城市的基本特征及其对中国的启示[J]. 城市规划学刊(1):69-77.

马庆国,杨薇,2007. 创新文化、人格特征与非正式创新网络[J]. 科学学研究,25(4):772-776.

买静,张京祥,2013. 地方政府企业化主导下的新城空间开发研究:基于常州市武进新城区的实证[J]. 城市规划学刊(3):54-60.

迈克尔·波兰尼,2000. 个人知识:迈向后批判哲学[M]. 许泽民,译. 贵阳:贵州人民出版社.

梅亮,陈劲,刘洋,2014. 创新生态系统:源起、知识演进和理论框架[J]. 科学学研究,32(12):1771-1780.

孟国力,吕拉昌,黄茹,2016. 北京"众创空间"区位选择特征及影响因子分析[J]. 首都经济贸易大学学报,18(5):89-97.

孟祥懿,唐燕,2021. 基于多元尺度的城市用途混合管理政策工具构建:以新加坡为例[J]. 城市设计(1):38-47.

尼格尔·泰勒,2006. 1945年后西方城市规划理论的流变[M]. 李白玉,陈贞,译. 北京:中国建筑工业出版社.

倪鹏飞,白晶,杨旭,2011. 城市创新系统的关键因素及其影响机制:基于全球436个城市数据的结构化方程模型[J]. 中国工业经济(2):16-25.

乔尔·科特金,2010. 新地理:数字经济如何重塑美国地貌[M]. 王玉平,王洋,译. 北京:社会科学文献出版社.

邱坚坚,刘毅华,袁利,等,2020. 粤港澳大湾区科技创新潜力的微观集聚格局及其空间规划应对[J]. 热带地理,40(5):808-820.

秋衍庆,黄鼎曦,刘斌全,2019. 创新导向的建成环境更新:从新趋势到新范式[J]. 规划师,35(20):53-59.

任俊宇,刘希宇,2018. 美国"创新城区"概念、实践及启示[J]. 国际城市规划,33(6):49-56.

任俊宇,杨家文,黄虎,2020. 创新城区的"生态—主体—空间"创新发展机制研究[J]. 城市发展研究,27(5):18-25.

阮建青,石琦,张晓波,2014. 产业集群动态演化规律与地方政府政策[J]. 管理世界(12):79-91.

邵琳,2014. 人力资本对中国经济增长的影响研究[D]. 长春:吉林大学.

宋刚,张楠,2009.创新2.0:知识社会环境下的创新民主化[J].中国软科学(10):60-66.

宋绍英,1988.论日本的经济增长主义[J].东北师大学报(6):19-24.

苏宁,2016.美国大都市区创新空间的发展趋势与启示[J].城市发展研究,23(12):50-55.

孙娟,彭坤焘,2016.双创背景下高新区扩展现象剖析与政策建议[J].城市规划,40(12):33-41.

孙文秀,武前波,2019.新科技革命下知识型城市空间组织的转型与重构[J].城市发展研究,26(8):62-70.

孙瑜康,李国平,袁薇薇,等,2017.创新活动空间集聚及其影响机制研究评述与展望[J].人文地理,32(5):17-24.

谭文柱,2012.地理空间与创新:理论发展脉络与思考[J].世界地理研究,21(3):94-100,151.

汤海孺,2009.从地块控制走向分层控制:有关控规改革的思考[C]//中国城市规划学会.城市规划和科学发展:2009中国城市规划年会论文集.天津:天津科学技术出版社:3262-3272.

汤海孺,2015.创新生态系统与创新空间研究:以杭州为例[J].城市规划,39(Z1):19-24,63.

汤培源,顾朝林,2007.创意城市综述[J].城市规划学刊(3):14-19.

唐凯,翟国方,何仲禹,等,2019.南京市众创空间时空分布格局及演化机制研究[J].现代城市研究(4):52-59.

唐焱,高明媚,2012.工业用地供给制度及其绩效评价研究综述[J].地域研究与开发,31(4):113-117.

唐永伟,唐将伟,熊建华,2021.城市创新空间发展的时空演进特征与内生逻辑:基于武汉市2827家高新技术企业数据的分析[J].经济地理,41(1):58-65.

仝允桓,等,1998.技术创新学[M].北京:清华大学出版社.

屠启宇,林兰,2010.创新型城区:"社区驱动型"区域创新体系建设模式探析[J].南京社会科学(5):1-7,19.

汪贤俊,2018.美术基础教育科学思维方式对创新精神的塑造:美国《国家核心艺术课程标准》的启示[J].集美大学学报(教育科学版)19(3):83-88.

汪原,2005.亨利·列斐伏尔研究[J].建筑师(10):42-50.

王德,殷振轩,俞晓天,2019.用地混合使用的国际经验:模式、测度方法和效果[J].国际城市规划,34(6):79-85.

王国红,贾楠,邢蕊,2013.创新孵化网络与集群协同创新网络的耦合研究[J].科学学与科学技术管理,34(8):73-82.

王贺嘉,宗庆庆,陶佶,2013.竞次到底:地市级政府工业用地出让策略研究[J].南方经济(9):37-51.

王缉慈,2006.创新集群:高新区未来之愿景与目标[J].中国高新区(10):3.

王缉慈,等,2010.超越集群:中国产业集群的理论探索[M].北京:科学出版社.

王缉慈,等,2019. 创新的空间:产业集群与区域发展[M]. 修订版. 北京:科学出版社.

王缉慈,刘譞,2009. 经济危机背景下对我国专业化产业区的反思:重温意大利式产业区的价值[J]. 地域研究与开发,28(3):1-6.

王纪武,孙滢,林倪冰,2020. 城市创新活动分布格局的时空演化特征及对策:以杭州市为例[J]. 城市发展研究,27(1):12-18,29.

王建国,2017. 因地制宜:"蔓藤城市"规划理念的意义和价值[J]. 城市环境设计(3):316-320.

王亮,陈军,石晓冬,2019. 北京市科技创新空间规划研究:特征、问题与发展路径[J]. 北京规划建设(5):147-152.

王伟年,张平宇,2006. 创意产业与城市再生[J]. 城市规划学刊(2):22-27.

王兴平,朱凯,2015. 都市圈创新空间:类型、格局与演化研究:以南京都市圈为例[J]. 城市发展研究,22(7):8-15.

王燕,王志强,汪涛武,2019. 中国制造业创新活动的空间集聚:趋势与成因[J]. 统计与决策,35(5):126-130.

维克多·黄,格雷格·霍洛维茨,2015. 硅谷生态圈:创新的雨林法则[M]. 诸葛越,许斌,林翔,等译. 北京:机械工业出版社.

温婷,蔡建明,杨振山,等,2014. 国外城市舒适性研究综述与启示[J]. 地理科学进展,33(2):249-258.

吴军,特里·N. 克拉克,2014. 场景理论与城市公共政策:芝加哥学派城市研究最新动态[J]. 社会科学战线(1):205-211.

吴文钰,2010. 城市便利性、生活质量与城市发展:综述及启示[J]. 城市规划学刊(4):71-75.

吴晓瑜,王敏,李力行,2014. 中国的高房价是否阻碍了创业[J]. 经济研究(9):121-134.

夏丽娟,谢富纪,2014. 多维邻近视角下的合作创新研究评述与未来展望[J]. 外国经济与管理,36(11):45-54,封三.

夏天慈,张京祥,何鹤鸣,2020. 创新经济驱动下的老城复兴规划方法探讨:基于纽约布鲁克林科技三角区的规划实践[J]. 现代城市研究(5):86-93.

谢文婷,曲卫东,2021. 成都市工业用地弹性出让改革中企业用地选择偏好分析[J]. 中国土地科学,35(8):39-46.

徐兵,2006. 城市规划的不确定性与条件多解规划:以《柳州市官塘新区概念性规划》为例[D]. 武汉:华中科技大学.

徐晓琳,赵铁,特里·克拉克,2012. 场景理论:区域发展文化动力的探索及启示[J]. 国外社会科学(3):101-106.

徐颖,2012. 日本用地分类体系的构成特征及其启示[J]. 国际城市规划,27(6):22-29.

徐雨森,徐娜娜,2016. 后发企业逆向创新的类型与策略组合研究[J]. 科研管理,37(10):35-42.

许辉,杨洁明,罗奎,等,2015. 境外创新型城市研究进展及启示[J]. 城市规划,39(5):83-88.

许凯,孙彤宇,叶磊,2020. 创新街区的产生、特征与相关研究进展[J]. 城市规划学刊(6):110-117.

闫岩,陆容立,康弥,等,2020. 创新地区公共空间设计探索:基于杭州城西科创大走廊的规划实践[J]. 城市规划学刊(4):90-96.

杨保军,朱子瑜,蒋朝晖,等,2013. 城市特色空间刍议[J]. 城市规划,37(3):11-16.

杨贵庆,韩倩倩,2011. 创新型城市特征要素与综合指数研究:以上海"杨浦国家创新型试点城区"为例[J]. 上海城市规划(3):72-78.

杨桂菊,李斌,夏冰,2015. 被忽视的创新:非研发创新研究述评及展望[J]. 科技进步与对策,32(16):149-154.

杨寰,2006. 高新区产业集聚与创新网络研究[D]. 西安:西安电子科技大学.

姚先国,2012. 转型发展如何摆脱"增长主义"[J]. 人民论坛·学术前沿(5):28-33.

佚名,2009. 创新驿站缘起:欧盟创新驿站[J]. 中国高新区(4):13-14.

殷洁,罗小龙,程叶青,等,2010. 基于企业家型城市理论的工矿资源型城市转型:以马鞍山市为例[J]. 地理科学,30(3):329-335.

殷洁,张京祥,罗小龙,2006. 转型期的中国城市发展与地方政府企业化[J]. 城市问题(4):36-41.

尤建新,卢超,郑海鳌,等,2011. 创新型城市建设模式分析:以上海和深圳为例[J]. 中国软科学(7):82-92.

于涛,张京祥,罗小龙,等,2018. 人本视角下的城市发展动力与治理创新:基于南京实证研究[J]. 城市规划,42(3):50-58.

余晓东,2004. "以生态为核心"的科技产业园规划:东莞松山湖科技产业园规划思考[J]. 城市规划,28(7):93-96.

约瑟夫·熊彼特,1990. 经济发展理论:对于利润、资本、信贷、利息和经济周期的考察[M]. 何畏,易家详,译. 北京:商务印书馆.

曾堃,刘松龄,俞敏,2017. 广州零散工业用地调整策略研究:基于创新型产业发展视角[J]. 城市规划,41(10):60-67.

曾鹏,2007. 当代城市创新空间理论与发展模式研究[D]. 天津:天津大学.

詹·法格博格,本·马丁,艾斯本·安德森,2018. 创新研究:演化与未来挑战[M]. 陈凯华,穆荣平,译. 北京:科学出版社.

詹双晖,2018. 文化产业园区发展模式研究:以广东省为例[J]. 新经济(7):72-77.

张海波,李纪珍,余江,等,2013. 创新型企业:概念、特征及其成长[J]. 技术经济,32(12):15-20,39.

张惠璇,刘青,李贵才,2017. "刚性·弹性·韧性":深圳市创新型产业的空间规划演进与思考[J]. 国际城市规划,32(3):130-136.

张继飞,刘科伟,刘红光,等,2007. 城市创新体系与创新型西安建设研究[J].

城市规划,31(9):28-33.
张建荣,翟翎,2018. 探索"分层、分类、分级"的控规制度改革与创新:以广东省控规改革试点佛山市为例[J]. 城市规划学刊(3):71-76.
张剑,吕丽,宋琦,等,2017. 国家战略引领下的我国创新型城市研究:模式、路径与评价[J]. 城市发展研究,24(9):49-56.
张京祥,陈浩,2014. 空间治理:中国城乡规划转型的政治经济学[J]. 城市规划,38(11):9-15.
张京祥,陈浩,王宇彤,2019. 新中国70年城乡规划思潮的总体演进[J]. 国际城市规划,34(4):8-15.
张京祥,邓化媛,2009. 解读城市近现代风貌型消费空间的塑造:基于空间生产理论的分析视角[J]. 国际城市规划,24(1):43-47.
张京祥,殷洁,罗小龙,2006. 地方政府企业化主导下的城市空间发展与演化研究[J]. 人文地理,21(4):1-6.
张京祥,于涛,殷洁,2008. 试论营销型城市增长策略及其效应反思:基于城市增长机器理论的分析[J]. 人文地理,23(3):7-11.
张京祥,张勤,皇甫佳群,等,2020. 未来城市及其规划探索的"杭州样本"[J]. 城市规划,44(2):77-86.
张京祥,赵丹,陈浩,2013. 增长主义的终结与中国城市规划的转型[J]. 城市规划,37(1):45-50,55.
张净,2018. 从硅谷到硅巷[J]. 城乡规划(4):33-40.
张立凡,2019. 利益相关者视角下武汉市大李村文创型乡村旅游研究[D]. 武汉:武汉大学.
张梦竹,周素红,2015. 城市混合土地利用新趋势及其规划控制管理研究[J]. 规划师,31(7):42-48.
张鸣哲,张京祥,何鹤鸣,2019. 基于协同理论的城市众创空间集群形成机制研究:以杭州市为例[J]. 城市发展研究,26(7):29-36.
张维迎,2020. 创新的不确定性与企业家精神[J]. 上海质量(7):9-12.
张云伟,曾刚,程进,2013. 基于全球通道与本地蜂鸣的张江IC产业集群演化[J]. 地域研究与开发,32(3):38-43.
张在群,2013. 政府引导下的产学研协同创新机制研究[D]. 大连:大连理工大学.
张忠寿,2011. 创新型城市建设中创新型经济的作用[J]. 城市问题(11):34-38.
赵建吉,曾刚,2009. 创新的空间测度:数据与指标[J]. 经济地理,29(8):1250-1255.
赵黎明,冷晓明,等,2002. 城市创新系统[M]. 天津:天津大学出版社.
赵讷,2017. 地方品质、创意场与城市创意空间网络的塑造[D]. 上海:华东师范大学.
赵燕菁,2014. 存量规划:理论与实践[J]. 北京规划建设(4):153-156.
郑德高,孙娟,马璇,等,2019. 知识—创新时代的城市远景战略规划:以杭州

2050为例[J]. 城市规划,43(9):43-52.

郑德高,袁海琴,2017. 校区、园区、社区：三区融合的城市创新空间研究[J]. 国际城市规划,32(4):67-75.

郑刚,刘仿,徐峰,等,2014. 非研发创新：被忽视的中小企业创新另一面[J]. 科学学与科学技术管理,35(1):140-146.

周剑云,戚冬瑾,2008. 我国城市用地分类的困境及改革建议[J]. 城市规划,32(3):45-49.

周立群,刘根节,2012. 由封闭式创新向开放式创新的转变[J]. 经济学家(6):53-57.

周子航,张京祥,2020. 管制并轨：国土空间规划强制性内容的整合与重构[J]. 规划师,36(14):24-32.

朱华友,王缉慈,俞国军,2015. 去地方化、三角制造网络与地区产业升级[J]. 经济地理,35(11):110-116.

·外文文献·

ALTUG F,2017. Regional economic development in the evolutional economic geography perspective: path dependency and lock-in approach [J]. International journal of geography and geography education,36:97-110.

AMIN A,THRIFT N,1992. Neo-marshallian nodes in global networks[J]. International journal of urban and regional research,16(4):571-587.

ARUNDEL A,BORDOY C,KANERVA M,2008. Neglected innovators: how do innovative firms that do not perform R&D innovate[R]. Brussels: European Commission,INNO-Metrics Thematic Paper.

BOSCHMA R A,2005. Proximity and innovation: a critical assessment[J]. Regional studies,39(1):61-74.

BOWER J L,CHRISTENSEN C M,1995. Disruptive technologies: catching the wave[J]. Harvard business review,73(1):43-53.

CARLINO G,HUNT R,2012. The agglomeration of R&D labs[R]. Philadelphia: Federal Reserve Bank of Philadelphia.

CASTELLS M,1978. City, class and power[M]. New York: St. Martin's Press.

CHESBROUGH H W,2003a. Open innovation, the new imperative for creating and profiting from technology[M]. Boston: Harvard Business School Press.

CHESBROUGH H W,2003b. The era of open innovation[J]. MIT sloan management review,44(3):35-41.

CLARK T N,2004. The city as an entertainment machine[M]. New York: Elsever JAI Press.

COOKE P,1992. Regional innovation systems: competitive regulation in the New Europe[J]. Geoforum,23(3):365-382.

DALUM B, PEDERSEN C R, VILLUMSEN G, 2005. Technological life-cycles:lessons from a cluster facing disruption[J]. European urban and regional studies,12(3):229-246.

DAVIS A B, 2015. Innovation districts: economic development, community benefits,and the public realm[D]. Cambridge:Massachusetts Institute of Technology.

EVANGELISTA R, MASTROSTEFANO V, 2006. Firm size, sectors and countries as sources of variety in innovation[J]. Economics of innovation and new technology,15(3):247-270.

EVANS G, 2009. Creative cities, creative spaces and urban policy[J]. Urban studies,46(5-6):1003-1040.

FERNANDES C, FARINHA L, FERREIRA J J, et al, 2021. Regional innovation systems: what can we learn from 25 years of scientific achievements[J]. Regional studies,55(1):377-389.

FREEMAN C, 1987. Technology policy and economic performance: lessons from Japan[M]. London:Printer Pub. Ltd..

FREEMAN C, 1991. Networks of innovators: a synthesis of research issues [J]. Research policy,20(5):499-514.

GALASO P, KOVARIK J, 2021. Collaboration networks, geography and innovation: local and national embeddedness [J]. Papers in regional science,100(2):349-377.

GLAESER E L,1994. Cities,Information and economic growth[J]. Cityscape, 1:9-47.

GLAESER E L,KAHN M E,2004. Sprawl and urban growth[J]. Handbook of regional and urban economics,4:2481-2527.

GLAESER E L, KOLKO J, SAIZ A, 2001. Consumer city[J]. Journal of economic geography,1(1):27-50.

GOVINDARAJAN V,TRIMBLE C,2012. Reverse innovation:a global growth strategy that could pre-empt disruption at home [J]. Strategy & leadership,40(5):5-11.

GRANOVETTER M S, 1973. The strength of weak ties[J]. The American journal of sociology, 78(6):1360-1380.

HAMDANI D, 2003. Global or multinational: it matters for innovation, innovation analysis bulletin[J]. Statistics Canada,88(3):3-4.

HANNA K, 2016. Spaces to think: innovation districts and the changing geography of London's knowledge economy[R]. London: Centre for London.

HARVEY D, 1989. From managerialism to entrepreneurialism: the transformation in urban governance in late capitalism[J]. Geografiska annaler:series B,human geography,71(1):3-17.

HOSPERS G J, 2003. Creative cities: breeding places in the knowledge economy[J]. Knowledge, technology & policy, 16(3): 143-162.

HU X H, YANG C, 2019. Institutional change and divergent economic resilience: path development of two resource-depleted cities in China[J]. Urban studies, 56(16): 3466-3485.

JACOBS J, 1969. The economy of cities[M]. New York: Random House.

KATZ B, WAGNER J, 2014. The rise of innovation districts: a new geography of innovation in America[R]. Washington DC: Brookings Institution.

LANDRY C, 2000. The creative city: a toolkit for urban innovators[M]. London: Earthscan Publications.

LAZONICK W, 2005. The innovative enterprise[M]. London: Oxford University Press.

LAZONICK W, 2010. The Chandlerian corporation and the theory of innovative enterprise[J]. Industrial and corporate change, 19(1): 317-349.

LEAMER E E, STORPER M, 2001. The economic geography of the internet age[J]. Journal of international business studies, 32(4): 641-665.

LUCAS R E, ROOSI-HANSBERG E, 2002. On the internal structure of cities[J]. Econometrica, 70(4): 1445-1476.

MACHLUP F, 1962. The production and distribution of knowledge in the United States[M]. Princeton: Princeton University Press.

MARSHALL A, 1890. Principles of economics[M]. London: Macmillan.

MOLOTCH H, 1976. The city as a growth machine[J]. American journal of sociology, 82: 309-332.

OECD, Eurostat, 2005. Guidelines for collecting and interpreting innovation data[R]. Paris: Oslo Manual.

OLDENBURG R, 1989. The great good place: cafes, coffee shops, bookstores, bars, hair salons, and other hangouts at the heart of a community[M]. New York: Marlowe and Company.

OTSUKA K, SONOBE T, 2011. A cluster-based industrial development policy for low-income countries[R]. Washington: World Bank.

PANCHOLI S, YIGITCANLAR T, GUARALDA M, 2014. Urban knowledge and innovation spaces: concepts, conditions, and contexts[J]. Asia Pacific journal of innovation and entrepreneurship, 8(1): 15-38.

PERROUX F, 1955. Note sur la notion de pole de croissance[J]. Economie appliquee, 8: 307-320.

PROPRIS L, et al, 2009. The geography of creativity[R]. London: NESTA.

SCHULTS T W, 1961. Investment in human capital[J]. American economic review, 51(5): 1-17.

SCHUMPETER J, 1942. Capitalism, socialism and democracy[M]. New York: Harper Perennial.

SIMMIE J,2001. Innovative cities[M]. New York:Routledge.

SIMMIE J,2005. Innovation and space:a critical review of the literature[J]. Regional studies,39(6):789-804.

STONE C N,1993. Urban regimes and the capacity to govern:a political economy approach[J]. Journal of urban affairs,15(1):1-28.

STORPER M,SCOTT A J,2009. Rethinking human capital,creativity and urban growth[J]. Journal of economic geography,9:147-167.

VAN AKEN J E,WEGGEMAN W,2002. Managing learning in informal innovation networks:overcoming the daphne-dilemma [J]. R&D management,30(2):139-150.

VERNON R,1966. International investment and international trade in the product cycle[J]. Quarterly journal of economics,80(2):190-207.

WRIGHT G,RABINOW P,1982. Spatialization of power:a discussion of the work of michel foucault[J]. Skyline,3:14-15.

专栏来源

专栏 1-1 源自：笔者根据阿伦·拉奥，皮埃罗·斯加鲁菲，2014. 硅谷百年史：伟大的科技创新与创业历程（1900—2013）[M]. 闫景立，侯爱华，译. 2版. 北京：人民邮电出版社整理.

专栏 2-1 源自：笔者整理.

专栏 2-2 源自：李帅，何万篷，宋杰封，2015. 市政厅｜波兹曼模式：有风景的地方兴起新经济[EB/OL]. (2015-08-25)[2021-12-25]. 澎湃新闻.

专栏 2-3 源自：笔者整理.

专栏 3-1、专栏 3-2 源自：笔者整理.

专栏 3-3 源自：笔者根据深圳市城市规划设计研究院编制的《留仙洞总部基地城市设计》整理.

专栏 3-4、专栏 3-5 源自：笔者整理.

专栏 3-6 源自：1/6 图片工作室，2021. 抢走"硅谷"特斯拉们，小城奥斯汀什么来头[EB/OL]. (2021-01-25)[2021-12-26]."丈量城市"公众号.

专栏 3-7、专栏 3-8 源自：笔者整理.

专栏 3-9 源自：1/6 图片工作室，2020. 科技创新区如何崛起？来看波士顿的创新答案[EB/OL]. (2020-06-10)[2021-12-26]."丈量城市"公众号.

专栏 4-1 源自：笔者整理.

专栏 4-2 源自：笔者根据《深圳市人民政府关于印发工业及其他产业用地供应管理办法的通知》整理.

专栏 4-3 源自：笔者根据《杭州市人民政府办公厅关于进一步规范全市创新型产业用地管理的意见》整理.

专栏 5-1 源自：黄海洋，李建强，2011. 美国共性技术研发机构的发展经验与启示：NIST 的发展经验及其在美国技术创新体系中的角色与作用[J]. 科学管理研究，29(1)：63-68.

专栏 5-2 源自：佚名，2009. 创新驿站缘起：欧盟创新驿站[J]. 中国高新区(4)：13-14.

专栏 5-3 源自：李希义，2012. 美国政府如何支持小企业技术转移[J]. 高科技与产业化(12)：28-31；高明慧，宋潇，2013. 国外促进中小企业参与国防建设的重要举措[J]. 现代产业经济(11)：73-76.

专栏 5-4 源自：陈鑫，沈高洁，杜凤姣，2015. 基于科技创新视角的美国硅谷地区空间布局与规划管控研究[J]. 上海城市规划(2)：21-27.

专栏 6-1、专栏 6-2 源自：笔者整理.

专栏 6-3 源自：笔者根据南京市江北新区管理委员会规划和自然资源局提供的资料整理.

专栏 6-4 源自：笔者根据中国(广东)自由贸易试验区深圳前海蛇口片区管理

委员会编制的《中国(广东)自由贸易试验区深圳前海蛇口片区及大小南山周边地区综合规划》整理.

专栏 6-5、专栏 6-6 源自:笔者根据上海市城市规划设计研究院编制的《中国(上海)自由贸易试验区控制性详细规划》整理.

图片来源

图 1-1 源自:联合国工业发展组织的文献《2013 年工业发展报告》(*Industrial Development Report 2013*).

图 1-2、图 1-3 源自:笔者根据有关资料整理绘制.

图 1-4 至图 1-7 源自:笔者绘制.

图 1-8 源自:笔者根据中华全国工商业联合会发布的"2017 年中国民营企业 500 强排行榜"整理绘制.

图 1-9 源自:胡润研究院《2017 胡润财富报告》.

图 1-10 至图 1-12 源自:笔者绘制.

图 1-13 源自:笔者根据标准排名城市研究院发布的"2017 年中国大陆城市高新技术企业数量排行榜"整理绘制.

图 1-14 源自:笔者根据有关资料整理绘制.

图 2-1 源自:笔者根据潘海啸,高雅,陈旻,等,2019. 多模式地面交通出行体验评价体系与改善策略:以广州为例[J]. 城市规划学刊(3):24-32 整理绘制.

图 2-2 源自:笔者绘制.

图 2-3 源自:周立群,刘根节,2012. 由封闭式创新向开放式创新的转变[J]. 经济学家(6):53-57.

图 2-4 至图 2-8 源自:笔者绘制.

图 2-9 源自:任俊宇,刘希宇,2018. 美国"创新城区"概念、实践及启示[J]. 国际城市规划,33(6):49-56.

图 3-1 源自:笔者根据问卷结果整理绘制.

图 3-2 至图 3-4 源自:笔者绘制.

图 3-5 源自:笔者根据中国城市规划设计研究院编制的《杭州市国土空间总体规划发展战略 2050》整理绘制.

图 3-6 至图 3-8 源自:笔者绘制.

图 3-9 源自:上海市规划和国土资源管理局编制的《上海市 15 分钟社区生活圈规划导则(试行)》.

图 3-10 至图 3-23 源自:笔者绘制.

图 5-1 至图 5-11 源自:笔者绘制.

图 5-12 源自:笔者根据浙江省发展和改革委员会、杭州市人民政府联合印发的《杭州城西科创大走廊发展"十四五"规划》整理绘制.

图 5-13 源自:笔者绘制.

图 5-14 源自:中国城市规划设计研究院上海分院编制的《杭州城西科创产业集聚区规划评估与发展战略研究》.

图 5-15 至图 5-34 源自:笔者绘制.

图 6-1 至图 6-7 源自:笔者绘制.

图 6-8 源自:笔者根据调研结果整理绘制.

图 6-9 源自:南京大学城市规划设计研究院编制的《中国(江苏)自由贸易试验区南京片区控制性详细规划整合》.

图 6-10 至图 6-20 源自:笔者绘制.

图 6-21 源自:南京市规划编制批前公示的《〈南京市江宁区九龙湖片区控制性详细规划〉NJNBd070-13 规划管理单元图则修改(公众意见征询)》.

图 6-22 源自:南京市规划编制研究中心编制的《河西新城区南部地区控制性详细规划》和《南京市 NJDBd050 单元控制性详细规划》.

图 6-23 至图 6-26 源自:笔者绘制.

图 7-1 至图 7-4 源自:笔者绘制.

专栏图 2-3-1 源自:笔者根据中国城市规划设计研究院编制的《杭州市国土空间总体规划发展战略 2050》整理绘制.

专栏图 3-1-1 源自:笔者根据问卷结果整理绘制.

专栏图 3-3-1 源自:深圳市城市规划设计研究院编制的《留仙洞总部基地城市设计》.

专栏图 3-8-1 源自:笔者绘制.

专栏图 4-1-1 源自:笔者绘制.

专栏图 5-4-1 源自:陈鑫,沈高洁,杜凤姣,2015. 基于科技创新视角的美国硅谷地区空间布局与规划管控研究[J]. 上海城市规划(2):21-27.

专栏图 5-4-2 源自:笔者绘制.

专栏图 6-1-1 源自:笔者绘制.

专栏图 6-2-1、专栏图 6-2-2 源自:南京市规划编制研究中心编制的《南京江北新区(NJJBh010 单元)控制性详细规划》.

专栏图 6-4-1 源自:中国(广东)自由贸易试验区深圳前海蛇口片区管理委员会编制的《中国(广东)自由贸易试验区深圳前海蛇口片区及大小南山周边地区综合规划》.

专栏图 6-5-1、专栏图 6-5-2 源自:上海市城市规划设计研究院编制的《中国(上海)自由贸易试验区控制性详细规划》.

专栏图 6-5-3 源自:笔者绘制.

专栏图 6-6-1 源自:笔者绘制.

表格来源

表 1-1 源自：笔者根据澳大利亚咨询机构 2thinknow 发布的《2021 年创新城市指数：全球最具创新力的 100 个城市》整理绘制.

表 1-2 源自：麦肯锡全球研究院的文献《中国创新的全球效应》(2015 年).

表 1-3 源自：笔者绘制.

表 1-4 源自：笔者根据有关资料整理绘制.

表 2-1 至表 2-3 源自：笔者根据有关资料整理绘制.

表 3-1 源自：笔者绘制.

表 4-1 源自：笔者根据有关资料整理绘制.

表 4-2 源自：笔者根据南京市规划设计研究院编制的《南京市域空间布局与创新布局协同及近期重点空间发展策略研究》整理绘制.

表 4-3、表 4-4 源自：笔者根据有关资料整理绘制.

表 4-5 源自：深圳市人民政府批复的《深圳市城市规划标准与准则(2021 年)》.

表 4-6 源自：上海市规划和国土资源管理局编制的《上海市控制性详细规划技术准则(2016 年修订版)》.

表 4-7 源自：笔者根据上海市城市规划设计研究院编制的《上海市普陀区桃浦科技智慧城 W06-1401 单元控制性详细规划 018 街坊局部调整》整理绘制.

表 4-8 源自：上海市城市规划设计研究院编制的《中国(上海)自由贸易试验区控制性详细规划》.

表 4-9 源自：笔者根据有关资料整理绘制.

表 4-10 源自：笔者根据《无锡市人民政府办公室关于优化市区工业用地出让机制助推产业高质量发展的通知》整理绘制.

表 4-11 源自：笔者根据有关资料整理绘制.

表 4-12、表 4-13 源自：笔者根据《绍兴市人民政府关于深化"亩均论英雄"改革的实施意见》整理绘制.

表 4-14 源自：笔者根据有关资料整理绘制.

表 4-15 源自：笔者根据深圳市规划和国土资源委员会印发的《深圳市城市更新项目创新型产业用房配建规定》整理绘制.

表 5-1、表 5-2 源自：笔者绘制.

表 5-3 源自：笔者根据广东省人民政府金融工作办公室印发的《广东省开展互联网股权众筹试点工作方案》整理绘制.

表 6-1 源自：武汉市城市规划设计研究院编制的《武汉市新城组群控制性详细规划(编制单元 F0301 片)》.

表 6-2、表 6-3 源自：笔者根据有关资料整理绘制.

表 6-4 源自：笔者根据新加坡市区重建局编制的《新加坡开发控制手册》整理绘制.

表 6-5 源自：林强, 兰帆, 2014. "有限理性"与"完全理性"：香港与深圳的法定

图则比较研究[J]. 规划师,30(3):77-82.

表6-6源自:笔者绘制.

表6-7源自:南京市规划编制批前公示的《〈南京江北新区NJJBd030控制性详细规划〉NJJBd030-03管理单元图则技术深化(公众意见征询)》.

表6-8源自:笔者绘制.

专栏表3-2-1源自:笔者根据《深圳市人民政府关于深化住房制度改革加快建立多主体供给多渠道保障租购并举的住房供应与保障体系的意见》整理绘制.

专栏表3-3-1源自:笔者根据深圳市城市规划设计研究院编制的《留仙洞总部基地城市设计》整理绘制.

专栏表4-2-1源自:笔者根据《深圳市人民政府关于印发工业及其他产业用地供应管理办法的通知》整理绘制.

专栏表4-2-2源自:深圳市人民政府办公厅印发的《深圳市地价测算规则》.

专栏表4-3-1源自:《杭州市人民政府办公厅关于进一步规范全市创新型产业用地管理的意见》.

专栏表4-3-2源自:笔者根据《杭州市人民政府办公厅关于规范创新型产业用地管理的实施意见(试行)》整理绘制.

专栏表5-4-1源自:笔者根据有关资料整理绘制.

专栏表5-4-2源自:陈鑫,沈高洁,杜风姣,2015.基于科技创新视角的美国硅谷地区空间布局与规划管控研究[J].上海城市规划(2):21-27.

专栏表6-4-1源自:中国(广东)自由贸易试验区深圳前海蛇口片区管理委员会编制的《中国(广东)自由贸易试验区深圳前海蛇口片区及大小南山周边地区综合规划》.

本书作者

张京祥,江苏盐城人,南京大学建筑与城市规划学院教授、博士生导师,南京大学空间规划研究中心主任,江苏省设计大师,兼任中国城市规划学会常务理事、城乡治理与政策研究学术委员会主任委员、学术工作委员会委员。获得首届中国城市规划青年科技奖、首届中国城市百人论坛青年学者奖、教育部新世纪优秀人才、全国青年地理科技奖等荣誉。发表学术论文300余篇,出版学术著作(含合著)15部,主编教材2部,主持国家自然科学基金课题6项,国家社会科学基金重大项目子课题、教育部哲学社会科学研究重大攻关项目子课题等多项。主要研究方向:城市与区域发展战略、中国城市发展与转型、城乡区域治理。

唐爽,山东枣庄人,南京大学建筑与城市规划学院博士研究生。获得全国高等学校城乡规划学科专业指导委员会城市设计竞赛一等奖、江苏省优秀国土空间规划奖、金经昌中国城市规划优秀论文奖等荣誉。参与国家自然科学基金课题1项,参与规划研究项目10余项,在《城市规划》《城市规划学刊》等核心期刊发表学术论文10余篇。主要研究方向:城市/区域规划与治理、创新空间规划、土地政策与产业发展。

何鹤鸣,福建平潭人,南京大学城乡规划与设计专业博士,现为扬州大学建筑科学与工程学院(城市规划与发展研究院)高级城乡规划师。获得"求是理论论坛"征文优秀论文奖、金经昌中国城市规划优秀论文奖、江苏省优秀工程勘察设计奖等荣誉。参与国家自然科学基金课题3项,负责规划研究项目20余项,在《城市规划》《城市规划学刊》《经济地理》等核心期刊发表学术论文30余篇。主要研究方向:城市与区域空间战略、产业园区开发与更新、空间治理与政策设计。

王雨,河北石家庄人,南京大学城乡规划学硕士,现为清华大学建筑学院博士研究生。获得"紫金奖·建筑及环境设计大赛"三等奖、江苏省优秀国土空间规划奖等荣誉。参与规划研究项目多项,在《经济地理》等核心期刊发表学术论文多篇。主要研究方向:城市与区域规划、城市土地利用规划、城市更新。